# 年度主题　城市文明典范建设

2021 年度深圳市宣传文化事业发展
专项基金资助项目

★ ★ ★

主　　编：唐汉隆

副 主 编：丘　干

统　　筹：关　婷　严诗喆

编　　辑：叶　特　余晓霓　韩诗雅

唐汉隆 主编

# 深圳全民阅读
## 发展报告 2022

SHENZHEN QUANMIN YUEDU
FAZHAN BAOGAO 2022

深圳市全民阅读研究与推广中心

海天出版社
HAITIAN PUBLISHING HOUSE
·深圳·

图书在版编目（CIP）数据

深圳全民阅读发展报告. 2022 / 唐汉隆主编. — 深
圳 : 海天出版社, 2022.4
ISBN 978-7-5507-3433-3

Ⅰ. ①深… Ⅱ. ①唐… Ⅲ. ①读书活动－研究报告－
深圳－2022 Ⅳ. ①G252.17

──中国版本图书馆CIP数据核字(2022)第046788号

## 深圳全民阅读发展报告2022

SHENZHEN QUANMIN YUEDU FAZHAN BAOGAO 2022

出 品 人　聂雄前
特约策划　深圳市全民阅读研究与推广中心
责任编辑　朱丽伟
责任校对　万妮霞
责任技编　郑　欢
装帧设计　知行格致

出版发行　海天出版社
地　　址　深圳市彩田南路海天综合大厦 （518033）
网　　址　www.htph.com.cn
订购电话　0755-83460239（邮购、团购）
设计制作　深圳市知行格致文化传播有限公司 Tel: 0755-83464427
印　　刷　深圳市华信图文印务有限公司
开　　本　787mm×1092mm　1/16
印　　张　22.25
字　　数　290千
版　　次　2022年4月第1版
印　　次　2022年4月第1次
定　　价　86.00元

# 目 录

## 特稿

## 总报告

## "城市阅读典范"专题

## "深圳读书月"研究

## "图书馆之城"研究

## 阅读文化研究

## 阅读空间研究

# 附录

特稿

# 全民阅读：个人、城市、民族

## ——全球全民阅读典范城市，为什么是深圳？

王京生

改革开放 40 多年来，深圳从一个文化贫瘠的边陲小镇跃升为中国城市文化创新发展的典范，创造了文化发展的"深圳奇迹"。2013 年，深圳被联合国教科文组织授予"全球全民阅读典范城市"称号，这项荣誉由时任联合国教科文组织总干事博科娃女士亲自授予深圳市市长，是该组织授予全球城市在全民阅读领域的最高荣誉，深圳是迄今世界上唯一获得这项荣誉的城市。

这个唯一的背后，有一连串的故事。它的直接起因，在于深圳当年举办"大运会"的时候，博科娃来到深圳，她参观了深圳书城中心城，一下子就被震撼和感动到了。那天上午参观以后，本来晚上安排了一个音乐活动，但是博科娃提出还要到书城去看看，她想认真地看看深圳人是怎么阅读的。那天晚上，她和她的先生在书城一直待到十点多打烊才离开。她说了这样一番话："我走过世界上很多城市，但没有一个城市像深圳这样，那么多家庭，那么多孩子聚集在书城尽享读书之乐，这快乐温馨的场面，我永远都会记得。而且政府提供了这么好的条件。"当时，正是深圳迎来第十二届读书月的时候，也是深圳第 4 个书城开始建设的时候，是深圳作为"图书馆之城"已经拥有 600 多个图书馆的时候。荣誉的背后是深圳市民和市政府对阅读、文化与城市关系的真知灼见。

读书，看起来是最平常、最普通的事情，也是每个人都可以做的事情。但我认为，阅读对于个人、对于城市、对于民族和国家都是最基础、最重要、最有远大前途的事情。

## 一、阅读是实现人生抱负、丰富人生境界的源头活水

对个人而言，要让"以读书为荣"成为我们的价值观念，让"以读书为乐"成为我们的生活方式，让"以读书为用"成为我们的成功阶梯。只有构筑形成这样的价值观念、生活方式和成功阶梯，人的一生才能收获精神上的充实、幸福与美满。

### （一）树立"以读书为荣"的价值观念

"万般皆下品，唯有读书高。"尊重知识是中华民族的传统美德，而阅读则是获取知识最基本的方式和途径。在古人看来，读书超脱了现实生活的限制，着眼于精神世界的丰富和完美，着眼于对知识的渴求和尊重，着眼于自己对家庭和国家的责任，因而他们以读书为荣。在古代，读书往往和人生志向联系在一起，朱熹"百学须先立志"，陆游"读书本意在元元"，顾炎武"博学而笃志"，曾国藩"士人读书，第一要有志"，皆有此意。

陆游在七言绝句《读书》中说，自己读书的目的不在当官，而是为了黎民百姓，即"读书本意在元元"，这是他以读书为荣的原因。由于读书是为了百姓福祉，因而"鞠躬尽瘁，死而后已"，即便告老还乡、隐居田园，依然不改此志。所以，他又说："灯前目力虽非昔，犹课蝇头二万言。"即

便年事渐高，视力远不如前，但他依然坚持夜读，在微弱的烛光前，读完两万蝇头大小的文字。若非以黎民福祉为己任，以读书为实现抱负的途径，更以此为荣，何能至此？陆游一辈子以报国为己任，"好学近乎知，力行近乎仁"，君子要修身、治国、平天下，读书与实践需相互为用、合而为一。

志士仁人"先天下之忧而忧"，他们通过读书将个人与社会、国家、民族紧密联结，认为读书是实现人生抱负、彰显人生价值的基本途径。"为天地立心，为生民立命，为往圣继绝学，为万世开太平"，如此浩然正气，超越个人名利得失，直至今日依旧振聋发聩。

### （二）培育"以读书为乐"的生活方式

读书除了提升个人修养以外，应该成为寻求快乐之源，成为我们的生活方式。人终其一生在追求幸福，读书无疑是最重要的一个源泉。饶宗颐先生曾送我一张条幅"以读书为乐，乐在其中"。在中华文化的语境中，读书乐在其中，是一种高尚的品质。

读书带来求知之乐。《礼记·学记》："玉不琢，不成器；人不学，不知道。"《论语·阳货》："小子何莫学夫《诗》？……多识于鸟兽草木之名。"人生而有好奇心、求知欲，读书首先能满足个人获取知识的天然欲求，带来"知道""明理"之乐。

读书带来心灵之乐。明代于谦在《观书》中写道："眼前直下三千字，胸次全无一点尘。"畅快淋漓地阅读过后，心中的世俗杂念、烦扰被一扫而空，心灵之乐油然而生。孔子这样称赞弟子颜回："贤哉，回也！一箪食，一瓢饮，在陋巷，人不堪其忧，回也不改其乐。""一箪食，一瓢饮"形容粗茶淡饭，只能勉强果腹。"在陋巷"指的是居住环境，置身简陋的巷子里。这样穷困清苦的生活条件，一般人是不堪忍受的。但颜回并没有因此而改变自己读书学习的志趣，不论外部环境如何，只管沉醉在阅读的世界、精神的享受当中，自得其乐，内心富足。

读书带来审美之乐。在传统儒学体系中，"学习"对人生的意义，能上升至审美情调的层面。宋元学人翁森所作组诗《四时读书乐》，以四季作喻，形象生动地刻画与呈现读书之乐。第一首《春》用到《论语》"舞雩归咏"的典故：读书之乐，就像春暖花开之际，与友人结伴踏青，在舞雩台上沐浴和煦春风，欢快地唱着歌尽兴而归。组诗其四，以"冬"作喻，读书之乐仿似万籁寂静、银装素裹的大地上，偶然遇见几朵盛开的梅花，从中我们体会到天地孕育万物的生生之德与仁爱之心。书中有智慧、有美学、有诗意、有想象，为读者展开一个理想的境界，带来审美之妙趣与情调。

读书带来表达之乐。子曰："不学《诗》，无以言。"《诗经》是古人学习语言的必读之书，对个人语言表达与社交能力提升的重要性不言而喻。在春秋时期，"赋诗明志"更是外交场合的重要礼节，是使节、即外交官的必备技能。即便到了现代，"诗"在外交场合依旧占有一席之地，比如，中印建交初期，毛主席以屈原《楚辞》中的诗句赠别印度尼赫鲁总理："乐莫乐兮新相知"。读书带来的表达之乐，在杜甫耳熟能详的诗句"读书破万卷，下笔如有神"得以生动体现，读者从中可以体会运用知识得心应手、有如神助、行云流水的快感。类似的表述还有"劳于读书，逸于作文"，博览群书、增广见闻之后，写文章就轻松多了。

读书之乐远不止于此，但读书的乐趣究竟如何，只能自己领略，旁人无法告知，所谓"如人饮水，冷暖自知"是也。培育"以读书为乐"的生活方式，梁启超认为，这是"人生最合理的生活"。[①]

---

① 出自梁启超《学问之趣味》。

### （三）搭建"以读书为用"的成功阶梯

读书对于个人而言，除了满足日益高涨的精神需求，还为实现人生价值铺路，有很重要的现实意义。考大学要读书，搞科学研究要读书，发明创造也要读书，特别在知识时代，读书是最基本的生存方式和发展方式，平民子弟如何打破社会固化的限制？读书是最重要的途径。

读书是实现价值、走向成功的阶梯。子曰："《诗》可以兴，可以观，可以群，可以怨。"读书可以陶冶性情，可以观察世风民情、考见治理得失，可以结交同志、切磋砥砺、提升群体素养，可以"怨刺上政"，即温柔敦厚、不卑不亢地向执政者进谏、提出建设性意见。从个人到社会再到国家，从为人处事到社交雅集再到治国理政，读书是从多方面成就人生的必由之路。中国很早就以科举的方式选拔人才，科举是贫寒子弟以读书改变命运、实现阶层跨越的根本途径。时至今日，高考依然是中国社会打破阶层固化、实现人才流动的基本举措，是个人迈向成功之门的通道与阶梯。

读书是学以致用、兼济天下的工具。读书的过程主要是学习的过程，中国儒家很早就提出"学以致用"。教育部数据显示，高考恢复40多年来，我国普通本专科招生数累计1.4亿，高等教育毛入学率由1977年的2.6%增长到2021年的57.8%。据世界知识产权组织（WIPO）发布的年度数据显示，中国通过《专利合作条约》（PCT）提交的国际专利申请量，于2019—2021年连续3年位居世界第一。其中，在全球教育机构中，深圳大学PCT专利申请公开量2018—2020年连续3年进入前三，仅次于加利福尼亚大学和麻省理工大学。从社会、国家层面视之，公民的受教育程度与整体的创新能力关系密切。

读书是提升气质、塑造三观的途径。"文质彬彬，然后君子。"在中国古代，读书最基本的目的和作用在于"修身"，以无限接近"君子""完人"的方向推行教化。屈原看重的"内美""修能"，涵盖人性天然的善与德、丰富的知识、内政外交才能、文艺创作才华等。这些都是古代知识分子希望通过读书获得、培育的。我们党提出以人为本，人以什么为本？人以仁义礼智信为本。那怎么获得仁义礼智信呢？说到底，就是要好好学习，要读好书。

"知识就是力量"，是英国哲学家、实验科学先驱培根的名言。培根在随笔《谈读书》中写道："读史使人明智，读诗使人灵秀，数学使人周密，科学使人深刻，伦理学使人庄重，逻辑修辞之学使人善辩：凡有所学，皆成性格。"人的气质、个性、才学、修养是由他所读的书决定的。在这一点上，培根与中国圣人先哲的读书观不谋而合。

德国诗人荷尔德林说："人充满劳绩，但还诗意地栖居在大地上。"中国田园诗鼻祖陶渊明说："问君何能尔？心远地自偏。采菊东篱下，悠然见南山。"劳作、读书的人生趣味与草木鸟兽等万物自然融于一体，"俯仰终宇宙，不乐复何如？"读书是通往圆融人生的成功阶梯。

## 二、阅读是提升市民素质、建设文明城市的不竭动力

### （一）阅读让城市受人尊重

从建市到 2013 年被联合国教科文组织授予"全球全民阅读典范城市"荣誉称号，深圳用了短短 30 多年时间，实现了从名不见经传的边陲小镇往国际"书香之都"的文化腾飞与文明跨越。截至目前，深圳是全球唯一获得"全球全民阅读典范城市"称号的城市。那么，为什么是深圳？

深圳在社会主义精神文明建设、推动文化繁荣发展、构建书香社会方面始终先行示范。目前，深圳全民阅读发展实现了一系列全国"第一""率先""首次"，探索了一系列"先行"。

第一个在全国开展大型群众读书文化活动，2000 年创立"深圳读书月"，被业界称为全国全民阅读的"起因"和"品牌"。

第一个将全民阅读提升到市委市政府决策规划范畴与城市战略选择高度。2010 年发布《关于深入开展全民阅读活动，加快学习型城市建设的若干意见》，产生广泛影响。

第一个为阅读立法，2016 年出台《深圳经济特区全民阅读促进条例》，是国内阅读推广领域第一部条例形式的城市法规。

第一个在全国提出建设"图书馆之城"，自 2003 年启动至今，已建成图书馆"千馆之城"。

第一个提出建设"一区一书城，一街道一书吧"战略布局，现拥有 6 座超大型书城，数量居全国第一。

建成全国第一座以"书城"命名的新华书店——深圳书城，于 1996 年正式开业。

建成全国第一家 24 小时书吧，自 2006 年开业至今，已连续亮灯超 13 万个小时。

成立国内第一家阅读联合组织——深圳市阅读联合会，自 2012 年以来培育了众多高水平的民间阅读组织。

成立国内第一个专事全民阅读理论研究及成果推广的事业单位——深圳市全民阅读研究与推广中心，率先开展系统科学的阅读研究。

成立我国南方地区第一个面向全国、覆盖行业、贯穿全年的阅读品牌与文化平台——"全国新书首发中心"。

开展全国第一个由群团组织与社会组织联合推动的儿童早期阅读项目——"阅芽计划"。

开创全国第一个由政府牵头组织的"阅读推广人"培育计划。

自 2014 年发布《深圳阅读指数研究报告》以来，成为第一个持续发布阅读指数的城市。

发布国内第一个城市年度阅读蓝皮书——《深圳全民阅读发展报告》，自 2016 年至今，连续 7 年在世界读书日期间发布。

1989 年人均购书量（购书金额）居全国第一，如今已连续 32 年保持领先。

2019 年，第十六次全国国民阅读调查报告首次发布城市阅读指数排行榜，深圳的城市阅读指数、城市个人阅读指数、城市公共阅读服务指数排名均居全国第一。

率先探索培育城市阅读观念，以阅读为媒，塑造城市文化。读书月多年来的年度主题以及由此流传开来的阅读理念，如"让城市因热爱读书而受人尊重""实现市民文化权利""阅读永恒，载体创新""让城市的每扇窗户都透着阅读的灯光"等，发展成为城市文化的重要组成部分。

…………

深圳在全民阅读与文化建设方面的开创性举措包括但不限于以上列举的近二十个"第一"，下面着重介绍几例。

深圳率先开展全民阅读推广工作，2000 年 11 月 1 日，首届深圳读书月启动，自此开始全民阅读推广的长期探索与实践，以"高贵的坚持"培育了读书向学的城市风尚。2009 年、2019 年，两次由中宣部牵头举办的全国全民阅读经验交流会在深圳召开，均高度肯定了深圳全民阅读在全国所产生的品牌效应和示范作用。在第二十届深圳读书月启动仪式上，联合国教科文组织原文化助理总干事班德林先生发来贺信，称赞深圳"这座建市历史只有 40 年的城市，已坚持开展全民阅读活动长达 20 年，成果斐然，让人惊叹"。

深圳率先为阅读立法，明确和规范了政府在全民阅读推广中的作用和行为，为市民阅读权利的实现提供保障和条件。2016 年，深圳出台《深圳经济特区全民阅读促进条例》（以下简称《条例》），是国内阅读推广领域第一部条例形式的城市法规，率先将"市民阅读权利"上升到法律层面，作为公民的权利进行保障，从战略高度明确了全民阅读对城市未来发展的意义。《条例》将深圳阅读活动"深圳读书月"法定化，并将 4 月 23 日世界读书日确定为深圳未成年人读书日。《条例》的颁布标志着深圳全民阅读建设正式进入依法促进、有法可依的法制化新阶段。

深圳率先在全国提出建设"图书馆之城"，今已建成"千馆之城"。截至 2021 年底，深圳共有公共图书馆（室）733 家，其中市级公共图书馆 3 家，区级公共图书馆 9 家，街道及以下基层图书馆（室）721 家，与 306 个各类自助图书馆（包含城市街区自助图书馆 235 个、24 小时书香亭 71 个）共同形成了覆盖全市所有街区的公共图书馆网络体系。

深圳被誉为"书店之都"，大力推进"一区一书城，一街道一书吧"战略布局。1996 年，深圳建起了全国第一座书城——深圳书城罗湖城，第七届全国书市在这里成功举办，创造了全国书市七项纪录，开启了大书城发展的新时代。深圳迄今已建成 6 座面积均超过 3 万平方米的书城文化综合体和 700 余家各类实体书店，每年依托书城书吧开展超过 1 万场公益文化活动。在深圳，书城的意义不亚于图书馆，这也是深圳特色。北欧 5 国（丹麦、瑞典、芬兰、挪威、冰岛）绝大多数公共图书馆设有少年儿童馆或少儿服务专区。在丹麦，政府、学校、出版机构与图书馆联合推广"为快乐而读书"的阅读理念，让少年儿童在快乐阅读中更高效地获取知识。在挪威，孩子们可以随意在图书馆看书、写作业、做游戏、搞设计，甚至睡觉。实际上，深圳书城的建设也奉行"快乐阅读"的理念，在这里，孩子们可以看书、休息，享受静谧的闲暇时光，可以听讲座、玩游戏，参与丰富多样的文化活动，畅享精神文化生活的自在与满足。深圳书城作为全国最早的大书城品牌，不断探索迭代升级，从书城大卖场、书城mall，到体验式书城、文化创意书城，直至智能化书城、美学书城，打造出引领全国书业、先行示范的"书城模式"。深圳书城模式创造了一种新的读书方式，即把读书融入生活。

深圳的民间力量积极响应全民阅读推广工作。2012 年，深圳成立了国内首家阅读联合组织"深圳市阅读联合会"，培育了众多国内高水平民间阅读组织。在每年的世界读书日期间，民间阅读组织纷纷推出特色阅读活动，让书香在城市流动，让深圳处处书香满溢。深圳市爱阅公益基金会率先发起"阅芽计划"，为 0—6 岁儿童和家庭免费发放适龄"阅芽包"，鼓励和支持家长积极开展亲子阅读实践，是全国首个群团组织与社会组织联合推动的儿童早期阅读项目。

深圳积极开展全民阅读理论研究，不断加强全民阅读的成果出版工作。2014 年，深圳市阅读联合会发布《2014 年度深圳阅读指数》，深圳成为全国首个持续发布阅读指数的城市。2015 年，深圳市全民阅读研究与推广中心在深圳出版集团成立，成为全国首家以城市命名的阅读研究事业法人单位，承担组织开展全民阅读重大课题研究，阅读学术交流与推广，实施全民阅读活动示范推广，协调国内国际阅读合作交流等任务。2016 年，深圳市全民阅读研究与推广中心发布全国首个城市阅读蓝皮书——《深圳全民阅读发展报告》。同年，深圳图书馆完成"深圳改革创新丛书"之《深圳模式——深圳"图书馆之城"探索与创新》的编撰工作。经由行业报告、图书出版等形式,深圳全民阅读开拓新的信息载体和研究阵地。

## (二)阅读是城市文明建设的基础工程

深圳的起点是经济特区,为何如此重视读书,更与读书结下不解之缘?这和深圳城市建设者、领导者对"阅读、文化与城市"关系的独立思考与真知灼见分不开,也和改革开放的伟大时代分不开。刘易斯·芒福德说"城市是文化的容器",而文化最基本的载体之一就是阅读。"文化深圳,从阅读开始""城市推崇阅读,阅读改变城市",作为一座新兴城市,深圳城市文化的获得与积淀,离不开城市阅读与终身学习的长期作用。

深圳市委市政府高度重视全民阅读工作,坚持把全民阅读作为推进"文化立市""文化强市"战略的基础工程,在全国率先把全民阅读提升到市委市政府决策规划范畴,作为城市重要的战略选择。2010年,深圳市委市政府发布了《关于深入开展全民阅读活动,加快学习型城市建设的若干意见》(以下简称《意见》),随后深圳读书月组委会根据《意见》制定了《深圳读书月发展规划(2011—2020)》,为推动全民阅读尤其是深圳读书月的全面、深入、可持续发展提供了指导和保障。"政府倡导、专家指导、社会参与、企业运作、媒体支持"的运作机制被誉为我国全民阅读活动的"深圳模式",能科学高效地联动政府和民间力量,调动企业、媒体、社会机构、阅读组织和广大市民的积极性、能动性。

"让城市因读书而受人尊重",这是"深圳十大观念"之一。深圳市民和他们之中的学者以投票的方式,将"让城市因为读书而受人尊重"

作为十大观念之一明确提出来。由此可见，推动全民阅读是深圳市民共同的需要。读书表明了这座新兴城市的高尚追求、高贵品质和从容不迫的远大精神。

深圳的使命是建设中国特色社会主义的现代化城市。深圳现代化的高速发展首先体现在城市面貌与硬件设施的日新月异之上。"没有社会主义文化繁荣发展，就没有社会主义现代化"，深圳在现代化建设进程中始终笃行党中央"物质文明和精神文明两手抓"的重要指示精神。"文化深圳，从阅读开始"，全民阅读的长期推广与蓬勃发展，让深圳挥别"文化沙漠"谑称，"因为读书而受人尊重"，被联合国教科文组织授予"全球全民阅读典范城市"称号就是莫大的肯定。

用读书压制浮躁，用读书祛除粗俗。截至目前，深圳已 6 次荣膺"全国文明城市"称号，浓郁的书香氛围涵养城市文化，让城市更加文明、更有温度。

### （三）阅读是市民最基本的文化权利

"实现市民文化权利"被评选为深圳"十大观念"之一。读书是实现市民文化权利最重要、最基本的载体。文化权利包括享有的权利、参与的权利、创造的权利和创造成果被保护的权利，这些权利无一不和读书有关，而且关涉每一个人。不同于唱歌、跳舞，读书是每个人都可以也都需要享有的，是最基本最普遍的文化权利。所以，要以人民为中心，满足人民的文化需求，增强人民的精神力量，实现市民的文化权利，必须从保障市民的阅读权利做起。

第一，保障市民文化享有的权利。20 世纪 80 年代，深圳"勒紧裤带"兴建八大文化设施，其中就有深圳图书馆，并在全国率先实行免证进馆。

1996 年，深圳建成全国第一家以"书城"命名的新华书店——深圳书城。开业当天即创下参观购书市民达十万人次的纪录。2006 年，深圳建成全国第一家 24 小时书吧，每个白天黑夜，这里都不乏市民伏案读书学习的身影。2021 年元旦，中央电视台捕捉到深圳市民在 24 小时书吧与书相伴、共度美好跨年夜的情形。著名评论员白岩松在直播间赞叹道："深圳近乎是全国阅读推广最好的城市，可以不加之一。"

第二，保障市民文化参与的权利。2000 年首创的阅读文化品牌"深圳读书月"，至今已成功举办了 22 届。近年来，每届深圳读书月吸引超千万人次参与。中国出版协会常务理事长邬书林评价道："深圳是全国全民阅读活动开展最早、效果最好、影响力最大的代表性城市，书香建设始终走在全国前列。"

第三，保障市民文化创造及创造成果被保护的权利。2015 年，国务院印发《关于大力推进大众创业万众创新若干政策措施的意见》，要让"人人创新"成为新浪潮、新态势。"在深圳，只要你有创意，72 小时就能让你梦想成真。"这句话在深圳创客群体中广为流传，深圳"创新之城"的定位深入人心。连续多年发布的《"大众创业 万众创新"研究》报告显示，深圳在双创综合指数、注重双创环境综合提升、双创资源开发配置力度、双创价值与社会成本平衡等方面居全国领先。深圳"双创"之强和深圳政府的自觉、民企的活跃、高科技的优势密不可分，也较大程度归功于深圳市民"以读书为荣、以读书为乐、以读书为用"的价值观念和生活方式。在文学领域，深圳建市 40 多年来，从早期移民文学、打工文学，到蔚为大观的城市文学书写，见证了深圳文学的发展历程。由海天出版社出版的《花季·雨季》被誉为 20 世纪 90 年代的"青春之歌"，曾获中央"五个一工程"奖和国家图书奖；严凌君主编的《青春读书课》系列丛书，致力于改善学生的读书方法和审美意识，在全国语文教育界产生了积极的影响。深圳青年作家群的崛起标志着深圳本土文学和作家群体的崛起，标志着深圳城市书写进入多元化时代。

以"世界读书日""深圳读书月"为平台契机的全民阅读活动愈发精彩纷呈，可持续地满足市民读者日益高涨的文化需求，更让读书成为一种习惯，贯穿于深圳人的日常生活中，由此发展形成这座新兴城市独特的阅读文化和书香氛围。

### （四）阅读驱动城市创新和可持续发展

深圳是改革开放的产物，其定位是"先行示范"与"创新之城"。创新力是城市的核心竞争力，是城市可持续发展的关键。从全球范围来看，阅读指数和创新指数成正比，竞争力强劲的城市／国家往往是爱读书的城市／国家。阅读能培养出与创新息息相关的科学精神、理性精神、人文精神，能进一步锤炼人们革故鼎新的创新精神、孜孜以求的学习精神。阅读推动城市发展，是城市乃至国家创新力、竞争力的关键来源。以色列是创新能力强大的国家，也是全世界人均读书量最高的国家，每年人均读书64本；日本是善于学习、接纳外来文化的国家之一，每年人均读书40本；德国人以细致、严谨、精益求精享誉全球，28%的德国公民是"书痴"，35%以上的德国人年阅读书籍超过18本，14%的德国家庭有"家庭图书馆"或"家庭图书角"。

深圳在阅读推广领域的长期努力，取得显著成效，并突出体现在深圳作为"创新之城"的持续发展中。深圳在居民阅读率、阅读量、阅读时长、数字化阅读等指标上，长期高于全国平均水平。2019年"第十六次国民阅读调查"对全国50个城市进行了阅读指数测算，结果显示，深圳的城市阅读指数值位列全国第一。深圳自 2014 年首次发布城市阅读指数以来，长期动态监测本市全民阅读推广情况及成效。据最新测算结果显示，2021 年度深圳成年居民的综合阅读率为 85.4%，比国民综合阅读率（81.3%）高出 4.1 个百分点；深圳成年居民数字化阅读方式（网络在线阅读、手机阅读、电子阅读器阅读、平板电脑阅读等）的接触率为 100%，比国民数字化阅读方式的接触率（79.4%）高出 20 多个百分点；深圳居民人均年度阅读纸质图书 9.15 本，比全国水平（4.70 本）多了近一倍；深圳居民人均年度阅读电子图书 11.70 本，是全国水平（3.29 本）的 3.56 倍。[①]

阅读是创新的发动机，或者说，阅读就是创新的一部分。通过全民阅读推广，深圳市民的文化水平、创新能力得到全面提升，城市阅读与学习的成效直接作用于城市建设，充分体现在深圳特区 40 多年来的飞速发展之上。深圳既是"全球全民阅读典范城市"，又是当之无愧的"创新之城"。2021 年我国 PCT 国际专利申请第三次位居全球第一，共 13 家中国企业进入申请人排行榜 50 强，其中包括 7 家深圳企业，深圳的华为技术有限公司更以 6952 件登顶榜首，这是华为连续第 5 年独占鳌头。据科技部中国科技信息研究所发布的《国家创新型城市创新能力评价报告 2021》显示，深圳创新能力指数在 72 个创新城市中排名蝉联第一，其中，深圳的创新治理力、成果转化力、技术创新力、创新驱动力均居全国第一。当前，打造文明典范城市，建设创新型城市、创新型国家，实现中华民族伟大复兴，不可忽视全民阅读与创新的密切关联。

---

① 数据来源：《2021 年"书香深圳"测评结果报告》。

# 三、阅读是创新驱动发展、民族走向复兴的基本工程

全民阅读绝不仅是可有可无的文化事件或是文化现象，我们之所以持之以恒地倡导阅读，是因为阅读是中华民族走向复兴的基础工程。世界经验表明，国民读书率的高低，对国家与民族的兴衰成败具有巨大的影响。倡导全民阅读，提高全民素质，这是一国实现繁荣和富强的重要之举。

## （一）阅读让中华文化世代相传

犹太民族被称为"书的民族"。据联合国教科文组织一项统计显示，以色列人均年阅读量达 64 本，居世界第一。犹太文明流传几千年没有中断，与这个民族的阅读传统密不可分。

中华民族曾是世界上最热爱读书的民族之一，究其原因主要有三：哲人提倡；技术支撑；科举制度。

《论语》开篇第一章第一句就是劝学："学而时习之，不亦说乎？"这看似偶然，绝非偶然。《论语》一书提到"学习"的内容有近 50 次（48次），可见《论语》将"学习的重要性"置于空前的重要程度。

中国历代圣人先贤无一不提倡读书。荀子《劝学篇》说"学不可以已"，朱熹在《性理精义·行宫便殿奏札二》中说："为学之道，莫先于穷理；穷理之要，必先于读书。"正因读书好学，中国的知识分子群体在当时的世界上，是最强大的。

印刷术是中国古代四大发明之一。它开始于唐朝的雕版印刷术，经北宋毕昇的发展、完善，产生了活字印刷术。中国活字印刷术的发明是印刷史上的一次伟大革命，比德国谷登堡提早了约 400 年。当欧洲还沉浸在中世纪的"黑暗"时，中国凭借印刷技术革命让读书从达官贵族走向平民百

姓，让贫寒子弟也能有条件读书并改变命运，对文化传播与阶层流动作用显著。因此，在当时，中国的知识普及程度独步于世界。

"学而优则仕"，科举制是中国古代选拔人才、打破阶层固化、促进人才流动最为公平有效的途径。回望历史长河，相关的典故、诗文比比皆是：形容"寒窗苦读"的如"宝剑锋从磨砺出，梅花香自苦寒来""读书不觉春已深，一寸光阴一寸金"；形容苦读多年、金榜题名的如"春风得意马蹄疾，一日看尽长安花""御笔封题墨未乾，君恩重许拜金銮"。读书、科举、及第，是古代读书人实现人生抱负的有效途径，由此催生出与之相关的阅读文化传统。

正是由于中国源远流长的读书传统，中华文明几千年来从未中断。在人类文明的灿烂星河里，中华文明一直闪烁着独特且耀眼的光辉。遗憾的是，今天我们的阅读传统正在弱化甚至消失。

根据中国新闻出版研究院 2021 年发布的"第十八次全国国民阅读调查"结果显示，我国人均纸质图书阅读量为 4.70 本，人均电子书阅读量为 3.29 本。另据不完全统计，世界各国人均阅读量，以色列 64 本、俄罗斯 55 本、美国 50 本、德国 47 本、日本 45 本、法国 20 本、韩国 11 本。与这些国家相比，我国的人均阅读量少得可怜，这与本民族热爱阅读的文化传统并不匹配。

## （二）阅读让中华民族继往开来

近年来，我们国家越来越重视阅读。今年，李克强总理在国务院政府工作报告中提出"深入推进全民阅读"，这是"全民阅读"连续第九次写进政府工作报告。从"提倡"到首次提出"深入推进"，用词、提法的转变标志着中国全民阅读事业进入新阶段。国家之所以重视阅读，正由于阅读是文明传承与民族复兴的基本工程。

习近平总书记指出："要提倡多读书，建设书香社会，不断提升人民思想境界、增强人民精神力量，中华民族的精神世界就能更加厚重深邃。"《礼记·大学》对整个民族的教化"格物、致知、诚意、正心、修身、齐家、治国、平天下"，正是从个人、国家、民族层层递进的纵向逻辑来阐释"学与思"对国家、民族与文明传承的长远意义。

如前所述，对于城市而言，阅读是个人的基本文化权利和发展需要。同理，对于一个国家、民族与文明，阅读关涉每一个人。阅读能够提升国民素质，通过提升每位国民的综合素质，推动社会国家的持续发展与民族文化的传承创新。习近平总书记在给国家图书馆老专家回信时强调："希望国图坚持正确政治方向，弘扬优秀传统文化，创新服务方式，推动全民阅读，更好满足人民精神文化需求，为建设社会主义文化强国再立新功。"由此可见，我们国家高度重视阅读对于文化传承创新、人民素质提高与文化强国建设、民族伟大复兴的密切关联。

当前，在全国范围推广全民阅读，我们既要学习中华民族自身好学善学的传统，又要博采众长、广泛学习各国各民族的优秀文化，包括阅读与学习经验。日本作家斋藤孝在著作《阅读的力量》中指出，读书不仅是兴趣、爱好、方法，更应该是一种能力。读书的能力可以转化为改变思维、提升交际、个人"进化"的能力。德国政府出台政策向终身学习者提供奖金以鼓励读书。新加坡政府推行面向全国的终身学习运动，设立终身学习奖学金。通过阅读，可以传承文明、博古通今；通过阅读，可以思考问题、破解难题；通过阅读，可以提升创造力和文化品位，而这些，都需要从国家战略的高度，向全国范围进行推动才最为高效。

文明的三大要素：一是要有冶炼术，二是要有聚落城邦，三是要有文字，而文字是最核心的东西。所以，我们中华民族的伟大复兴，首先是要把文明传承好，如果只是有文字，但是没有人阅读，那文字的意义也将不复存在。既然如此，要实现文明的复兴，摆在第一位的就是要将全民阅读的质与量提上去，这是最重要的文明和文化传承方式，只有这样才能提高国民素质，最终实现文明复兴。只有这样，我们的民族才能长久地屹立于世界民族之林。

### （三）阅读创新让中华文明走向复兴

创新是中华民族复兴的最大动力，而读书恰恰是创新的发动机。只有通过读书才能发现问题和提出问题，才能找寻解决问题的途径，最后，才能通过阅读进行创造，产生创新成果。阅读是整个创新链条中，推动创新的基本载体。

从某种意义上来讲，阅读的过程就是人们产生灵感的过程，也是奇思妙想的过程，同样也是人们在创新中寻找答案的过程，所以阅读是创新的一个重要基础。阅读能培养出与创新息息相关的科学精神、理性精神、人文精神；能进一步锤炼人们革故鼎新的创新精神、孜孜以求的学习精神。无论是创建新城市，还是国家要创新，没有阅读作为基础，一切都是空谈。

概括地说，阅读为创新提供价值观念，具体地说，阅读为创新提供多方面支撑。

**一是阅读提供支撑创新的核心价值。**创新是社会发展的第一动力。最原始的创新来自"思想"创新，这就是思想引领，思想引领的源头就是"阅读"。欧洲的文艺复兴和启蒙运动，在法国大革命、工业革命之前，都是思想发动的过程，它们从文化开始，与宗教改革、科学革命、浪漫主义等融合，促进了西方整体社会的进步，特别是科学技术的进步。文艺复兴和启蒙运动创造了那个时代的核心价值观，带来了一个创新的时代。这个创新的时代，是通过欧洲印刷业的发展、民众阅读学习能力的提高、教育的发展，以及知识迅速向大众传播和普及作为基础来实现的，而这些，无一不与阅读有关。

**二是阅读能够提供支撑创新的心理定式和新的传统。**中国传统文化从不缺乏创新的心理定式和传统，从传统儒学，到两汉经学，再到宋明理学，儒释道三教合一，中国文化兼容并包，多元一体，具有优异的价值整合能力，处处体现着中华文明的"维新"意识。比如周易中蕴含的"穷变通久""自强不息"的思想；周易的变革、创新精神直接孕育了先秦的思想家，催生出了战国时期"诸子蜂起，百家争鸣"的局面，而且，诸子蜂起本身就是个性张扬、理论创新的集中体现。

**三是阅读能够为创新提供与时俱进的观念支撑。**一个国家、一个民族要保持活泼的生命力，要保持文化的辐射力，就必须要有观念创新的能力。

改革开放从某种意义上，就是一场伟大的全民族学习运动，是一场文明的对接和学习。全民阅读是这场全民族学习运动的基本方式。改革开放以来，国家经济社会的发展，制度体系的创新，科学知识的进步，扩大发展的空间，拓宽民族的视野，这一切，都与阅读有着直接和密切的关系。"问渠哪得清如许？为有源头活水来。"阅读过程本身就是知识积累的过程，又是创新孕育的过程。创新的概念、动机和创新的基础，以及创新所产生的崭新创意、完成创新的成果，都离不开阅读。阅读为创新的全过程注入源头活水。

从深圳在文化发展上创造的成绩来看，学习让深圳通往未来，其实也是对中华民族阅读传统的追溯和致敬。阅读对于中国文化之传续、发达有其不可低估的作用，对中华民族的民族性格亦有其重要的塑造作用。而深圳的学习态度、求知精神、阅读氛围，也是直接回应了近年来知识经济快速发展所提出的新要求，成为驱动深圳发展的动力活力。没有持续创新，就没有持续发展，而这一切都离不开阅读为之注入源头活水。深圳这座城市是如此热爱学习、热爱阅读，充满创新创造活力，并且具备最有血性的奋斗精神，她必将拥抱更美好的未来！

今天，中国正在走向复兴的关键点上，提倡阅读就有了更加迫切和重要的意义。未来，我们必须一直锲而不舍，必须上下一心，把全民阅读持续推动、开展下去。当今世界，不少欧美发达国家都出台了促进阅读的法律，推动了社会各界对阅读教育的关注，保障了全民阅读的实现。比如，美国 1998 年出台《卓越阅读法案》（REA），2002 年出台《不让一个孩子落后法案》，保障青少年阅读。俄罗斯、加拿大、日本等国家也将保障青少年阅读融入法律体系之中：俄罗斯 2006 年颁布了《国家支持与发展阅读纲要》，2012 年出台《民族阅读大纲》；加拿大颁布了《全民阅读规划》；日本 2001 年出台了《关于推进儿童读书活动的法律》、2005 年出台了《文字印刷文化振兴法案》，以法律的形式来推动全民阅读。

正如邬书林所言："你看世界各国，凡是那些善于读书的民族，会读书的民族，重视读书的民族，都是经济科技文化发达的国家。"建议国家为阅读立法。阅读是公民基本文化权利中最基础、最重要的组成部分，通过立法的形式，在社会上形成促进全民阅读的浓厚氛围，提高广大群众及相关单位对阅读重要性的认识，推动在全国范围支持和保障个人的阅读学习，促进各地阅读条件和环境的改善，保障公民的文化权利，为更多人提供阅读的便利，满足群众多样化的阅读需求，让阅读逐步成为人们的一种自觉和习惯。

对一个民族而言，阅读是一项长久的文化工作，绝不是一时的热潮，建议国家制定全国层面的全民阅读计划，把读书作为一个国家的基本工程，而不是一个文化活动，学习德国、美国的阅读计划，制定国家层面的全民阅读规划、阅读计划，长期且深入地推进和实现全民阅读。

王京生，国务院参事，深圳读书月组委会总顾问

# 城市阅读：谱写文化深圳新篇章

张玲

习近平总书记强调，读书可以让人保持思想活力，让人得到智慧启发，让人滋养浩然正气，要提倡多读书，建设书香社会，中华民族的精神世界就能更加厚重深邃。深圳坚持以习近平新时代中国特色社会主义思想为指导，深入贯彻习近平总书记的重要要求，忠诚拥护"两个确立"、坚决做到"两个维护"，抢抓粤港澳大湾区和深圳先行示范区"双区"驱动，深圳经济特区、深圳先行示范区"双区"叠加，深圳综合改革试点、全面深化前海合作区改革开放"双改"示范和建设中国特色社会主义法治先行示范城市、粤港澳大湾区高水平人才高地等重大历史机遇，按照省委"1+1+9"工作部署和市委"1+10+10"工作安排，围绕"城市文明典范"战略定位，持续深耕全民阅读事业，用阅读之眼打开新视界，用知识之灯照亮新征途，以文化人、以文育人，谱写深圳文化建设的新篇章。

## 一、坚持思想引领，从阅读百年党史汲取强大精神力量

"读史使人明智"。在建党百年的重大节点，习近平总书记对如何读

书提出了更高要求，"把学习党史同总结经验、观照现实、推动工作结合起来"。阅读百年党史，回望建国历程，重识深圳城市发展史、中国改革开放史与百年建党伟业的一脉相承。

深圳深入贯彻习近平总书记的重要指示精神，立足建党百年，在深圳读书月特别策划"献礼建党百年"系列活动，把全民阅读向纵深推进。举办"发展大局观"名家领读活动，邀请国防大学教授金一南、香港中文大学（深圳）校长讲座教授郑永年等学者开坛设讲；依托深圳书城、书店、书吧特设"党史学习主题书展"，展陈《为什么是中国》《理想照耀中国》《中国文学课》等上千种主题出版物；依托深圳图书馆举办"百年恰是风华正茂"——庆祝中国共产党成立 100 周年暨"四史"主题图书展，"中国共产党党史上的第一"暨"读红色文献 讲深圳故事"——庆祝中国共产党成立 100 周年展，以图书文献为载体，深刻展现党的奋斗历程与伟大成就；组织"崭新的境界：经典诗文朗诵会"、"文学经典映照百年"文学党课、"100 年里的中国"主题活动等，通过呈现经典诗篇和专家重磅解读，回顾党的光辉革命历程，赓续红色血脉。

## 二、始终放眼全球，以打造阅读典范提高城市显示度

2013 年，联合国教科文组织授予深圳"全球全民阅读典范城市"称号，时任联合国教科文组织总干事博科娃表示："深圳是全球唯一获得这个荣誉的城市。这个荣誉代表了中国人民热爱读书的形象。"深圳以读为媒，积极推进对外联动、文化交流、资源聚合、平台共享，以"全球全民阅读典范"助推"城市文明典范"建设。

放眼国际，拓展中外阅读交流。深圳读书月创办"阅读双城记"品牌活动，与英国爱丁堡开展阅读文化交流；与维也纳、柏林等友好城市开展合作交流，举办"深圳·维也纳双城文学论坛暨国际城际阅读联盟""深圳·柏林城际交流活动"等；邀请国内外作家、学者畅谈国际文学与阅读。同时，2021年第三届深圳书展期间，邀请企鹅兰登出版公司、学乐出版公司、哈歇特出版公司等境外出版机构参展，呈现一场精品化图书盛会。跨越国界的城际阅读联动，打通国内外阅读文化资源，共育阅读文化土壤。书籍、阅读以及由此形成的文化、文明，超越语言、肤色、地域等边界，在全球范围引起共鸣、实现联动、促成对话，不断提升"文化深圳"在国际社会的显示度。

回看国内，加强城际阅读互动。深圳与上海、成都、南京、合肥等"爱阅"之城建立合作关系，进行"一对一"阅读经验交流。比如与上海签订《上海深圳城市阅读平台战略合作协议》，共同推进以城市为单元的全民阅读事业；举办"南京·深圳城际阅读交流系列活动"，开展"城市的雅集"活动，搭建共读对谈、思想碰撞的高品质文化平台，强化跨界联动与文化对话。

面向湾区，深化深港澳共建共融。2021年，第二十二届深圳读书月以"打开一个新视界"为主题，推动深港澳联动，促进人文湾区建设。举办"读书志：香港内地读书杂志主编对话"及系列深港澳阅读活动；组织深港澳三地青年远程共读、见证分享的书友会；设立联合出版集团外版图书专区、举办"合颜悦设——联合装帧设计分享展"；联合澳门文化局开展"深圳·澳门文化交融互鉴"活动等。

## 三、持续创新发展，逐步探索出全民阅读"深圳模式"

深圳是创新之城。二十多年来，深圳在全民阅读上大胆探索、持续创新，走出了一条书香馥郁的先行路，与整座城市的创新发展同频共振、相得益彰。

（一）创新阅读立法。2016 年 4 月 1 日，《深圳经济特区全民阅读促进条例》（以下称为《条例》）正式实施，作为国内阅读推广领域第一部条例形式的城市法规，从战略高度明确了全民阅读对城市未来发展的意义，标志着深圳全民阅读建设正式进入依法促进、有法可依的法治化新阶段。按照《条例》要求，全市宣传、教育、文化、工青妇、文联等部门，企业、学校、社区等单位，持续履行职责，推进全民阅读，保障市民的文化权利。

（二）创新运行机制。首创于 2000 年的全民阅读文化品牌"深圳读书月"，经长期实践、探索，形成了"政府倡导、专家指导、社会参与、企业运作、媒体支持"的科学高效、可持续的运作机制。2021 年深圳读书月期间，成立深圳市出版和全民阅读专业委员会，进一步强化了专家智库指导作用。同时，通过完善阅读服务网络，充分利用工青妇和宣传文化系统资源，以及书城书吧和图书馆等阅读阵地，进一步完善这一机制。

（三）创新品牌建设。深圳不仅在全国率先创立"深圳读书月"品牌，还打造了"深圳书展""全国新书首发中心"等享誉全国的阅读名片。2020 年，受新冠肺炎疫情影响，深圳书展创新提出"户外办展"模式，并通过实践完美呈现了"蓝天下草地上"办书展、促阅读的新形态，努力保持时间最长、销量最高、人气最旺的城市书展记录。2021 年，深圳书展首设各区分会场，巩固"一区一品牌、一系统一亮点"品牌矩阵，进一步实现市区联动、条块结合的公共阅读文化服务网络。同时，成立全国新书首发中心，成为全国首个整合出版发行上下游资源的全民阅读文化高地与图书发行的创新平台，营造文化新生态。

（四）创新数字阅读。深圳广泛应用新技术搭建"互联网＋读书"平台，以科技创新赋能全民阅读推广，连续 11 年举办国家级数字出版高端论坛，2021 年第 5 次被评为"中国十佳数字阅读城市"。据研究显示，2021 年深圳成年居民数字化阅读方式（网络在线阅读、手机阅读、电子阅读器阅读、平板电脑阅读等）的接触率为 100%，比全国国民数字化阅读接触率（79.3%）高出 20 余个百分点。全民阅读及其推广模式的数字化转型，为深圳持续发挥"全球全民阅读典范城市"示范作用、助力城市文明典范建设搭建新平台、开辟新道路。

## 四、营建书香社会，以观念引领和硬件支撑厚植文化根基

深圳社会基础阅读硬件设施日臻完善，市民阅读活动空间不断丰富。已建成超大型书城 6 座，拥有各类公共图书馆（室）、自助图书馆 1012 个，覆盖全城的阅读公共服务网络已经铺开；深圳"新时代十大文化设施"的湾区书城、深圳美术馆新馆加快建设，其中湾区书城于 2021 年开工，将着力打造集文化展示、数字体验、阅读交流为一体的复合式多元性文化服务平台，建成全国最大书城；深圳美术馆新馆·深圳第二图书馆于 2022 年初封顶，对照国际一流水平为市民提供开放的城市交流客厅和智慧体验。

深圳全民阅读坚持观念引领，以阅读培育城市人文精神。深圳读书

月每年提出年度主题，先后提出"实现市民文化权利""让城市因热爱读书而受人尊重"，"先读为快，行稳致远""读书让生活更多彩，阅读让城市更温暖"等主题，前两者跻身"深圳十大观念"。同时，大力宣传"阅读永恒，载体创新""让城市的每扇窗户都透着阅读的灯光"等阅读理念。这些生动而深刻的阅读理念融入市民思维、楔入城市文化根系，让阅读成为这座城市普遍认同的价值观念，让书香引领城市文明典范建设向纵深处推进，成为提升市民思想境界、增强市民精神力量的文化力量。

阅读之城，步履不停。深圳将继续秉承全民阅读这一高贵的坚持，锚定"城市文明典范"这一目标，以文弘业、以文培元，以文立心、以文铸魂，为深圳在新时代新征程上肩负新使命，提供更加强大的价值引领力、文化凝聚力、精神推动力。

张玲，中共深圳市委常委、宣传部部长

SHENZHEN
QUANMINYUEDU FAZHANBAOGAO 2022

# 总报告

深圳全民阅读
发 展 报 告
2022

# 2021年深圳全民阅读发展报告

杨立青 熊德昌

## 一、2021年深圳全民阅读工作回顾

2021年，深圳围绕加快建设彰显国家文化软实力的现代文明之城的总体目标，精心策划系列全民阅读活动，不断优化全民阅读推广服务体系，着力激发全民阅读热情，为庆祝建党100周年和"双区"建设营造了浓郁的社会文化氛围。

### （一）围绕庆祝建党100周年的主题，精心策划形式多样的全民阅读活动

2021年是中国共产党成立100周年。在这一年里，中央部署开展了党史学习教育，策划举办了系列庆祝建党100周年主题文化活动，并于11月召开了党的十九届六中全会，审议通过了《中共中央关于党的百年奋斗重大成就和历史经验的决议》，强调坚持以社会主义核心价值观引领文化建设，注重用社会主义先进文化、革命文化、中华优秀传统文化培根铸魂，广泛开展中国特色社会主义和中国梦宣传教育，推动学习大国建设。

为庆祝中国共产党成立100周年，推动党史学习教育深入开展，深

圳读书月特别策划"献礼建党百年"系列活动：举办"发展大局观"名家领读活动，邀请国防大学教授金一南、香港中文大学（深圳）校长讲座教授郑永年围绕"心胜：来自内心的光明、信念与力量""全球变局下中国经济的机遇与挑战"等主题开坛设讲；依托深圳书城、书店、书吧特设"党史学习主题书展"，展陈《为什么是中国》《理想照耀中国》《中国文学课》等上千种主题出版物；组织"崭新的境界：经典诗文朗诵会""文学经典映照百年"文学党课等活动，通过经典诗篇的呈现和专家的重磅解读，向市民展示党的百年光辉历程。

深圳图书馆以"100年里的中国"为主题，开展系列活动20余项，通过区域共读、文化走读、竞赛答题、影片展映、书目推荐、征集评选等形式，献礼党的百年华诞。其中，"百年恰是风华正茂"——庆祝中国共产党成立100周年暨"四史"主题图书展，以文献为载体，深刻展现党的奋斗历程与伟大成就。"中国共产党党史上的第一"暨"读红色文献 讲深圳故事"——庆祝中国共产党成立100周年展，从文献视角回顾党的光辉革命历程，赓续红色血脉。"100年里的中国——喜迎新春 全城共读"以"自发自主，共同阅读，不限形式，读出精彩"为主旨，在各级党群服务中心及社区图书馆举办读书沙龙、亲子阅读会、朗诵会等线下活动684场，并于线上发布互动话题，邀请市民分享阅读感悟，晒出新年读书计划。

福田区在深圳书城中心城、区属公共图书馆及辖区书店举办"热烈庆祝中国共产党成立100周年"党政读物展，通过推出上千种党政文献和政治图书，打造市民首选的党史学习教育"打卡地"。策划举办"金句引领理想"阅读分享会、"献礼建党百年"红色读物展、"学百年党史、忆峥嵘岁月、享祖国繁荣"主题征文比赛等活动，传承红色基因，坚定文化自信。南山区举办"百年潮·永恒心"读书分享会，邀请阅读推广人带领读者共读红色经典《红星照耀中国》。举办"悟党史守初心"红色主题线装书体验 DIY 活动，吸引众多市民参与体验。龙华区策划红色故事演讲、党史教育知识线上问答、"童心向党"爱祖国、红色诗文朗诵会等活动，重温党的百年光辉历程。光明区开展"阅读红色经典、传承红色基因"主题活动，通过诵读红色经典，传承革命精神。

## （二）创新举办第三届深圳书展，掀起深圳人阅读新热潮

深圳书展自 2019 年创办以来，不断创新办展和图书销售模式，努力续写深圳阅读文化事业的"高贵坚持"，打造城市文化新名片。书展以书为媒加强创意引领，吸引全国顶尖出版机构齐聚深圳，对拉动文化消费，拓展大湾区文化产业交流合作发挥了积极作用，也搭建了全民阅读和产业发展先行示范的新平台。

第三届深圳书展于 2021 年 11 月 19—28 日成功举办，展销来自国内外 500 多家优秀出版机构约 22.3 万种、120 万册精品图书，累计接待读者超 155 万人次，销售图书 2752 万元码洋，再度刷新全国时间最长、销量最高的城市书展纪录，打造了一个名家齐聚、新书荟萃、视野开放、全景联动的书香盛宴和"阅读的节日"。

本届书展创新"1+6+1"模式，即在深圳书城中心城及西广场设立 1 个主会场，举办露天盛会营造人文与自然交织的开放体验空间，并依托深圳书城六大区域书城设立 6 个分会场，另设光明大仟里购物中心外广场 1 个新分会场。主会场策划八大主题展区，各分会场配套开展文创精品展销、互动游戏、品茗休闲、音乐派对、电影放映、名家分享等 100 余场文化活动，推出系列文化惠民举措，满足市民多元化、个性化、高端化的

阅读文化需求。本届书展还加大与参展供应商的谈判力度，让利促销幅度 10%—36%，多项优惠叠加后图书价格低至 2.34 折，大大增强了读者在购书体验上的"获得感"。

本届书展共设立 318 个出版社展位，邀请 102 家出版社设摊展销精品图书，中国出版集团、果麦文化传媒股份有限公司作为特别支持机构，紫荆文化集团旗下联合出版（集团）有限公司、企鹅兰登出版公司、学乐出版公司、哈歇特出版公司等境外出版机构来深展示优质外版图书资源，集中打造国际化精品图书展区，促进了粤港澳大湾区及境内外联动，也让深圳书展更具"国际范"。设立"深圳书展精品好书 100 种""年度十大好书、年度十大童书评选入围 100 种""名社名书专区展"等书目推荐专区，引领城市阅读风向标。首推"书盲盒"伴手礼创意，在深圳书展落幕之际，以盲盒的形式为广大读者朋友奉上一本"年度十大好书"，为读者带去启迪思想的火光与温度，进一步彰显深圳的文化特质。创新打造"智慧书展"，提供资讯阅览、直播互动、线上购书、打卡分享等多功能一体化的线上服务。精心组织各类文创精品在"创意书生活"区精彩呈现，着力营造书香弥漫、自在舒适的阅读生活体验与文化消费场景，增加市民读者逛展和购书的幸福感。

书展期间策划举办系列阅读活动，邀请周国平、葛剑雄、刘擎等 10 余位名家参加新书发布、图书签售、对谈交流等活动，打造名家读者双向交流分享平台，为市民读者奉上一场场思想碰撞、精神洗礼的阅读盛会。首度联合"全国新书首发中心"发布年度新书出版观察报告，推出全国新书"出版指数"、年度新书作者影响力等榜单，发布全国知名出版机构 2022 新书计划，邀请名家现场首发推荐，为书展注入新鲜活力。特邀中信出版集团、果麦文化及后浪出版等知名出版机构，在全国新书首发中心抖音账号开展多场图书直播带货活动，向市民推介具有较高思想价值与较强现实关怀的优质新书，打造首个以新书出版和全民阅读为主题的全国性文化盛会，引领全国书业风向标。

### （三）"图书馆之城"建设加快推进，全民阅读的主阵地作用进一步彰显

作为较早提出打造"图书馆之城"的城市，深圳图书馆事业取得了显著的成绩，成为全民阅读的主阵地。2021年，深圳"图书馆之城"建设入选国家发改委发布的《深圳经济特区创新举措和经验做法清单》。深圳图书馆垂直总分馆制建设典型案例亮相全国公共文化重点改革任务总结部署会，充分展示了"图书馆之城"建设的突出成绩。

深圳第二图书馆工程建设加快推进，深圳少儿图书馆维修改造工程纳入市级大型文体设施提升改造项目。积极拓展新型高品质文化空间，深圳少儿图书馆联合市公园管理中心建成"荷·合书院"主题图书馆。罗湖区新建4家"悠·图书馆"。福田区建成"粤书吧"香蜜分馆。盐田区完成"智慧书房"二期项目建设，建成遇见图书馆、悦海图书馆。南山区新建"南山书房·酷派大厦"，实现无人值守等智慧服务场景。龙岗区建成振业天峦书吧，首创图书馆、文化馆、书吧"三馆合一"。龙华区吸引社会力量新建7家"城市书房"。11家旅游场所建成"粤书吧"。

组织市、区图书馆积极加入广东省"粤读通"工程，加快推动全省读者信息互联互通互认，融入全省图书馆一体化建设。推动深圳"图书馆之城"统一服务平台与i深圳平台实现功能对接、资源库互通。"深圳图书馆古籍数字平台"正式上线，与"广东省古籍保护中心"官网互联互通。加强与教育部门、中小学校合作，开展"图书馆进校园"工作，完善"馆

校合作"模式。深圳图书馆联合深圳科学高中、深圳第二外国语学校等共建 4 家"青少年阅读基地"。深圳少儿图书馆持续推进"常青藤"计划，累计发动全市 149 所中小学校加盟，实现 40.8 万册纸质及电子图书流通共享，有效推动"书香校园"建设。联合深圳市疾病预防控制中心建设深圳图书馆健康分馆，建成全国首家预防医学科普图书馆。

持续完善"市级中心馆＋区级总分馆"为架构的超大城市总分馆制建设模式，协调将"图书馆总分馆制建设"纳入市政府对各区绩效考核，督促、推动各区加快落实区级图书馆总分馆制建设要求。以罗湖区"悠·图书馆"为特色的总分馆体系建设荣获 2020 年度深圳市市长质量奖文化类唯一一个银奖。盐田区"智慧图书馆"成功创建国家公共文化服务体系示范项目。坪山图书馆获国际图书馆协会联合会 2021 年"绿色图书馆奖"，并被认定为"广东省人文社会科学普及标准基地"。

《"深圳图书馆全媒体服务平台"建设——打造市民身边的云上图书馆》《打造智慧化书房纾解公共阅读服务"最后一公里"难题》入选广东省公共文化服务优秀案例；《城市街区特色"粤书吧"系列》入选广东省"粤书吧"建设优秀案例。

### （四）深圳书城模式示范效应逐步显现，市民阅读新空间不断拓展

深圳自 1996 年建成深圳书城罗湖城以来，先后建成了中心城、南山城、龙岗城、龙华城等众多书城，逐步建立起以书业为核心、以书城为阵地的新型文化商业业态，为市民打造了集阅读学习、展示交流、聚会休闲、创意生活于一体的文化生活新空间，深圳书城模式也逐步成形，并在安徽、江西、河南等地复制。20 多年来，深圳书城历经从"综合性大卖

场""文化 Mall""体验式书城""创意书城"到"智能书城"的模式蜕变，已成为全民阅读和公共文化服务的重要载体。目前，"一区一书城、一街道一书吧"建设稳步推进，已建成 6 座大型书城和 47 家公共服务型书吧。

深圳书城中心城维修改造工程被纳入 2021 年全市重点民生工程项目，全新升级后已打造成国内首座 AI 智慧书城，成为深受市民读者喜爱的文化休闲目的地，单日客流量高达 10 万人次。稳步推进新书城建设，湾区城于 2021 年 12 月 18 日顺利开工，建成后将成为全国面积最大的书城文化综合体，因其双玉盘的设计理念，被称为"湾区之眼"。盐田城已基本确定选址方案。在全国大书城零售排名中，中心城、南山城分别位列第 2 和第 7。创新基层阅读阵地建设，桃源之光书馆成为全市社区阅读示范品牌。"深圳晚八点""地铁阅读季""宝安区'读 +1 小时'""对话大家""名家领读"等品牌活动影响力持续加深，"书城 +"业态更加丰富，文化气韵更加浓厚。

### （五）全新策划深圳读书月活动，进一步激发全社会阅读热情

第二十二届深圳读书月围绕"打开一个新视界"年度主题，坚持"品质、品位、品格"活动原则，立足"文化的闹钟、城市的雅集、阅读的节日"办节定位，并以此为依据构建三大活动内容板块，构建兼具文化品位与先锋精神的活动矩阵，倡导城市文明新风尚。共组织策划 250 余项、1400 多场主题活动，吸引超千万人次参与。

"文化的闹钟"释放人文信号、传播文化理念、引领价值方向。深圳读书论坛在举办 20 周年之际，以"大家的声音"为主题，邀请名家汇聚深圳，为市民读者奉上一场场精彩绝伦的知识盛宴。其中，"在历史的天空下"高端对话围绕"阅读与城市创新"展开，周国平在活动中指出，

"坚持把深圳读书月办好，城市创新就有永不枯竭的源泉"。"城市的雅集"搭建共读对谈、思想碰撞的高品质文化平台。以城市 IP 为线索，以阅读交流传播深圳城市形象，充分发挥城市形象传播的功能，强化跨界联动与文化对视。"阅读的节日"打造全民共同期待、共同参与的阅读嘉年华。本届"年度十大好书"评选首次采用全民线上投票评选机制，初评 7 日内共有 10218 名读者线上投出 30654 票，以高标准遴选和推举出 10 本关怀社会现实、观照人类境况的"年度十大好书"，真正打造了一场"共评、共品、共乐"的全民阅读嘉年华。"2021 最美校园图书馆"评选以"阅读点亮未来"为主题，表彰"年度最美校园图书馆""年度校园阅读点灯人""年度校园阅读之星"，继续为"书香校园"建设提供示范样本。

结合"走读"这一新兴的城市阅读新形式、新方法，走进历史、走进现场，开展"走读新视界——深读·书空间发现之旅"走读活动，邀请作家、书评人绿茶带领市民读者开启"坪水相逢""时光穿越""书与港湾""阅见南山""书遇未来"5 条走读路线的漫游阅读空间之旅，"深圳发布"微信公众号、深圳广电集团都市频道《第一现场》、"晶报"微信公众号、"深圳读书月"微信小程序对活动进行全程直播，呈现一份独具深圳特色的阅读漫游地图，实现"全景"阅读。通过串联、走读阅读空间来重新阅读深圳、发现深圳，让有关这座城市的更多信息、细节融会贯通。

进一步加强"市区联动"，首次设立各区分会场，推动全城共读。各区充分发挥各自优势，凸显区域特色，积极策划分会场活动，举办分会场启动仪式。本届"温馨阅读不眠夜"也创新设立各区分会场，除了主会场的深圳书城中心城 24 小时书吧、坪山图书馆星光书屋、盐田灯塔图书馆、福田玉田图书馆、大鹏自然童书馆等阅读空间也纷纷加入 24 小时亮灯，陪伴市民读者"读到月落日出"。

本届读书月特别采用线上直播形式延展线下活动。深圳卫视《第一现场》、壹深圳、深圳发布在微信、微博、抖音等 6 个平台同步直播读书月各项主推活动。其中，"年度十大好书"揭晓礼直播总观看量 46.2 万次，"温馨阅读不眠夜"24 小时直播累计观看量超 180 万次，微博话题 # 深圳读书月阅读不眠夜 # 总阅读量超 205 万次，登上微博同城热搜榜。

## （六）精心组织系列全民阅读活动，大力营造书香城市文化氛围

全民阅读活动对推广全民阅读、激发全民阅读热情具有十分重要的意义。一直以来，深圳高度重视并发动各方力量策划形式多样的全民阅读活动，引领社会风尚，促进全民阅读。

2021 年，深圳市阅读联合会及会员单位共举办各类常态化阅读推广活动上万场，线上活动 2000 余场。其中，市、区两级公共图书馆开展阅读推广活动 8000 余场，书城、书吧、报业、广电、邮政等 15 家企业单位开展阅读推广活动 2000 场，26 家民间阅读组织开展阅读推广活动 1800 余场。深圳图书馆围绕"建党百年""'十四五'规划""经典阅读""阅读大数据""未成年人阅读"等主题，推出统一服务"倍增计划"，举办"对话影像——影视作品中的人文世界"讲座、上线"深圳图书馆古籍数字平台"、发布"家庭与图书馆（室）少儿推荐书目"，等等。第七届"暑期缤纷季"则围绕"书香飘溢，滋润童心"主题，加强对青少年读者的引导与培育，重点开展云上图书馆·微课堂、少儿"阅经典"等线上活动。在深圳读书月期间，深圳图书馆围绕"人文湾区""文化雅集""思辨

成长""未来图书馆""信息素养"等主题，策划举办深圳社会科学学术文献成果发布、"阅在深秋"公共读书活动、"青少年阅读基地"进校园等重点项目共 18 项。全新策划"深图语文课"项目，围绕高中语文教育重点核心内容，助力中学生语文学习技巧与人文素养提升。

第五届"阅在深秋"围绕"打开新视界：面向未来的图书馆"主题，13 家公共图书馆和高校图书馆从"智慧空间""智慧服务"等角度，搭建智慧场景，以文献展示、资源推介、沉浸式体验、阅读交流、科技呈现等方式，展现图书馆智慧服务新生态，吸引参与活动读者逾 74 万人次。

成功举办第八届"我最喜爱的童书"阅读推广活动，吸引 30 家单位加盟主办，共收到来自 102 家机构（其中 57 家出版社）和 57 位个人推荐，共计推荐童书 3951 种，经过网络票选、邀请 9 名海内外专家学者组成提名委员会评审等环节，从中产生 30 本提名童书。提名童书公布后，各地图书馆采购获奖图书并送进校园，开展线上线下阅读推广活动，截至 2021 年 10 月 29 日，共计 149 所学校约 16.5 万名学生参加，其中深圳地区 27 所学校近 4 万名学生参与活动，送进校园 21960 册图书。联合出版机构推出系列线上读书会"我爱·云共读"活动，为孩子们献上阅读盛宴。孩子们经过自主阅读后，将通过网络实名投票，票选出他们最喜爱的童书。举行"我最喜爱的童书"颁奖典礼，发布全国总榜单。

## （七）加强未成年人阅读服务，大力培养未成年人阅读能力

随着"双减"政策的全面落地，中小学生课外阅读逐步回归本位。阅读作为美学修养熏陶、人文情怀养成、价值观塑造的重要方式，越来越受到社会各界的高度重视。2021 年，深圳进一步加强未成年人阅读服务，着力培养阅读习惯和阅读兴趣，提升阅读能力，助力未成年人健康成长。

深圳图书馆扩容升级少儿服务区，加快推进"青少年阅读基地"建设。升级后的少儿服务区分设服务 0—3 岁婴幼儿的"妙趣屋"、4—6 岁学龄前儿童的"七巧板绘本区"和 7—12 岁儿童的阅览区，面积近 1000 平方米，可容纳文献 5 万册，涵盖中外文优秀图书期刊与绘本。"青少年阅读基地"首次走进小学与职业学校，馆校合作触角不断延伸，先后与 8 家中小学共建"青少年阅读基地"。编制发布首期"家庭与图书馆（室）少儿推荐书目"，推出适合幼儿、小学生、中学生身心发展水平和阅读特点的读物 300 种。

深圳少年儿童图书馆全面提升读者借阅权限，将普通读者的借阅册数从 4 册提升到 10 册，续借时间从 15 天延长为 30 天。创新开展"三一讲读"计划，即一天一人一本书。该计划联合国内优秀童书出版社，获得正版授权，邀请优秀的全民阅读推广人、童书作家、童书编辑等录制精彩的讲读视频，为广大青少年提供阅读服务。持续开展"亲蓓蕾"早期阅读培养计划，关注幼儿读者早期阅读启蒙，以低幼阅览区为服务阵地，开展"红姐姐讲故事""智慧宝宝手工""卡通乐园"等系列幼儿阅读活动。推广青少年经典阅读，继续举办名著新编短剧大赛。策划"红牡丹"中华文化传承计划，开展亲子共读经典公益大讲堂、"梅、兰、竹、菊、荷"国学社与国艺团等活动。常年开展科创阅读活动，定期开放科创阅览区，组织开展科创阅读工作坊活动，成功举办首期公益科技活动之旅、科创嘉年华线上读书会活动。开展丰富多彩的主题新书展活动，通过"春有欢乐鹏城，留深过年！春节新书推荐""开学季新书展""春天主题书展""生命科学主题书展""童心向党主题推荐"等，进行新书推荐和展示，大大增加了新书借阅活跃度，受到读者的广泛欢迎。积极开展各类家庭教育讲座，举办"扣好人生第一粒扣子"家庭教育讲座 40 场（线上线下结合），共计 5.36

万人次参与。邀请阅读推广人、儿童文学专家、省特级教师、专科医生、心理学家等人给广大家长普及家庭教育、儿童心理、科学育儿等知识，得到读者的积极参与和好评。建设"孤独症儿童家庭友好图书馆"，策划"星星亲子读书会"活动，开展专题公益读书会活动 8 场，为孤独症儿童及家庭服务。

开展阅读推广进校园活动 30 多场次，为 10 余个合作单位集体办理读者证，并在学校周边布设 24 小时智能借阅机。联合龙华区相关机构，利用先进的现代技术和服务手段，创新开展"共享图书"项目。借助流动图书馆、城市物流链、24 小时自助借还机等，共同组成"书联网"，方便少年儿童借还图书。项目还采用"个人捐赠＋政府投入＋企事业单位投入＋企业赞助＋家庭藏书"的模式，打造更前沿、更便捷的图书共享形式。截至 2021 年底，项目共有图书近 12 万册，其中捐赠图书 4.7 万余册。成功承办第四届广东省少儿阅读推广人培训班，来自全省各级公共图书馆、中小学、民间阅读团体等单位的 306 人在线上平台参加了 8 节课的专业培训。内容涵盖儿童阅读推广人的观念与素养、儿童心理与图画书阅读、儿童文学与阅读策略、亲子阅读与阅读推广人的成长、如何策划图书馆儿童读书活动等方面。

## （八）持续推进阅读载体创新，打造数字阅读新平台

作为联合国教科文组织认定的"全球全民阅读典范城市"以及中国最"互联网"的城市之一，深圳率先在全国推动互联网与阅读融合，第十六届深圳读书月确立"互联网＋读书"的年度主题。连续 10 年举办国家级数字出版高端论坛，集中展示数字阅读领域最新理论和实践成果；广泛应用新技术搭建"互联网＋读书"平台，打造 QQ 阅读、深圳文献港、

深圳书城 App、阅芽计划 App 等数字阅读终端产品；积极开展"手机阅读""扫码听书"等形式多样的"互联网＋读书"活动。经过多年深耕培育，数字阅读已成为深圳市民生活方式与城市服务常态。2021 年 4 月，深圳第五次被评为"中国十佳数字阅读城市"。

深圳图书馆着力打造微信服务号、订阅号、视频号、小程序及微博、抖音等新媒体传播矩阵，访问量居 2021 年上半年新浪官方微博全国十大图书馆微博榜首，并首次上榜"全国十大文旅微博"。深圳读书月期间创新推出新媒体 IP 形象——深图布克家族（BOOK FAMILY），通过动感可爱的新媒体 IP 形象强化图书馆意识。加强数字资源建设，新增采购数据库 69 个，采购音像资料 638 种。加强"数字阅读馆"资源建设，完成 13 个数据库整合对接；推出 PC 端"深图视听"读者活动库，发布活动视频 260 余场，音视频资源 3000 余个；完成数字资源采购管理系统 ERMS 建设并投入使用。推进"云上图书馆"品牌建设，组织开展云上数字资源大闯关，开展主题 e 书单、e 学易用、"码上阅读"口袋书、"云上图书馆·微课堂"等活动，举办"云上图书馆"进社区、企事业单位、公益组织等系列阅读推广活动。

深圳少年儿童图书馆继续加强"读联体"数字阅读平台建设，为少年儿童群体提供有声绘本、国学经典、益智启蒙、历史名著等方面的视频、音频资源近百万册（集）。推出免验证免登录的举措，方便市民宅家阅读电子图书，提高了电子资源使用率。积极利用新媒体开展阅读服务，先后开通 5 个微信公众平台，用户数达 20 余万人。开展"书香沁新年，悦读越有福""感恩三春晖，欢乐迎盛夏""薪火相传的节日——春节喜洋洋"等线上阅读活动。新增充实了 Me 学院、方正、万方、中少社等 10 家电子资源数据，共计 20 多个适合少年儿童及家长、教师使用的电子资源数据库可供读者在电脑端、移动端在线使用。

### （九）深化全民阅读区域合作，充分发挥"全球全民阅读典范城市"示范作用

作为"全球全民阅读典范城市"，深圳结合中国特色社会主义先行示范区建设，积极加强与相关城市的交流与合作，共同探索推进新时代全民阅读高质量发展，引领全民阅读新风尚。

2021 年 4 月 21 日，"全国新书首发中心"在深圳书城中心城揭牌。作为深圳创新打造的阅读文化品牌，"全国新书首发中心"吸引了包括中华书局、商务印书馆、人民文学出版社、中信出版集团、磨铁图书公司等超过 30 家著名出版机构加盟，将在深圳组织开展贯穿全年的新书首发活动，每年精心发布 200 余种新书，以实体书店为主要阵地，通过影像展、小剧场、冷餐会等鲜活丰富的方式，让首发新书成为大众关注的热点话题，引领阅读时尚。2021 年成功举办刘擎《做一个清醒的现代人》、竹内亮团队《我住在这里的 N 个理由》、星球研究所《这里是中国 2》等重磅新书首发活动，营造了"重磅新书，首看深圳"的文化氛围，逐渐构筑起全国阅读文化的资源高地与头部平台。深圳出版集团及旗下深圳书城新华书业连锁总部有限公司已与中国图书进出口（集团）有限公司签订战略合作协议，将在未来联手推进国版书输出的海外首发与外版书引进的全国首发，以国际化视野促进文化交流、讲好中国故事。

策划举办粤港澳"共读半小时"活动，联合粤港澳地区公共图书馆，以经典内容为载体，以共读为形式，传承中华传统文化，共同打造人文湾区。通过有仪式感的共读行为，诠释"让阅读成为习惯"的理念。近 200家图书馆、1272 个共读点、35 万人次共同参与线下活动，仅深圳主会场

直播参与就达 10.6 万人次。会同香港、澳门、广州等地政府文化及教育部门联合举办 4·23 世界读书日"探索阅读新领域"创作比赛及深、港、澳、穗四地获奖作品联展活动。活动采取线上线下相结合的形式举办，全市 50 所中小学参与活动，共收到 9468 件参赛作品。

深圳图书馆联合澳门公共图书馆管理厅举办"深圳·澳门文化交融互鉴"系列活动，并开展"从文献看澳门"——澳门的铅活字印刷展暨深圳图书馆馆藏澳门文献展、匠心——深澳传统手工艺展（澳门展）和"从议事亭藏书楼馆藏看澳门铅活字印刷"讲座，从历史、文化、教育、艺术等多个角度，展示既有传统文化积淀又有中西文明交融，独具特色又魅力多彩的澳门，受到深澳两地市民和媒体的广泛关注与好评，推动了粤港澳大湾区城市间文化交流。

开展"当设计之都遇上文学之都：深圳·南京的文化对视"系列活动，邀请深圳设计师与南京文学家就两座城市的文化特征举办 1 场交流会、4 场对话、2 个展览，通过阅读与设计通连，为深圳这座充满魅力、活力、动力的创新型城市塑造更鲜明的城市文化个性。启动"深圳——敦煌"两地图书馆城际交流项目，以"一带一路"为纽带，架起改革开放前沿窗口、"中国特色社会主义先行示范区"与古丝绸之路"第一枢纽城市"之间的文化桥梁。

## （十）加快推进精品出版和数字出版转型，丰富本土全民阅读内容

2021 年，深圳继续实施精品出版计划，支持海天出版社和深圳报业集团出版社高质量发展，积极推进数字化出版转型，着力打造特色出版产品线，推出了一批有较大影响的精品图书。

　　海天出版社推出重点图书《潮卷南海——深圳风雨一百年》《一百年，那些热血沸腾的青春》《大风起平江》《深圳的光荣与使命（初中读本）》等 40 余种（套）。其中，《深圳，深圳》入选广东省 2021 年教育科学规划课题，《公园里的深圳》入选"第二十二届深圳读书月优秀小学生读物"推荐书目，《讲给孩子的百年梦想①：书画家的故事》被选入"百班千人读写计划"。成功打造"福尔摩斯探案笔记""陈诗哥诗意童年读本""萌鸡小队漫画故事""猪猪侠之恐龙日记"等重点图书品牌，每个品牌累计发行均超 10 万册。法语文学 / 海天译丛产品线坚持精品、特色、格调和品位发展路线，《清算已毕》获《中华读书报》2021 年 4 月探照灯好书；翻译出版法国龚古尔奖作品《异常》，获百道网 10 月好书奖（文学类），并入选 2021 年深圳读书月推荐书目。青春读物、企业管理、人文读物产品线在巩固原有品牌的基础上，推出《鉴赏家》《人工智能时代的风险治理》《华为管理法》等双效俱佳的产品。与北美科发出版集团（KF Times Group Inc.）达成战略合作，签署《为什么是深圳》《青春读书课》《大海的肚脐》等 8 种图书版权输出协议，在加拿大实现出版发行。成立教育分社，深挖本土教育资源，提高教辅及教育类读物市场占有率。

　　深圳报业集团出版社进一步优化图书选题，立足深圳本土文化，注重扶持本土作者，围绕"我们深圳系列""自然生态系列""深圳文典系列""共同体文库系列"等品牌，策划出版《我的乒乓生涯》《黄学增与宝安》《东纵与土洋》《最后的"珍珠"：深圳大鹏东山村调查》《深圳公园的故事》《寻找光明记忆：工厂故事》等精品图书。

　　数字出版融合发展迈出坚实步伐，海天出版社加入全国出版融合产业联盟，与数传集团达成战略合作，共同打造"现代纸书"出版项目，推动纸质图书优质内容资源融合传播。完成融合出版 Rays 系统部署，已将

《感动千年》丛书 6 种制作成了"现代纸书"。深圳市华文国际传媒有限公司制作及发行海天版电子书 249 种，有声书 1589 集。新开拓 K12 在线教育延伸服务，打造本地教育服务品牌，为深圳中小学生及家长提供课程资源、教育咨询、定制化出版等形式多样的服务。与中国图书进出口（集团）有限公司达成战略合作，将百余种海天版中华优秀出版物数字化产品推向海外市场，助力中国文化走出去。

### （十一）深入开展全民阅读研究，为未来发展提供决策依据

开展全民阅读理论和实践研究，对提升城市全民阅读水平、发挥全球全民阅读典范城市示范作用和指导全民阅读工作具有十分重要的意义。近年来，深圳高度重视全民阅读研究，鼓励高校、公共事业机构和社会组织等开展全民阅读研究，形成了一批高质量的研究成果，彰显了示范效应。

深圳读书月组委会办公室继续发布《深圳全民阅读发展报告 2021》，围绕"深圳读书月""图书馆之城""数字阅读""阅读活动""阅读空间"等进行专题研究，深入探讨和诠释全民阅读、城市生活与书香社会的相互关系，全方位透视深圳全民阅读的发展情况，展示立体化、多角度的城市阅读概貌。深圳图书情报学会和深圳图书馆联合发布《2021 年深圳"图书馆之城"阅读报告》，通过大数据分析解码深圳人的阅读习惯。数据显示，深圳居民各种类读物（包括图书、报纸、期刊和数字化阅读）的阅读率和阅读量呈现逐年递增的趋势，且多项数据远高于全国平均水平。从各类读物的阅读数量来看，有阅读行为的深圳居民 2020 年平均阅读纸质图书 8.86 本、电子图书 12.13 本，分别比上一年多了 2.66 本和 4.77 本，日均阅读纸质图书的时间达 61.25 分钟。电子图书平均阅读量大幅增加，表明数字化阅读进一步普及。调查还发现，在阅读普遍向数字化和手机迁移

的同时，深圳阅读群体在图书、报纸、期刊的阅读时长和阅读量上都有不同程度的增加。这在一定程度表明，深圳市民对阅读媒介、阅读资源的选择和利用，持有更理性科学的态度。

深圳图书馆加快推进《古籍精萃之伍：全唐诗·李白集》《经典阅览室建设》《传统文化与阅读推广》出版进程，编撰完成《深圳文献·深圳人著作目录》第二卷（经济卷）初稿。积极开展未成年人阅读推广研究和书目推荐工作，编制《喜阅 365 亲子共读阅读推广手册》，策划出版专业儿童阅读指导杂志《童阅》。

2021 年，深圳全民阅读工作取得了显著的进展，书香城市氛围日益浓厚，全球全民阅读典范城市的示范作用进一步显现。但我们也应清醒地看到，深圳全民阅读工作与建设现代文明典范的要求和市民对精神文化生活新期待相比，还存在一定的差距与不足，需在今后的工作中切实予以解决。一是全民阅读服务不均衡问题仍很突出，原特区内外公共服务供给水平仍存在不小的差距，一些边远地区阅读服务仍存在明显的短板。二是全民阅读保障机制还不够完善，财政投入的长效机制还未建立，部门协同机制还不健全。三是全民阅读服务的质量还不够高，服务供给的质量与水平还不能有效满足市民日益增长的精神文化需求，服务的精准性有待进一步提高。四是全民阅读资源需进一步整合，政府与社会之间、政府部门之间的阅读资源还未有效整合，全社会参与全民阅读的合力还未有效形成。五是对全民阅读发展规律和趋势的研究还有待加强，对阅读能力培养、阅读创新载体的研究还不够深入，阅读知识的普及需加快拓展。

# 二、2022 年深圳全民阅读展望

2022 年是全面建设社会主义现代化国家、向第二个百年奋斗目标进军新征程的重要一年，是实施"十四五"规划的关键一年，也是香港回归 25 周年，将迎来党的二十大胜利召开，做好深圳全民阅读工作意义重大。在延续以往全民阅读浓厚氛围的基础上，2022 年深圳将全情投入、全力以赴，精心谋划深圳读书月、深圳书展等重大主题活动，在世界聚光灯下、在互联网条件下、在超大城市和年轻城市背景下讲好深圳故事、中国故事，为深圳充分发挥"双区"驱动、"双区"叠加和"双改"示范效应，加快建设中国特色社会主义先行示范区和粤港澳大湾区高水平人才高地，营造良好舆论氛围，凝聚强大精神力量。

## （一）进一步拓展公共阅读空间，打造"文化生活中心"

**以深圳书城湾区城为抓手，推动书城、书吧等阅读设施建设普惠均衡。** 深圳出版集团积极贯彻落实市委市政府"一区一书城、一街道一书吧"战略，构建大书城和小书吧相呼应的公共文化服务设施体系，目前已在深圳建成 6 座超万平方米大型书城、47 家特色书吧，每年接待市民读者 2000 余万人次，成为深圳重要的文化标志和精神符号。2022 年，深圳将有序推进"一区一书城"战略部署，高标准高效率建设深圳书城湾区城。作为深圳"新时代十大文化设施"之一，湾区城（含湾区民俗馆）的开建是"一区一书城"战略的重要举措，是建设"全球全民阅读典范城市"的重点项目，也是粤港澳大湾区标志性公共文化设施和市重大文体惠民工程，它以知识服务为核心，以推广全民阅读、凝聚大湾区文化认同为主旨，以品质文化生活引领为方向，致力于成为粤港澳大湾区的文化高地、市民的精神家园及世界级文化地标和目的地。自 2021 年底正式开工以来，湾区城将在 2022 年迎来项目的全面施工，为 2024 年 12 月竣工、2025 年开业奠定基础。此外，科学论证深圳书城坪山城、光明城、盐田城、大鹏城、数字出版总部基地的建设方向，提速解决已建书城工程遗留问题，助力书城运营提质增效，促进书城模式的可持续发展。结合罗湖区桂园片区改造进程，适时启动深圳书城罗湖城升级改造，研究物流基地建设模式。

**以书吧、书店为节点，建设新型阅读文化空间。**发挥已有书吧、书店临近社区的优势，打造"公园系列书吧""地铁书栈"产品主线，建设 10 分钟阅读服务圈，助力开创城市精神文明建设新风尚。鼓励和支持各区挖掘自身资源潜力，规划新建 40—50 家文化特色鲜明、服务手段先进的高品质新型阅读文化空间，打造有温度、市民群众想来爱来的"文化社交中心"。加强新型文化空间的品牌化建设，在"一区一特色"基础上提炼彰显深圳城市气质和文化亮点的全市性"新型文化空间品牌"。继续完善实体书店扶持办法，加大资金等方面的扶持力度，扶持不少于 100 家有示范意义的新型书吧空间，包括对尚书吧、飞地书局、旧天堂书店等书店书吧的驻店读书会开展活动的支持，这类读书组织利用书店的条件和资源，既策划组织读书活动，又通过开展免费讲座、新书推介、名家讲座、作者签名售书等活动促进图书销售，在促进经营的同时提升了读书会的影响力和知名度，它们是开展全民阅读的重要阵地和舞台。

**稳步推进深圳第二图书馆建设。**加强市文化广电旅游体育局和市建筑工务署的沟通协调，密切跟进深圳第二图书馆建筑施工进程；按程序申报《深圳第二图书馆机构与人力资源规划方案》，落实内设机构与用人模式、人员数量、岗位设置等相关工作，推动两馆（市馆、二馆）协同管理和人员保障；编制《深圳图书馆图书分拣策略》，协助完成智能仓储项目深化设计及实施；完成《深图二馆信息化项目优化方案》立项；完成二馆开办费和常规运营经费的修订申报，储备新书 12 万册，完成馆舍内装、家具、展陈、电动密集书架设备等项目相关工作，为二馆 2023 年顺利开馆做好全方位准备工作，建设与深圳"区域文化中心城市""彰显国家文化软实力的现代文明之城"定位相匹配的"国际一流、国内标杆"城市中心图书馆。

**推进少儿馆改建和第二少儿馆建设。**《深圳市人民政府办公厅关于印发深圳市加快推进重大文体设施建设规划的通知》已将少儿馆维修改造工程纳入市级大型文体设施提升改造项目。按照不增加建筑面积的思路，以馆舍修缮、提升服务功能、改善馆舍环境为主要目的，全面修改完成《深圳少年儿童图书馆维修改造项目建议书》的编制。待深圳第二少年儿童图书馆建设项目完成立项申报并获得市发改委批复意见后，实时开展现少儿图书馆维修改造项目的立项申报工作。深入调查研究第二少年儿童图书馆建设必要性和主要功能定位，完成深圳第二少年儿童图书馆项目建议书（意见征求稿）的编制。

## （二）落实品牌提升、创新升级计划，擦亮深圳读书月、深圳书展两大阅读活动金字招牌

### 1. 创新举办第二十三届深圳读书月

**优化举办模式，强化品牌特点，以创新提升读书月影响力。**坚持以实现市民文化权利为根本，坚持优质内容为王，建立健全读书月分会场体系，进行分众、个性、多维传播；以国际传播打造城市文化品牌，面对全媒体、数字化、后疫情时代的国际传播课题，探索读书月的媒体融合、国

际传播的创新路径；以城市形象推广为主题，不断提升和丰富深圳的城市表达，提高国际传播的效能；以媒体融合创新为路径，构建全媒全网全景的国际传播体系；以外事资源为抓手，推动开展更多的国际人文交流活动，吸引国外专家学者、读者参与读书月活动，不断扩大国际传播朋友圈，提升深圳读书月国际影响力；以城市品牌活动为平台，推动全民阅读深入各区，深化粤港澳大湾区文化交流合作，动员科研专家、企业家等群体参与，培育更多本土新生代作家和精英人才。

**紧扣"中心点"，增强使命感。**把党的二十大作为指导思想，把第二个百年奋斗目标作为指导方针，通过读书月讲好中国故事，不负党中央赋予深圳高举旗帜、当好窗口的时代重托。在全社会组织党史、新中国史、改革开放史、社会主义发展史宣传教育，在开幕式、荐书活动、读书论坛等读书月重点活动和品牌活动中强化宣传，营造浓厚学习氛围。同时探索更多"阅读 +"多业态融合，发挥区位优势，打造具有深圳特色的文化活动，以创意助力城市的可持续发展，让深圳改革开放、先行示范的两面旗帜更加鲜明。

**继续凝练定位、聚焦主题，提升品质品位。**2022 年读书月要再接再厉，争取定位更鲜明、主题更聚焦、品质更优化、组织更创新。要坚持"文化的闹钟""城市的雅集""阅读的节日"的定位，立足"全域、全景、全民、全媒"的运作思路，加强粤港澳大湾区及境内外联动，让书香的氛围辐射全国乃至全球；提供多媒体多介质多场景的阅读体验；兼顾不同人群的阅读需求，实现阅读推广活动的全民覆盖；活动与传播同步，继续升级读书月的传播力度、广度和深度。实现全媒触达，矩阵传播，继续多维讲述城市读书故事。充分发挥"全媒"特色，多维讲述城市共读故事。继续加强与中央媒体以及头部新媒体的合作对接，各承办单位结合自媒体宣传推广，继续通过深圳卫视《第一现场》、壹深圳、深圳发布在微信、视频号、微博、抖音、头条、快手等平台同步直播读书月主推活动。

### 2. 提升第四届"深圳书展"行业影响力

深圳出版集团自2019年创办深圳书展，致力于打造具有一流水准和国际影响的城市书展，打造引领全国、先行示范的又一个城市文化品牌。目前深圳书展已经成功举办了三届，并克服了新冠肺炎疫情的不利影响，以实现市民文化权利为目标，以保障市民生命安全为底线，积极创新举办形式，全力推进组织工作，全方位保障办展安全，实现社会效益、经济效益双丰收，在全国同类书展中后来居上，充分呼应了城市的读书热情，有力彰显了城市的文化自信。

2022年深圳将迎来第四届书展。在疫情尚未结束的背景下继续探索"1+N"的创新模式，在深圳书城中心城及西广场设立主会场，举办露天盛会营造人文与自然交织的开放、安全体验空间，并依托深圳书城罗湖城、南山城、宝安城、龙岗城、龙华城等分会场，实现书展的展览和主题活动内容、方式的错位拓展，强化阅读＋设计、阅读＋科技跨界联动，配套开展文创精品、互动游戏、音乐派对、电影放映、名家分享等文化活动，满足日趋多元化、个性化、高端化的城市阅读文化需求，体现深圳全民阅读的模式创新。在邀请境内出版社展销各自精品图书、继续联合"全国新书首发中心"发布年度新书出版观察报告、推出全国新书"出版指数"和年度新书作者影响力榜单等创新举措之外，对标国际国内知名城市书展，强化专业化运营策略，继续大力邀请包括港澳台在内的境外知名出版机构展示高质量的图书资源，特别是加强粤港澳大湾区及境内外联动，体现国际化书展特色。同时，除了在11月和第二十三届深圳读书月实现联动举办外，深圳书展可以尝试探索"一年两展"模式，努力办出全国一流乃至国际一流的城市书展。

### （三）以社会组织为主体，推动社会阅读蓬勃发展

需求决定供给，公共阅读的产品、服务供给是以社会公众为对象的，要提高供给水平，扩大全民阅读范围，就必须突出社会公众的真实需求，通过满足市民多样化的阅读文化需求，保障其基本阅读权利，这是全民阅读的逻辑起点。作为不同于政府组织和市场组织的"第三部门"，社会组织本身具有前二者的特性，比如与社会更近，对社会发展情状和现实需求有着纤敏的触角，同时其志愿性或公益性使得其在服务大众、促进全民阅读方面发挥着无可替代的独特作用。公共阅读需要政府的支持、推动，但更需要社会阅读力量的参与，只有企业、社区、学校等各类社会阅读组织蓬勃发展，深圳全民阅读才能真正实现由政府倡导向社会自觉推动的转变。得益于深圳近年来社会组织发展的政策创新，深圳社会阅读组织发展迅速，从自发、民间、线下的小型书友聚会到如今遍地开花的民间阅读组织，它们事实上已成为深圳全民阅读推广的重要参与力量，它们主动参与公共文化服务，把家庭阅读、社区阅读、特定人群阅读作为自己发挥作用的舞台，在很大程度上填补了政府公共服务的不足。据不完全统计，目前深圳拥有各类社会阅读组织超过 100 个，其中活跃度较高的约有 50 个，在市民政局注册的超过 10 个。其中彩虹花公益小书房、三叶草故事家族、后院读书会、深圳读书会等社会公益类阅读组织在国内皆享有盛誉。此外，深圳还出现了一批线上阅读组织，如黑咖啡读书会、深圳读书群等，这类组织一般以线上讨论、交流为主，既可以有效利用网络传播的即时性和互动性，又免除了线下活动需要场地的烦恼，最大限度地降低了阅读推广的成本。

　　2012 年 11 月深圳成立了"深圳市阅读联合会"，作为一个沟通政府与民间的非政府组织，该会成员涵盖了学校、公共图书馆、民间读书组织、媒体、出版、印刷、发行、网络阅读等组织、机构、行业以及从事阅读研究与实践的专家学者、阅读推广人，致力于推动深圳阅读资源的整合与共享，培育和聚合民间阅读力量，积极组织民间阅读组织、阅读推广人开展阅读推广活动，为全市各种民间阅读组织建机制、搭平台，促进了全民阅读活动的制度化、常态化、普及化。2022 年，在深圳市阅读联合会成立 10 周年之际，要进一步发挥其沟通政府和民间的桥梁纽带作用，利用该平台推动社会阅读组织参与策划、实施深圳读书月等重要节庆活动，开展深圳市公益阅读推广机制示范发展研究工作，形成一套设计科学、行之有效的公益阅读推广人服务与管理机制，支持和鼓励公益阅读组织和推广人走向基层，走进民间，开展惠及全民的公益阅读推广活动。同时聚合深圳民间阅读力量，坚持开展常态化、普惠型阅读推广活动，在未成年人阅读方面，继续为 0—6 岁儿童发放"阅芽包"，提供早期儿童阅读指引；继续开展阅读推广人下基层活动，举办小书房·家门口读书会、三叶草阅读加油站、绘本剧大赛、帐篷阅读马拉松等亲子阅读活动，深入社区、学校、家庭提供未成年人公益阅读服务；举办深圳儿童绘本创作大赛、第四届少年诗词达人大赛，为孩子们搭建阅读、学习、交流、创作的展示平台。在青工阅读方面，继续推出深圳市青工读写素养提升计划，开展梦想讲书人等活动，激发青工的阅读写作热情，营造深圳书香氛围。发挥民营书店阅读阵地作用，开展 2022 深港澳共读、深圳湾新知文化节、品阅深圳·从悦读开始等具有深圳特色、辐射大湾区的阅读活动，助力推动大湾区文化融合发展。

### （四）调动政府和社会资源，开展针对特定群体的阅读服务

将全民阅读工作与实现全社会阅读权利公平紧密结合，关注未成年人和社会弱势群体阅读需求，通过全民阅读传递温暖与关爱。在做好未成年人服务的基础上，配合"双减"政策，加强馆校协作，策划推出面向在校学生的优质阅读和文化服务品牌。

**实施青年发展型城市支持计划。**面向深圳青年群体，开展"青年领读者"主题活动，每年选取 1—2 位作为榜样，树立文明新风；特别面向流动青年、贫困青年和残疾青年等群体，开展形式多样的职场指导、职业规划、心理健康主题讲座等活动；实施现代信息素养提升计划，提升青年数字阅读和网络信息利用能力；开展"青年研学体验营"活动，组织青年实地走访调研深圳古村，增强归属感；开展"剧本杀"等适合团队建设的青年活动游戏，突出分享感受和体验合作；打造"创客社"青年志愿服务品牌，组建一支拥有创客技能的专业志愿者团队，策划开展以专业志愿者为主讲嘉宾的创客活动。

**拓展"青少年阅读基地"建设。**更新优化"青少年阅读基地"建设方案，加强统筹推进各类型基地协调发展；年内完成 1—2 家中学"青少年阅读基地"和 1—2 家幼儿园、小学"青少年阅读基地"建设，扩大基地覆盖范围；为已建基地补充文献资源，配送南书房家庭经典阅读书目及精选获奖图书，完成经典文献资源建设；持续开展经典阅读进校园活动，举办讲座、展览、征文、数字资源展播等活动；对 2018—2021 年间建立的基地进行回访评估，了解基地师生需求，重新签订共建协议。

**继续深入开展阅读推广计划。**继续开展"亲蓓蕾"早期阅读培养计划，培养婴幼儿阅读兴趣和习惯；开展"籁杜鹃"青少年经典阅读计划，注重青少年阅读指导；开展"红牡丹"中华文化传承计划，大力组织"国

学社""国艺团"相关活动；开展"蒲公英"劳务工子女图书馆计划，建立劳务工子女图书馆服务模式；开展"康乃馨"无差别阅读计划，为弱势群体，尤其是弱势的少年儿童提供文献信息服务；开展科创阅读计划，致力于提高青少年的科学素养与创新能力；开展文创阅读计划，将阅读实践、创意创新等元素与阅读相融合，培养少年儿童的思维能力、创新能力，学以致用。

**家庭阅读推广创新提升**。结合《中华人民共和国家庭教育促进法》实施，丰富家庭阅读推广活动，提升家庭阅读服务质量。在"5·15国际家庭日"开展"深圳记忆"文化之旅（家庭专场）；在全国家庭教育宣传周（5月）开展集中宣讲活动，联合开展区域性家庭阅读推广活动项目；持续开展"南书房家庭经典阅读书目"推广项目；升级"家长课堂"品牌，提升品牌影响力。

**创新拓展"银发阅读"计划**。开展"乐学""乐读""乐享""乐春"系列服务项目：在重阳节敬老月期间开展中老年摄影作品展、诗文朗诵会、剪纸体验等"乐享"活动；开展中老年摄影、书画、智能手机培训等"乐学"系列公益培训班；开展"乐读"读书会阅读分享；开展"春联剪纸送祝福"传统中国文化年活动。

**深化提升"阅亮世界"计划**。在4月23日世界读书日开展广东省盲人诗歌散文朗诵/盲人散文创作大赛深圳选拔赛；在全国助残日和图书馆服务宣传周开展视障人士走进文化场馆活动；在国际盲人节及深圳读书月开展视障人士才艺表演、残障人士读书会等活动；探讨深圳视障公益影院新模式，探索开展视障人士经典音乐赏析、声游天下等活动。

### （五）大力拓展数字化公共阅读

**加快推动出版发行数字化转型**。把握数字化、网络化、智能化方向，加强数字化阅读转型顶层设计，制定专项发展规划。依照"智慧集团－智慧书城－智慧书业"三层架构，完善出版、发行业数字化体系建设，促进资源共享和业务协同，打造全流程数字化、智能化运营的智慧书业和智慧书城样板。顺应消费升级趋势，着力推动空间场景数字化的研发与运用，构建消费新模式、数字化新体验。增强书城大数据分析和应用能力，建立数据管理应用机制和分析决策机制，促进数字技术与实体零售经济深度融合，赋能传统产业转型升级。升级改造供应链系统，建设适应新零售业态的 PMP 业务系统。积极拓展会员事业，强化线上线下融合，丰富会员权益体系，提升价值转化率，促进产业生态建设。促进数字阅读、移动阅读等新技术、新平台的开发应用，优化全民阅读 App 和掌上书城 App，丰富平台在线阅读、在线购书等功能，满足"分众"用户需求。努力将"全民阅读网"打造成为全国有影响力的专业数字阅读推广服务平台。

**深化科技、平台赋能，夯实智慧图书馆基础**。加强新媒体在图书馆读者服务、阅读推广以及文化传播领域中的应用研究，发布深圳图书馆新媒体服务发展报告、微信公众号数据分析报告、微博数据分析报告。完成微服务首页（服务号→服务）改版，优化使用体验；推动智慧应答系统上线，开发新媒体咨询库，完善智慧应答知识库，实现全媒体渠道接入、智能辅助坐席、服务运营管控，提升咨询响应效率和满意度。强化智慧服务，持续优化"图书馆之城"统一服务平台，促进各类相关数字平台互联互通，促进与"i深圳"等平台的深度对接。优化"数字图书馆"及微博等平台应用，完善图书馆和群众文化艺术资源数据库，提供云阅读、云演出、云培训等数字服务，提高服务便捷度。

以数字化、全媒体方式打造阅读新生态。打造"数字阅读馆"2.0，持续推出"e"系列，开展"数字阅读在身边"，创设深图SO直播（SoLive）系列活动和深图故事汇系列短视频，推进"云上图书馆"数字阅读进社区，全方位推广线上线下联动的数字资源。开展共享图书项目服务，开通"人人阅"等官方微信公众号，读者能更容易获取运营信息，明晰各个运营服务点位置。同时，意见问题反馈渠道更加畅通，加强与读者的黏性。

### （六）加强对外阅读交流

深化"城际阅读文化交流"项目。2022年恰逢香港回归25周年，可以此为契机在深圳读书月和深圳书展期间策划开展"深圳·香港阅读双城记"系列活动，联袂展现香港回归25周年来两地所取得的丰硕文化成果。联合国内1—2个城市开展城际文化交流，推动深圳本土文化的传承与弘扬，促进跨地区、跨文化的信息交流与传播，充分发挥"全球全民阅读典范城市"影响力。签订"城际阅读交流合作框架协议"，举办城市文化展览及分享会，宣传推广各自城市特色文化；开展阅读资源互换展示及线上特色城市文化推广活动；开展互访学习活动。

加强湾区阅读交流合作。策划举办湾区读书周系列活动，推动"深圳读书论坛""经典诗文朗诵会""温馨阅读夜""地铁阅读季"等品牌活动和阅读资源走进湾区各地。借助深圳图书馆担任粤港澳大湾区公共图书馆联盟轮值主持单位，加强大湾区9+2城市图书馆合作交流，充分发挥公共图书馆在粤港澳大湾区建设中的文化职能。召集粤港澳大湾区公共图书馆联盟会议，继续推动大湾区图书馆在服务、资源以及全民阅读等领域的合作。积极推动"粤读通"功能拓展，实现湾区读者证信息互联互通互认。

创新开展粤港澳"共读半小时"活动；推进"从文献看湾区"系列展览，由湾区 9+2 城市图书馆结合馆藏文献资源，策划开发原创展览，并举办巡展。开展岭南地方文献调研，促进湾区城市地方文献建设交流与资源共建共享；收集整理特区相关文献，着手编制"特区文献联合目录"。开发面向大湾区建设的专题信息，探索专题资源馆际合作、共建共享模式。开展人员互访、文献交换等交流融合，助力人文湾区建设。

**加强粤港澳阅读文化合作，培养两地儿童文化认同。**响应"4·23 世界读书日"，推广阅读文化，增进粤港澳市民特别是青少年间的阅读文化交流，深圳、香港、澳门、广州四地政府文化及教育部门可继续联合举办 2022 年度 4·23 世界读书日"探索阅读新领域"创作比赛及深、港、澳、穗四地获奖作品联展活动。深圳赛区由深圳市文化广电旅游体育局主办、深圳市教育局指导，深圳图书情报学会、深圳图书馆、深圳少年儿童图书馆承办。

### （七）完善全民阅读开展的体制机制

**创新推动内容出版高质量发展。**坚持正确政治方向，紧扣时代发展脉搏，围绕党的二十大召开、习近平总书记视察前海 10 周年等重要时间节点，策划出版《春天的前海》《深圳十大特色文化街区》《深圳非遗》《中国传统村落文化抢救与研究》《中华经典古诗文与社会主义核心价值观丛书》等一批反映前海发展成就、先行示范区建设成果和弘扬中华优秀传统文化的主题图书。精心打造向旅行者推介深圳的图书——《深圳》《这里是深圳》，有序推出《深圳自然博物百科》《深圳自然读本》《深圳城市规划读本》等"深圳城市读本"系列图书，形成"我们深圳系列""自然生态系列""深圳文典系列""共同体文库系列"及"海天译丛"等出版品牌。启动数字出版高质量发展计划，制定《推动数字出版高质量发展行动计划》，布局数字出版发展方向和一批重点项目，提升"中国网络文学排行榜"活动水平，加大网络文学 IP 开发，推动中国网络文学大数据中心落户深圳，建立"先行示范区数字先锋城市"百科数据库，形成权威性线上深圳百科全书，努力讲好深圳故事，展现城市精神气象。

**完善"全国新书首发中心"运营模式，构建在全国具有影响力和示范性的全民阅读与图书发行品牌。**优化"全国新书首发中心"运营组织方案，制定标准化、规范化的工作指引，坚持以深圳声音、国际视野、人文精神为宗旨，积极与上游头部出版机构建立战略合作关系，进一步提升选品能力，做到本本是精品、月月有亮点；整合组建"全国新书首发中心"名家资源库，以书为媒深化内容开发，策划打造引领知识风潮与文化先锋的全国阅读文化大事件；与中央、省市各级媒体建立年度宣传合作关系，进一步提升宣传效果；积极推进自媒体运营工作，联合专业运营团队建设自媒体矩阵，开通设立全国新书首发中心各平台自媒体账号，全网分发与平台调性相匹配的传播内容；以抖音为公域流量运营阵地，以模式原创、名家参与的泛娱乐化短视频内容为核心竞争力，进一步提升网络影响力。

**继续推进《深圳经济特区公共图书馆条例》修订工作，争取纳入市人大 2022 年度立法计划审议项目。**进一步完善条例的配套相关指标，作为条例配套实施细则同步发布，提升全市公共图书馆整体形象、品质内涵与服务效能，打造高质量发展的"图书馆之城"。制订《深圳市建设书香城市指标体系》，开展"书香城市（城区）"测评工作试点。

**深入推进全市图书馆文化馆总分馆制建设，完善以"市级中心馆＋区级总分馆"为架构的超大城市总分馆建设模式。**到 2022 年底，力争实行图书馆总分馆紧密型垂直管理的区扩大到 5 个，推动各区进一步完善文化馆总分馆制服务架构。积极推进深圳少年儿童图书馆加入"图书馆之城"统一服务。支持各区争先创优，梳理总结一批公共文化服务高质量发展典型案例。

**推进自助图书馆优化更新项目，提升社会服务效益。**重点提升自助图书馆品牌形象质感，加强宣传推广与社会合作，将阅读推广活动融入自助图书馆布点服务范畴，营造自助图书馆社区服务新模式，提高管理效率。优化自助图书馆图书资源配置，重点宣传预借服务、新书直通车服务，通过有针对性地制定个性书单等方式，提升自助图书馆社会服务效益。

杨立青，深圳市社科院文化所研究员

熊德昌，深圳市文化广电旅游体育局文化产业发展处处长

"城市阅读典范"专题

深圳全民阅读
发 展 报 告
**2022**

# 城市文化名片与城市精神塑造

## ——从城市形象传播看全民阅读的作用与意义

吴筠

深圳是一座建市仅 42 年的年轻城市。40 多年来，深圳从一个边陲小镇迅速成长为现代化、国际化的大都市，成为一座充满魅力、动力、活力和创新力的创新型城市。这座城市的快速发展创造了举世瞩目的奇迹，在发展的过程中从未忽视文化建设，城市发展和文化建设同频共振，经济科技与创新创意共生共荣，一起推动形成了深圳非常独特、鲜明的城市气质。2008 年，深圳荣获联合国教科文组织授予的"设计之都"称号，是中国首个入选的城市；2013 年，深圳荣获"全球全民阅读典范城市"称号，成为全球唯一获此殊荣的城市。这两张文化名片对于深圳的城市文化、精神塑造有着非常重要的作用。

## 阅读深圳：城市的精神

阅读塑造城市精神。深圳是改革开放后党和人民一手缔造的崭新城市，是中国特色社会主义在一张白纸上的精彩演绎。这座城市的快速发展吸引了全国乃至全球创新创业者。在创新创业过程中，创业的驱动和对知识的渴望有着密切的关联。深圳人的求知和创业是水乳交融的，相互赋能，提高了城市阅读与城市建设的契合度和关联度，通过求知、通过阅读推动创新创业，推动城市的运转和进步。深圳人边闯边读、边读边闯，通过阅读去适应工作、独立创业，开辟新天地，在改革进取中建造这座城市，形成这座城市的精神风貌。

深圳是典型的"知识改变命运"的城市，读书成为无数追梦者圆梦的阶梯。1996 年，深圳第一次承办全国性书展——第七届全国书市，现场销售图书码洋 2100 万元，在当时是个非常巨额的销售量。截至 2021 年，深圳的人均购书量连续 31 年全国第一，这是这座城市 40 多年的开拓奋斗积累出来的，体现阅读对城市的内驱作用。阅读在改变奋斗者命运的同时，也成就了深圳这座城市创新、品质、活力、包容等特质，为之提供了不竭动力，塑造了"敢闯敢试、开放包容、务实尚法、追求卓越"的精神内核。

阅读走出文化自信。深圳的阅读文化推广之路可圈可点。建市之初，"拓荒者"们就为这座移民城市植入了"热爱阅读"和"崇尚文化"的基因，让深圳人很早就由内生发出"文化自觉"的价值理念和精神涵养。1996 年第七届全国书市期间，订货总额达 3.2 亿元，图书零售额 2117 万元，深圳人的"爱阅读"可见一斑。从那时起，经过 20 多年的坚持与不懈努力，深圳全民阅读走出了一个市民精神生活不断丰富和城市文化形象更加彰显的阅读之路，开创了一系列全国"率先"：率先在全国举办读书月（2000 年），并连续举办了 22 年，以"高贵的坚持"培育了读书向学的城市风尚；第一个在全国提出建设"图书馆之城"（2003 年），深圳图书馆也是全国第一家面向所有市民无差别开放、自动化程度最高的公共图书馆；拥有超大型书城数量居全国首位（7 个）；第一个以人大立法形式

出台《深圳经济特区全民阅读促进条例》（2016）；城市阅读指数、城市
个人阅读指数、人均购书量均居全国前列；研发首台24小时自助图书馆
服务系统，首创把书店与多文化业态融合在一起的书城模式。

阅读建构城市观念。深圳读书月已是第二十二届。专心做一个读书品
牌，为读者营造一个阅读的节日，在唤起城市文化自觉的同时，也建构起
这个城市的观念体系。深圳读书月的总主题是"阅读·进步·圆梦"，每
年有一个年度主题，2021年的年度主题是"打开一个新视界"。总主题与
历年的年度主题，一方面彰显了读书月"文化的闹钟"的功能定位，一方
面也把这座城市关于读书、关于人文精神的态度与追求传播出去，广受关
注。"让城市因热爱读书而受人尊重""实现市民文化权利""阅读永恒，
载体创新""让城市的每扇窗户都透着阅读的灯光"等观念已融入市民思
维、植入城市文化根系，让阅读成为这座城市普遍认同的价值观念。联合
国教科文组织原总干事博科娃女士访问深圳，两度参观深圳书城中心城后
说："我走过很多地方，去过很多城市，没有一个城市、一个地方像深圳
那样，那么多家庭，那么多孩子聚集在书城尽享读书之乐，这快乐温馨的
场面，我永远都会记得。"联合国教科文组织原文化助理总干事弗朗西斯
科·班德林称，深圳对阅读推广的高贵坚持，彰显了这座城市对人文精神
的守望，对知识就是生产力的高度认同，这为深圳的创新创意、快速发展
提供了绵绵不绝的动力，为全世界城市经济文化同步发展树立了一个优秀
的范例。

城市需要被深度阅读。从单纯的图书阅读跳出来，我们会发现，深圳
这座城市也是我们的阅读对象。我们需要更多、更深入地阅读这座城市，
解读深圳这本大书的丰厚内涵。每座城市的历史积淀和气质都不一样，深
圳独特的发展经历使其具有更丰富的文化元素、文化积累以及特征气质。

城市的进程是动态的，我们还需要对深圳这座城市再发现、再解读，打开我们的新视界，让这座城市的内涵更加丰厚、基础更加扎实。

## 设计深圳：城市的品质

深圳，一座设计出来的城市。众所周知，改革开放的总设计师是邓小平同志。习近平总书记说深圳是改革开放后党和人民一手缔造的崭新城市，是中国特色社会主义在一张白纸上的精彩演绎。深圳广大干部群众披荆斩棘、埋头苦干，用 40 年时间走过了国外一些国际化大都市上百年走完的历程。深圳是中国按照现代城市规划建设起来的一座城市，一张蓝图绘到底。深圳当下的城市格局是组团式的，最早的城市规划布局跟现在总体上差别不算太大。城市离不开设计，品牌需要设计，工业需要设计，智能更需要设计，衣食住行都离不开设计。深圳经济、科技、产业、产品的发展依然离不开设计。深圳产出了中国改革开放以来最早的一批设计师和引领品牌，各行各业都有。中国很多优秀的设计师是从深圳走出去的，因为当时深圳发展很快，需要各个领域各个行业的设计师。1995 年，深圳市平面设计协会成立；2008 年，联合国教科文组织授予深圳"设计之都"称号。

设计与深圳的城市精神特质在基因上是相通的。深圳是一座创新、创意的城市，创新是深圳之魂。深圳要继续发展，要先行示范，就必须坚持创新，而设计恰恰是与创新相生相融的。持续创新离不开设计，离不开设计的赋能增值。创新引领深圳设计的勃发，设计也持续激发源源不绝的创新动能。设计和品质也是密切相关的。一般来说，提升品质的一个重要方面就是提高内涵设计、审美设计等设计的层次水平。

设计也是满足市民群众日益增长的优质文化产品需求和生活需求的一个非常重要的赋能领域。要推动文化服务文化产品、加快供给侧结构性改革，要给老百姓提供更好的、更美的文化产品，这些都与设计密不可分。提升设计水平，不仅满足了市民的需求，也对社会进步、经济高质量发展具有重要推动作用。

"深圳设计"与城市经济同步发展。多年来，深圳市委市政府坚持将设计发展作为城市高质量发展的内在要求，推动经济、产业、行业发展与设计同步同行，促进"深圳设计"不断为产业、科技、创新等领域赋能提质，与工业、服装、珠宝、家具等产业同步发展、相辅相成。"深圳设计"已经成为城市经济发展新的增长动力，呈现各美其美、美美与共的繁荣局面。深圳平面设计、室内设计、工业设计、包装设计、服装设计、建筑设计及软件设计等门类领跑全国，在国际设计界的影响力和话语权不断提升。中国平面设计类刊物的起步从深圳开始。2020 年，深圳设计师就有 253 件作品获德国红点奖，177 件作品获德国 iF 奖，43 件作品获日本 G — Mark 设计奖，32 件作品获意大利 A'Design Award 奖，12 件作品获美国优秀工业设计奖。已经举办了四届的"深圳设计周"，加强了深圳与全球设计界的交流与合作。国际设计理事会主席大卫·格罗斯曼认为"深圳的经济发展速度闻名世界，而创意设计在深圳经济发展中起了很大的作用"。

阅读与设计实现跨界融合。第二十二届深圳读书月把设计导入阅读活动中。在"当设计之都遇上文学之都：深圳·南京的文化对视"系列活动中，邀请深圳的 4 位顶级设计师与南京的 4 位知名文学家（文学评论家）对谈，从不同的视角、立场发现深圳、解读深圳；配套举办"设计之都"

遇见"文学之都"设计交流展及"美哉书籍"深圳南京书籍设计邀请展，让设计力量与文学力量碰撞，产生化学反应。

## 传播深圳：城市的声音

传播城市。习近平总书记强调，要下大气力加强国际传播能力建设，讲好中国故事，传播好中国声音，展示真实、立体、全面的中国。城市既要建设好，也要推广好。讲好深圳故事，让大家知道什么样是真实、全面、立体的深圳，就是讲好中国故事、改革开放故事，就是讲好中国特色社会主义道路指引下的现代化城市发展的故事，就是讲好一个城市的"中国式现代化"故事。当前，深圳对外传播的力度还不够，形象不够立体，没有做到让大家发现深圳丰富与多元的一面。在传播城市上，深圳仍需进一步努力。通过打造诸如设计、阅读这样的文化名片，润物细无声，让深圳这座城市的形象传播得更远、更好。

国际传播。加强国际传播是深圳作为中国特色社会主义先行示范区责无旁贷的使命、任务。面对全媒体、数字化、后疫情时代的国际传播这个课题，深圳需不断探索新发展格局下媒体融合、国际传播创新的路径。深圳是"新闻富矿"，也是最好的试验田和传播主体。以城市形象推广为主题，加强内容建设，不断提升和丰富深圳的城市表达，提高国际传播效能。文化品牌活动同样是非常重要的平台。以城市品牌活动为平台，加强文化建设，精准定位城市各领域活动与城市特质的衔接，把每一次重大文化品牌活动与深圳的创新、品质、活力、包容等特质相融合，让每一个品牌项目都成为城市特质的展示、宣推平台，久而久之，汇聚呈现城市的立体多元形象。本届深圳读书月主题活动，注重突出"全域、全景、全民、全媒"活动与传播同步，通过全程全媒体、矩阵化传播，展示深圳的城市形象。

## 雅集城市：城市的互视

雅集是中国文化里的一个传统，中国文人借此以文会友，并在这样的场合进行卓有建树的文化创造。这样的传统与现代城市发生化学反应，原有的雅集就不仅是名人名士的沙龙，更是每一位市民的文化盛宴。深圳是一座超大型移民城市，现有 2000 多万实际管理人口，1700 多万常住人口，外来人口居多。深圳有一个非常响亮的口号，"来了就是深圳人"。各个城市的文化，在这里碰撞。全民阅读，不但激发了城市的文化自觉，也促进着城市之间、不同地域之间的文化交融。深圳读书月正是一场"城市的雅集"，全国乃至全球的爱书之人齐聚深圳，高朋满座、书香满城。

深圳素来重视城际文化交流。早在 1997 年，上海、台北、香港、深圳四座城市的文化工作者发起创办了"城市文化交流会议"。2021 年的城际交流，我们特别策划了深圳与南京的文化对视系列，让南京的文学家与深圳的设计师对谈，这是让人非常期待的交流过程。

作为"六朝古都、十朝都会"，南京的历史文化气息一直流淌在城市的血液中，"天下文枢""世界文学之都"文化名片更显文脉繁盛。与南京历史悠久、人文荟萃的文化底蕴不同，深圳则是在改革开放中拔地而起的年轻城市，充满着青春活力。两座城市之间的对照，本身就充满想象。"设计之都"深圳与"文学之都"南京都致力于以创意助力城市的可持续发展，在创意领域的相互交流，为彼此提供了城市建设的灵感和可供借鉴的经验。在读书月这个平台上让深圳与南京"对视"，使得深圳这届读书月更加立体。

阅读、设计、传播以及城市交流，是城市形象、品质的重要内核和载体，是城市文化赋能城市发展的独特视角。当前，深圳进入了"双区"（粤港澳大湾区、深圳先行示范区）驱动、"双区"（深圳经济特区、深圳先行示范区）叠加的黄金发展期，迎来了"双改"（综合改革试点、全面深化前海合作区改革开放）示范、建设中国特色社会主义法治先行示范城市的重大历史机遇。在世界聚光灯下，深圳将不断打造特色文化品牌，涵养城市文化气质，提升城市文化品位，不断讲好深圳故事，让深圳形象传播出去，丰厚起来，向每一个关注深圳的人"打开一个新视界"。

吴筠，深圳市委宣传部副部长、深圳市新闻出版局局长，

深圳读书月组委会秘书长

# 2021 年"书香深圳"测评结果报告

深圳大学课题组

为推进"书香深圳"营建，持续性观测深圳城市阅读建设与发展，洞察读者阅读习惯和需求的变化，深圳第八次发布年度阅读指数，即 2021 年"书香深圳"测评结果报告。

2021 年深圳阅读指数为 74.52。其中，全民阅读基本建设统计数据得分为 48.42，居民阅读行为调查数据得分为 26.10。

## 一、深圳阅读指数指标体系

2021 年，本课题基本沿用 2017 年深圳阅读指数指标模型，并按照"同口径、可比性"的原则，进行历时性数据对比分析，以反映变化。

深圳阅读指数由 3 个一级指标、22 个二级指标和 51 项具体测评内容组成。基于对阅读概念的界定，并充分参照国家和其他省市相关研究和测评指标的成果，本课题将第一项一级指标和第二项一级指标界定为阅读条件，将第三项一级指标界定为阅读行为。由于数据源变化，本年度调整了 A13 的 3 个指标，同时重新核算了往年的数据，并进行比较。整套指标体系如表 3–1 所示。

表 3-1  深圳阅读指数指标体系及权重

| 一级指标 | 一级指标权重值 | 二级指标代码 | 二级指标权重值 | 测评内容 | 测评内容权重值 |
|---|---|---|---|---|---|
| I -1 阅读设施与资源 | 24% | A1 | 12.0% | 公共图书馆数量 | 2.0% |
| | | | | 千人阅览座位数 | 1.0% |
| | | | | 有效读者证数量 | 3.0% |
| | | | | 人均拥有公共图书馆藏书册数 | 3.0% |
| | | | | 馆藏电子图书（含有声图书）种类 | 3.0% |
| | | A2 | 6.0% | 实体书店、书吧数量 | 3.0% |
| | | | | 实体书店年购书人次 | 2.0% |
| | | | | 实体书店年进出人数 | 1.0% |
| | | A3 | 1.0% | 报纸销售量 | 1.0% |
| | | A4 | 1.0% | 期刊销售量 | 1.0% |
| | | A5 | 4.0% | 图书销售量 | 4.0% |
| I -2 阅读支持与保障 | 19% | A6 | 2.0% | 阅读机构组织数量 | 2.0% |
| | | A7 | 3.0% | 阅读活动的形态种数 | 3.0% |
| | | A8 | 5.0% | 阅读活动的场次数量 | 5.0% |
| | | A9 | 5.0% | 财政性资金投入金额 | 2.0% |
| | | | | 社会资金投入金额 | 2.0% |
| | | | | 投入社会资金的机构数量 | 1.0% |
| | | A10 | 2.0% | 阅读推广人数 | 2.0% |
| | | A11 | 2.0% | 报业集团阅读类宣传报道时长 | 1.0% |
| | | | | 广播电视媒体年阅读报道时长 | 1.0% |

| 一级指标 | 一级指标权重值 | 二级指标代码 | 二级指标权重值 | 测评内容 | 测评内容权重值 |
|---|---|---|---|---|---|
| Ⅰ-3 阅读行为与活动 | 57% | A12 | 8.0% | 公共图书馆进馆人次 | 3.0% |
| | | | | 公共图书馆外借册次 | 3.0% |
| | | | | 公共图书馆网站点击数 | 2.0% |
| | | A13 | 9.0% | 手机阅读日时长 | 3.0% |
| | | | | 平板阅读日时长 | 3.0% |
| | | | | 数字阅读器阅读日时长 | 3.0% |
| | | A14 | 6.5% | 平均每天阅读各类信息时长 | 1.5% |
| | | | | 平均每天图书阅读时长 | 2.0% |
| | | | | 平均每天报纸阅读时长 | 0.5% |
| | | | | 平均每天期刊阅读时长 | 0.5% |
| | | | | 平均每天数字化阅读时长 | 2.0% |
| | | A15 | 4.5% | 每周图书阅读率 | 1.5% |
| | | | | 每周报纸阅读率 | 1.0% |
| | | | | 每周期刊阅读率 | 1.0% |
| | | | | 每周数字化阅读率 | 1.0% |
| | | A16 | 7.0% | 每年阅读报刊数 | 1.0% |
| | | | | 人均每年在读数字阅读图书本数 | 2.0% |
| | | | | 每年纸质图书阅读量 | 2.0% |
| | | | | 每年电子图书阅读量 | 2.0% |
| | | A17 | 2.0% | 阅读内容广度：人文、科技、技能、教育等 | 2.0% |

续表

| 一级指标 | 一级指标权重值 | 二级指标代码 | 二级指标权重值 | 测评内容 | 测评内容权重值 |
|---|---|---|---|---|---|
| | | A18 | 2.0% | 阅读活动参与类别 | 1.0% |
| | | | | 阅读活动参与率 | 1.0% |
| | | A19 | 5.0% | 有藏书家庭百分比 | 2.0% |
| | | | | 家庭平均纸质书藏书量 | 2.0% |
| | | | | 家庭平均电子书藏书量 | 1.0% |
| | | A20 | 5.0% | 平均每月的阅读消费 | 2.0% |
| | | | | 年度图书购买量 | 2.0% |
| | | | | 数字阅读人均月消费额 | 1.0% |
| | | A21 | 4.0% | 阅读资源满意度 | 2.0% |
| | | | | 阅读设施与环境满意度 | 2.0% |
| | | A22 | 4.0% | 阅读重要性认知 | 4.0% |

## 二、深圳阅读指数调查结果

### （一）2021 年深圳阅读指数

2021 年深圳阅读指数（A）= 74.52，其中

全民阅读基本建设统计数据（B）= 48.42

居民阅读行为调查数据（C）= 26.10

### （二）2021 年深圳阅读指数基本面情况

受新冠肺炎疫情影响，2021 年深圳阅读指数比 2020 年减少了 20.81。

．其中，图书馆、书店等公共阅读空间限制人流乃至闭馆，部分线下公共性阅读活动被取消，相应的社会资金投入减少等，全民阅读基本建设得分比 2020 年（58.17）减少了 9.75。各指标具体测评得分见表 3-2。

表 3-2 "全民阅读基本建设统计数据（B）"各项测评内容得分

| 指标项 | 指标代码 | 指标权重值（F） | 测评内容 | 测评内容权重值 | 2020 年测评得分 | 2021 年测评得分 | 变化值 |
|---|---|---|---|---|---|---|---|
| Ⅱ-1<br>图书馆 | A1 | 12.0% | 公共图书馆数量 | 2.0% | 2.11 | 2.17 | +0.06 |
| | | | 千人阅览座位数 | 1.0% | 0.99 | 0.85 | -0.14 |
| | | | 有效读者证数量 | 3.0% | 3.14 | 3.77 | +0.63 |
| | | | 人均拥有公共图书馆藏书册数 | 3.0% | 3.08 | 2.67 | -0.41 |
| | | | 馆藏电子图书（含有声图书）种类 | 3.0% | 3.75 | 3.63 | -0.12 |
| Ⅱ-2<br>实体书店 | A2 | 6.0% | 实体书店、书吧数量 | 3.0% | 3.35 | 3.47 | +0.12 |
| | | | 实体书店年购书人次 | 2.0% | 1.50 | 1.17 | -0.33 |
| | | | 实体书店年进出人数 | 1.0% | 0.91 | 0.53 | -0.38 |
| Ⅱ-3<br>报纸销售量 | A3 | 1.0% | 报纸销售量 | 1.0% | 0.65 | 0.75 | +0.1 |
| Ⅱ-4<br>期刊销售量 | A4 | 1.0% | 期刊销售量 | 1.0% | 0.71 | 0.98 | +0.27 |
| Ⅱ-5<br>图书销售量 | A5 | 4.0% | 图书销售量 | 4.0% | 4.22 | 3.30 | -0.92 |
| Ⅱ-6<br>阅读活动组织 | A6 | 2.0% | 阅读机构组织数量 | 2.0% | 1.24 | 2.00 | +0.76 |
| Ⅱ-7<br>阅读活动项目 | A7 | 3.0% | 阅读活动的形态种数 | 3.0% | 3.00 | 3.00 | 0 |
| Ⅱ-8<br>阅读活动场次 | A8 | 5.0% | 阅读活动的场次数量 | 5.0% | 5.99 | 4.17 | -1.82 |
| Ⅱ-9<br>资金保障 | A9 | 5.0% | 财政性资金投入金额 | 2.0% | 3.22 | 2.57 | -0.65 |
| | | | 社会资金投入金额 | 2.0% | 4.25 | 2.68 | -1.57 |
| | | | 投入社会资金的机构数量 | 1.0% | 0.75 | 0.85 | +0.1 |

续表

| 指标项 | 指标代码 | 指标权重值（F） | 测评内容 | 测评内容权重值 | 2020 年测评得分 | 2021 年测评得分 | 变化值 |
|---|---|---|---|---|---|---|---|
| Ⅱ-10 阅读推广人 | A10 | 2.0% | 阅读推广人数 | 2.0% | 4.19 | 3.05 | -1.14 |
| Ⅱ-11 媒体支持 | A11 | 2.0% | 报业集团阅读类宣传报道时长 | 1.0% | 1.04 | 1.04 | 0 |
| | | | 广播电视媒体年阅读报道时长 | 1.0% | 1.00 | 1.06 | +0.06 |
| Ⅱ-12 图书馆阅读 | A12 | 8.0% | 公共图书馆进馆人次 | 3.0% | 3.74 | 1.19 | -2.55 |
| | | | 公共图书馆外借册次 | 3.0% | 3.63 | 2.05 | -1.58 |
| | | | 公共图书馆网站点击数 | 2.0% | 1.71 | 1.47 | -0.24 |
| 全民阅读基本建设统计数据（B）得分 | | | | 51% | 58.17 | 48.42 | -9.75 |

2021 年居民阅读行为调查结果为 26.10，比 2020 年（26.99）减少 0.89，各指标具体得分见表 3-3。

表 3-3 "居民阅读行为调查数据（C）"各项测评内容得分

| 指标项 | 指标代码 | 指标权重值（F） | 测评内容 | 测评内容权重值 | 2020 年测评得分 | 2021 年测评得分 | 变化值 |
|---|---|---|---|---|---|---|---|
| Ⅱ-13 数字阅读量 | A13 | 9.0% | 手机阅读日时长 | 3.0% | 1.50 | 2.04 | +0.54 |
| | | | 平板阅读日时长 | 3.0% | 1.24 | 1.50 | +0.26 |
| | | | 电子阅读器阅读日时长 | 3.0% | 1.03 | 0.87 | -0.16 |
| Ⅱ-14 阅读时长 | A14 | 6.5% | 平均每天阅读各类信息时长 | 1.5% | 1.23 | 1.39 | +0.16 |
| | | | 平均每天图书阅读时长 | 2.0% | 1.23 | 0.89 | -0.34 |
| | | | 平均每天报纸阅读时长 | 0.5% | 0.19 | 0.13 | -0.06 |
| | | | 平均每天期刊阅读时长 | 0.5% | 0.16 | 0.12 | -0.04 |

续表

| 指标项 | 指标代码 | 指标权重值（F） | 测评内容 | 测评内容权重值 | 2020年测评得分 | 2021年测评得分 | 变化值 |
|---|---|---|---|---|---|---|---|
| | | | 平均每天数字化阅读时长 | 2.0% | 1.27 | 1.33 | +0.06 |
| Ⅱ-15阅读率 | A15 | 4.5% | 每周图书阅读率 | 1.5% | 1.16 | 1.12 | -0.04 |
| | | | 每周报纸阅读率 | 1.0% | 0.54 | 0.45 | -0.09 |
| | | | 每周期刊阅读率 | 1.0% | 0.55 | 0.43 | -0.12 |
| | | | 每周数字化阅读率 | 1.0% | 0.99 | 1.00 | +0.01 |
| Ⅱ-16阅读量 | A16 | 7.0% | 每年阅读报刊数 | 1.0% | 0.04 | 0.05 | +0.01 |
| | | | 人均每年在读数字阅读图书本数 | 2.0% | 0.05 | 0.05 | 0 |
| | | | 每年纸质图书阅读量 | 2.0% | 0.18 | 0.18 | 0 |
| | | | 每年电子图书阅读量 | 2.0% | 0.24 | 0.23 | -0.01 |
| Ⅱ-17阅读内容广度 | A17 | 2.0% | 阅读内容广度：人文、科技、技能、教育等 | 2.0% | 0.06 | 0.07 | +0.01 |
| Ⅱ-18阅读活动参与度 | A18 | 2.0% | 阅读活动参与类别 | 1.0% | 0.02 | 0.03 | +0.01 |
| | | | 阅读活动参与率 | 1.0% | 0.48 | 0.69 | +0.21 |
| Ⅱ-19家庭藏书量 | A19 | 5.0% | 有藏书家庭百分比 | 2.0% | 1.61 | 1.62 | +0.01 |
| | | | 家庭平均纸质书藏书量 | 2.0% | 0.63 | 0.66 | +0.03 |
| | | | 家庭平均电子书藏书量 | 1.0% | 0.27 | 0.25 | -0.02 |
| Ⅱ-20阅读消费 | A20 | 5.0% | 平均每月的阅读消费 | 2.0% | 4.33 | 2.99 | -1.34 |
| | | | 年度图书购买量 | 2.0% | 0.21 | 0.21 | 0 |
| | | | 数字阅读人均月消费额 | 1.0% | 0.05 | 0.08 | +0.03 |

续表

| 指标项 | 指标代码 | 指标权重值（F） | 测评内容 | 测评内容权重值 | 2020年测评得分 | 2021年测评得分 | 变化值 |
|---|---|---|---|---|---|---|---|
| Ⅱ-21 阅读条件满意度 | A21 | 4.0% | 阅读资源满意度 | 2.0% | 1.95 | 1.93 | −0.02 |
| | | | 阅读设施与环境满意度 | 2.0% | 1.94 | 1.94 | 0 |
| Ⅱ-22 阅读认知 | A22 | 4.0% | 阅读重要性认知 | 4.0% | 3.84 | 3.85 | +0.01 |
| 居民阅读行为调查数据（C）得分 | | | | 49% | 26.99 | 26.10 | −0.89 |

阅读行为方面的总体趋势是数字化阅读进一步增加。就图书阅读量来看，深圳居民人均年度阅读纸质图书数量是 9.15 本，比全国水平（4.70本）多了近一倍；深圳居民人均年度阅读电子图书数量是 11.70 本，是全国水平（3.29 本）的 3.56 倍。

### （三）2021 年深圳全民阅读基本建设情况

2021 年，深圳全民阅读基本建设部分有 23 项测评内容，相比 2020 年，主要指标项变化有 3 种情况：

一是测评值和实际统计值均表现为上升的测评项有 6 项："阅读机构组织数量""有效读者证数量""期刊销售量""实体书店、书吧数量""公共图书馆数量""广播电视媒体年阅读报道时长"。这些测评项不仅实际数量在增加，而且增加的速率超过 2020 年。

二是测评值下降但实际统计值上升，主要有"财政性资金投入金额""馆藏电子图书（含有声图书）种类""阅读推广人数"3 项。这些测评项的实际数量在增加，相比 2020 年增长幅度略小。

另外，"阅读活动的形态种数""投入社会资金的机构数量""报业集团阅读类宣传报道时长"等指标的测评值基本没有变化，说明长期稳定或递增速率一致。

以上都属于有增加或较稳定的测评项，从这些增量数据可以看出2021年深圳全民阅读基本建设方面的特点：第一，政府持续不断地推进城市阅读建设，对城市阅读的资金投入、公共图书馆、实体书店、馆藏电子书种类等的数量进一步增加；第二，引导和带动全民阅读的组织数量、推广人数也在累积增加，媒体报道的数量稳中有升；第三，2021年有效读者证数量、期刊销售量进一步增加，且增幅超过2020年，显示图书馆对居民的影响继续扩大，专业阅读和深度阅读的居民数量在增加。

三是测评值和实际值均下降的测评项有10项。降幅由大到小分别是："公共图书馆进馆人次""阅读活动的场次数量""公共图书馆外借册次""社会资金投入金额""图书销售量""人均拥有公共图书馆藏书册数""实体书店年进出人数""实体书店年购书人次""公共图书馆网站点击数""千人阅览座位数"。2020年，受新冠肺炎疫情影响，公共阅读空间限流或关闭，部分公共活动取消，人们相应地减少了出行。10个下滑指标中有6个指标直接与此相关①。另有个别指标间接/逻辑相关，比如社会资金投入，由于阅读活动的减少，赞助活动的社会资金也相应减少。

以下是对上升和下降指标的具体分析。

**1. 测评数据中上升的项目**

（1）Ⅱ-6阅读活动组织

二级测评项Ⅱ-6主要考察阅读活动组织的数量。该指标的权重为

---

① 即"公共图书馆进馆人次""阅读活动的场次数量""公共图书馆外借册次""图书销售量""实体书店年进出人数""实体书店年购书人次"6项。

2.0%。2021 年得分为 2.0，比 2020 年（1.24）增加了 0.76，实际数量增加了 33 个。具体见表 3-4。

表 3-4 "Ⅱ-6 阅读活动组织"测评内容历年统计值

| 测评内容 | 测评内容权重值 | 2014 年 | 2015 年 | 2016 年 | 2017 年 | 2018 年 | 2019 年 | 2020 年 |
|---|---|---|---|---|---|---|---|---|
| 阅读机构组织数量 / 个 | 2.0% | 126 | 132 | 135 | 158 | 136 | 88 | 121 |

（2）Ⅱ-1 图书馆

二级指标"Ⅱ-1 图书馆"权重为 12.0%，包含 5 个测评项，其中，"公共图书馆数量"（权重为 2.0%）和"有效读者证数量"（权重为 3.0%）的测评值和实际值都有增加。具体见表 3-5。

表 3-5 "Ⅱ-1 图书馆"中 2 个上升测评项历年统计值

| 测评内容 | 测评内容权重值 | 2014 年 | 2015 年 | 2016 年 | 2017 年 | 2018 年 | 2019 年 | 2020 年 |
|---|---|---|---|---|---|---|---|---|
| 公共图书馆数量 / 个 | 2.0% | 625 | 620 | 627 | 638 | 650 | 673 | 710 |
| 有效读者证数量 / 万个 | 3.0% | 162.95 | 186 | 208 | 231.22 | 246.72 | 238.67 | 297 |

（3）Ⅱ-4 期刊销售量

二级指标"Ⅱ-4 期刊销售量"权重为 1%，测评得分为 0.98，超过 2020 年的 0.71，连续两年上升。从实际情况来看，2020 年，期刊销售量在 2019 年止跌回稳的基础上继续增加，从 580.5 万份上升为 645.4 万份。

该项指标历年调查结果见表 3-6。

表 3-6 "Ⅱ-4 期刊销售量"各项测评内容历年统计值

| 测评内容 | 测评内容权重值 | 2014 年 | 2015 年 | 2016 年 | 2017 年 | 2018 年 | 2019 年 | 2020 年 |
|---|---|---|---|---|---|---|---|---|
| 期刊销售量/万册 | 1.0% | 2523.6 | 1578 | 1106 | 737 | 550.6 | 580.5 | 645.4 |

**（4）"Ⅱ-2 实体书店"**

二级指标"Ⅱ-2 实体书店"占 6.0% 的权重，实体书店、书吧数量是全民阅读的重要物质基础。表 3-7 显示，实体书店和书吧数量一直在缓步增加，2021 年较 2020 年又增加了 18 个。

表 3-7 "Ⅱ-2 实体书店"测评内容"实体书店、书吧数量"历年统计值

| 测评内容 | 测评内容权重值 | 2014 年 | 2015 年 | 2016 年 | 2017 年 | 2018 年 | 2019 年 | 2020 年 |
|---|---|---|---|---|---|---|---|---|
| 实体书店、书吧数量/个 | 3.0% | 154 | 158 | 162 | 173 | 182 | 193 | 211 |

**（5）Ⅱ-9 资金保障**

财政性资金投入是城市阅读建设的重要保障，占 2.0% 的权重。2021年，"财政性资金投入金额"测评值有所减少，但实际数量是增加的。这表明 2021 年财政性资金投入金额上涨的幅度不如 2020 年增加的多。从表 3-8 可以看出，财政性资金投入金额逐年在增加，近三年的投入力度更大。

表 3-8　财政性资金投入金额历年统计值

| 测评内容 | 测评内容权重值 | 2014 年 | 2015 年 | 2016 年 | 2017 年 | 2018 年 | 2019 年 | 2020 年 |
|---|---|---|---|---|---|---|---|---|
| 财政性资金投入金额 / 万元 | 2.0% | 1120 | 1140 | 1205 | 1200 | 2184.5 | 2558 | 2620 |

### 2. 测评数据中下降的项目

### （1）Ⅱ-12 图书馆阅读

二级指标"Ⅱ-12 图书馆阅读"权重值为 8%。2021 年测评得分为 4.71，比 2020 年的 9.08 减少近半，3 个测评项均有下跌。历年调查数据如表 3-9 所示。

表 3-9　"Ⅱ-12 图书馆阅读"各项测评内容历年统计值

| 测评内容 | 测评内容权重值 | 2014 年 | 2015 年 | 2016 年 | 2017 年 | 2018 年 | 2019 年 | 2020 年 |
|---|---|---|---|---|---|---|---|---|
| 公共图书馆进馆人次 / 万人 | 3.0% | 2506.3 | 2614.8 | 2728.5 | 2826.5 | 2953.8 | 3535.5 | 1247.4 |
| 公共图书馆外借册次 / 万册 | 3.0% | 1001.7 | 1112.1 | 1228.5 | 1272.8 | 1369.7 | 1556.1 | 965.0 |
| 公共图书馆网站点击数 / 万次 | 2.0% | 2428.2 | 2053.2 | 2155.6 | 2029.5 | 2207.3 | 1816.2 | 1479.4 |

从历年统计数据可以发现，深圳市民对公共图书馆的依赖度较高，市图书馆的进馆人次和外借册次多年来一直在增加，但受 2020 年新冠肺炎疫情影响，图书馆限流乃至关闭，使得光顾图书馆的人次几乎只有 2020

年的 1/3，外借册数随之减少了一小半，图书馆网站点击数也只有 2020 年的 80%。

**（2）Ⅱ-8 阅读活动场次**

二级指标"Ⅱ-8 阅读活动场次"权重值为 5%，2021 年测评得分为 4.17，较 2020 年（5.99）有明显下降。由历年数据可知，深圳举办的阅读活动场次每年都在稳定增加，受新冠肺炎疫情的影响，2020 年举办的阅读活动场次大幅削减。该项指标测评内容的历年调查结果如表 3-10 所示。

表 3-10　"Ⅱ-8 阅读活动场次"测评内容历年统计值

| 测评内容 | 测评内容权重值 | 2014 年 | 2015 年 | 2016 年 | 2017 年 | 2018 年 | 2019 年 | 2020 年 |
|---|---|---|---|---|---|---|---|---|
| 阅读活动的场次数量／场 | 5.0% | 10066 | 11587 | 12355 | 18876 | 19683 | 20550 | 15941 |

**（3）Ⅱ-2 实体书店**

二级指标"Ⅱ-2 实体书店"所包括的"实体书店年购书人次"和"实体书店年进出人数"两项测评内容的测评值相比 2020 年分别下降了 0.33 和 0.38。具体调查数据如表 3-11 所示。

表 3-11　"Ⅱ-2 实体书店"两项下降指标的历年统计值

| 测评内容 | 测评内容权重值 | 2014 年 | 2015 年 | 2016 年 | 2017 年 | 2018 年 | 2019 年 | 2020 年 |
|---|---|---|---|---|---|---|---|---|
| 实体书店年购书人次／万人次 | 2.0% | 257.05 | 246.70 | 250.88 | 233.31 | 256.17 | 185.68 | 130.18 |
| 实体书店年进出人数／万人 | 1.0% | 1032 | 1032 | 1170.03 | 1095.87 | 1045.54 | 990.15 | 556.12 |

从表 3-11 可以看出，"实体书店年进出人数"有缓慢下滑趋势，"实体书店年购书人次"每年起伏不定，但仍有为数众多的顾客和书店爱好者。2020 年以来，受新冠肺炎疫情影响，"实体书店年购书人次"和"实体书店年进出人数"呈现断崖式下滑，图书消售额也大幅减少。

## （四）居民阅读行为调查情况

2021 年居民阅读行为调查数据得分为 26.10，相比 2020 年的 26.99 下降 0.89。在 28 个测评内容中，测评值和实际值均增加的主要有"平均每天数字化阅读时长""手机阅读日时长""平板阅读日时长""每周数字化阅读率""阅读内容广度：人文、科技、技能、教育等""阅读活动参与率""家庭平均纸质书藏书量""数字阅读人均月消费额"等。下滑的指标集中在传统阅读方面，主要包括图书、报纸、期刊的阅读率、阅读量、阅读时长和阅读消费等。

以下是对上升和下降指标的具体分析。

**1. 测评数据中上升的项目**

**（1）Ⅱ-13 数字阅读量**

二级指标 Ⅱ-13 数字阅读量所占权重为 9.0%，2021 年测评得分为 4.41，相比 2020 年的 3.77 提升了 0.64。三个测评项"手机阅读日时长""平板阅读日时长"和"电子阅读器阅读日时长"，两升一降，一定程度上反映了人们媒介偏好的发展趋势。

"手机阅读日时长"2021 年的测评值为 2.04，比 2020 年（1.50）提高 0.54，手机阅读从 2020 年的日均 50.02 分钟增加到 68.10 分钟，增加了 18.08 分钟。"平板阅读日时长"2021 年的测评值为 1.50，比 2020 年（1.24）提高 0.26。就实际使用时间来看，有阅读行为的居民日均使用平板阅读的时间在持续增加。

2021 年，有阅读行为的居民用平板阅读的日均时间为 49.88 分钟，比 2020 年增加了 15.5 分钟。用电子阅读器阅读的时间从 2020 年的 41.21 分钟减少到 29.13 分钟。具体见表 3–12。

表 3–12 "Ⅱ–13 数字阅读量"各项测评内容得分

| 指标项 | 指标代码 | 指标权重值（F） | 测评内容 | 测评内容权重值 | 2020 年测评得分 | 2021 年测评得分 | 变化值 |
|---|---|---|---|---|---|---|---|
| Ⅱ–13 数字阅读量 | A13 | 9.0% | 手机阅读日时长 | 3.0% | 1.50 | 2.04 | +0.54 |
| | | | 平板阅读日时长 | 3.0% | 1.24 | 1.50 | +0.26 |
| | | | 电子阅读器阅读日时长 | 3.0% | 1.03 | 0.87 | −0.16 |

（2）Ⅱ–14 阅读时长

"Ⅱ–14 阅读时长"从 5 个方面测评阅读的时间长度，占 6.5% 权重。该指标项中，传统类的阅读如图书、报纸和期刊的阅读时长是下滑的，但"平均每天阅读各类信息时长"（权重为 1.5%）和"平均每天数字化阅读时长"（权重为 2%）的测评值和实际值都增加了。

具体来看，综合阅读时长（即"平均每天阅读各类信息时长"）从 2020 年的 81.97 分钟增加到 92.58 分钟，增加了 10.61 分钟。数字化阅读时长从 2020 年的 63.29 分钟增加到 66.55 分钟。

（3）Ⅱ–19 家庭藏书量

"Ⅱ–19 家庭藏书量"包含"有藏书家庭百分比""家庭平均纸质书藏书量""家庭平均电子书藏书量"3 个具体的测评项，权重为 5.0%。该项 2021 年得分为 2.53，比 2020 年（2.51）略有增加。3 个测评项中两升一降。

2021 年，80.6% 的深圳家庭有藏书。历年数据显示深圳有藏书家庭的数量在持续增加。在有藏书的深圳家庭中，纸质图书的藏书量 2021 年平均为 31.45 本，比 2020 年（30.39 本）增加 1.06 本；电子图书的藏书量 2021 年平均为 25.14 本，比 2020 年（27.19 本）略有下降。

**2. 测评数据中下降的项目**

**（1）Ⅱ－15 阅读率**

二级指标"Ⅱ－15 阅读率"包括"每周图书阅读率""每周报纸阅读率""每周期刊阅读率""每周数字化阅读率"。2021 年，传统阅读方式如图书、报纸和期刊的阅读率开始下滑，只有数字化阅读率有所增长，这说明了阅读进一步向数字化转移。

表 3–13 "Ⅱ－15 阅读率"各项测评内容结果

| 测评内容 | 2019 年 | 2020 年 | 2021 年 |
| --- | --- | --- | --- |
| 每周图书阅读率 | 69.8% | 77.3% | 74.6% |
| 每周报纸阅读率 | 35.1% | 53.8% | 45.3% |
| 每周期刊阅读率 | 33.2% | 54.7% | 43% |
| 每周数字化阅读率 | 98.6% | 99% | 100% |

深圳居民的数字化阅读率一直在全国遥遥领先，2020 年已达到 99%，2021 年则达到 100%。

深圳居民的综合阅读率[①] 为 85.4%，也就是说，有超过 85% 的成年居

---

① 综合阅读率是指居民中有图书、报纸、期刊等纸质出版物和数字出版物（互联网 PC 端、手机终端、手持阅读器、光盘等）阅读行为人口占总人口的比例，反映总体阅读人口的比例。其计算公式为：具有有效阅读行为的人数 / 被调查人数 ×100%。

民每天都有各种形式的阅读行为。

（2）Ⅱ-14 阅读时长

二级指标"Ⅱ-14 阅读时长"的三类传统阅读的时长都有所下降。人均每天的图书阅读时长从 2020 年的 61.25 分钟下降到 44.58 分钟，减少了 16.67 分钟；人均每天的报纸阅读时长从 2020 年的 38.59 分钟下降到 25.81 分钟，减少了 12.78 分钟；人均每天的期刊阅读时长从 2020 年的 31.66 分钟减少到 24.69 分钟，减少了 6.97 分钟。

## 三、深圳阅读行为指标与全国水平相比

与 2021 年 4 月中国新闻出版研究院发布的"第十八次国民阅读调查"同指标相比[①]，在阅读率、阅读量、阅读时长、读书活动参与率等主要阅读指标上，深圳的数据都高于全国的平均水平。

（1）阅读率方面

2021 年，深圳成年居民的综合阅读率为 85.4%，比国民综合阅读率（81.3%）高出 4.1 个百分点。深圳居民的图书阅读率为 74.6%，高于我国成年国民图书阅读率（59.5%）；深圳居民的报纸阅读率为 45.3%，高于全国的报纸阅读率（25.5%）；深圳居民的期刊阅读率为 43%，远高于全国期刊阅读率（18.7%）；深圳成年居民数字化阅读方式（网络在线阅读、手机阅读、电子阅读器阅读、平板电脑阅读等）的接触率为 100%，比我

---

① 数据来源参考：中国新闻出版研究院全国国民阅读调查课题组，《第十八次全国国民阅读调查主要发现》，《出版发行研究》2021 年第 4 期，19-24 页。

国国民数字化阅读方式的接触率（79.4%）高出 20 多个百分点。

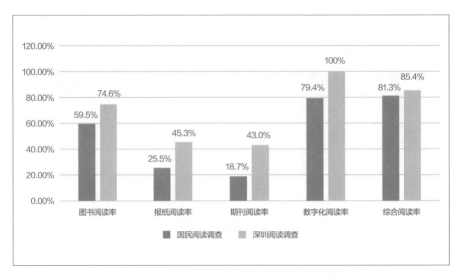

图 3-1  深圳与全国各类阅读率对比图

（2）阅读时长方面

2021 年，深圳成年居民每天的综合阅读时长为 90 分钟和 92.58 分钟①。

数字阅读增幅较大。深圳居民每天上网阅读时长为 116.10 分钟，高于全国 67.82 分钟的人均水平；深圳居民人均每天使用电子阅读器阅读时长为 29.13 分钟，比全国水平（11.44 分钟）多出 17.69 分钟；深圳居民人

---

① 关于阅读时长，本课题组统计和分析了两类数据，其一是有阅读行为者的相关阅读时长，其二是人均阅读时长。具体是：图书阅读时长分别为 44.58 分钟和 33.27 分钟；报纸阅读时长分别为 25.81 分钟和 11.70 分钟；期刊阅读时长分别为 24.69 分钟和 10.61 分钟；数字化阅读时长分别为 66.55 分钟和 45.82 分钟；上网阅读时长都是 116.10 分钟；手机阅读时长都是 68.10 分钟；微信阅读时长都是 38.67 分钟；电子阅读器阅读时长都是 29.13 分钟；平板电脑阅读时长分别为 49.88 分钟和 40.63 分钟。阅读行为者的阅读时长是课题设计的指标，考察阅读行为持续的时间及历时性比较显示变化；人均时长主要是在与国民调查数据进行比较时使用。

均每天使用平板电脑阅读时长为 40.63 分钟，是全国水平（9.73 分钟）的 4 倍多。

在数字化阅读时长方面，深圳唯一低于全国水平的是手机阅读时长。深圳居民通过手机阅读的时间（68.10 分钟）少于全国水平（100.75 分钟）。深圳人花在手机阅读上的时间一直不太显著：2020 年，深圳居民的手机阅读时长为 50.02 分钟，2021 年，其手机阅读时长为 68.10 分钟。相比之下，深圳人使用平板电脑和电子阅读器阅读的时间更多，几乎是全国水平的 3 至 4 倍。这说明在各种媒介异常发达丰富的深圳，市民对阅读媒介有更多的比较、选择，并能相对合理地将之为自己所用。

阅读向数字化和手机迁移的同时，传统阅读方式的阅读时长均受挤压，并明显减少。尽管相比 2020 年，深圳居民的传统阅读方式的时长有一定下降，但深圳人在传统阅读的时长方面仍表现突出。深圳居民平均每天阅读纸质图书的时间为 33.27 分钟，高于全国的 20.04 分钟；深圳居民平均每天阅读报纸的时间为 11.70 分钟，约为全国平均水平（5.71 分钟）的 2 倍；深圳居民平均每天阅读期刊的时间为 10.61 分钟，约为全国平均水平（3.25 分钟）的 3 倍。

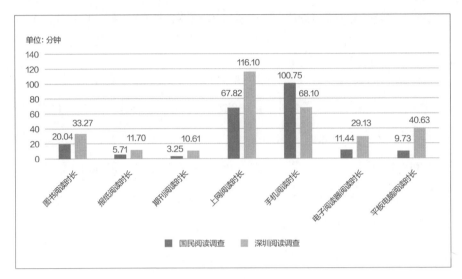

图 3-2    深圳与全国阅读时长对比图

（3）读书活动参与率方面

根据国民阅读调查数据，2021 年我国国民对全民阅读品牌活动的参与率为 65.2%，深圳居民的阅读活动参与率为 69.3%，测评分为 0.69，比 2020 年（0.48）提高了 0.21。

## 四、2021 年"书香深圳"测评结果解读

深圳阅读指数已连续第八年发布，近五年的变化趋势如图 3-3 所示。

**图 3-3　2017—2021 年深圳阅读指数曲线图**

从图 3-3 可以看出，除了受新冠肺炎疫情影响而下滑的 2021 年外，近年来深圳阅读指数走势稳定。全民阅读基本建设统计数据（B）反映出深圳在城市阅读建设诸多方面的持续积累、稳步提升；居民阅读行为调查数据（C）也呈稳步和缓慢提升的趋势，阅读已经成为居民日常生活中的基本活动。

### （一）城市阅读建设和硬件设施持续增强

从统计数据看，深圳在促进市民阅读的公共文化服务及设施等方面多年持续推进，不断完善和提升城市阅读的硬件。公共图书馆及阅读资源、实体书店、书吧的数量都稳定增长，铺设了不同层级、多种形式、遍及全市各个街区的图书馆网络。

2020 年，新冠肺炎疫情暴发后，深圳图书馆、深圳书城[①]等都开发了微信公众号和微信小程序等线上平台，方便读者办证、借阅和购书，还有阅读推荐、在线课堂与讲座、活动信息等，不仅突破了物理空间的限制，还拓展了图书馆与书城的功能。

在软件方面，阅读活动的内容形式开拓、阅读组织建设、阅读推广人的培育、阅读宣传的常规报道、阅读理念的引导等，为城市营造了浓厚的阅读氛围。总之，从制度和资金保障、阅读设施与环境，到阅读活动与理念宣传等硬件软件齐抓，整合配套、系列化地进行城市阅读建设，为书香城市打造坚实的基础。

### （二）阅读成为大部分市民的日常习惯，数字阅读进一步发展

自上而下的倡导与居民的阅读行为形成合流。2021 年深圳居民综合阅读率为 85.4%，超过 85% 的居民每天有各种形式的阅读。居民平均综合阅读时长超过 1.5 小时，年纸质书阅读量为 9.15 本，电子图书阅读量为 11.70 本，均高于全国平均水平。

2021 年深圳居民的阅读数字化程度进一步发展。数字化方式的阅读率达到 100%，数字化方式的阅读时间均有增加，上网阅读、手机阅读、微信阅读、电子阅读器阅读尤其是平板电脑阅读，成为深圳居民数字化阅

---

① 深圳图书馆微信公众号里有"服务""资源""活动"三个板块。"服务"板块里包括了个人图书馆、通知公告、附近图书馆、开放时间、创客空间预约 4 个栏目，都可以点进去应用；"资源"板块有数字阅读馆、喜马拉雅 VIP 畅听、手机阅读等板块，其微信小程序"深圳图书馆数字阅读馆"更是各类阅读资源荟萃，资源总量约 30 万种，其中电子图书近 8 万册，期刊 3 万期，各类听书资源近 19 万集。除书报刊外，还有视频、音乐资源。据报道，2021 年 3 月 15 日深圳图书馆推出的"数字阅读馆"，仅一天的访问量就达约 1.5 万人次。深圳书城微信小程序除了提供在线购书的功能外，还包括了诸多品类商品，诸如数码办公、家居日百、个护清洁、眼镜配饰、美妆护肤等，类似商城。

读的主要方式。

在 2020 年的《深圳阅读指数报告》中，我们发现并指出，由于深圳高科技产业发达、各类介质的媒介丰富，居民有条件也有能力进行选择，电子阅读器、平板电脑等更适合阅读的媒介成为居民的手边常备，这显示出一种难得的媒介理性。2021 年的调查显示，深圳居民在平板电脑上阅读的时间（49.88 分钟）更长了，比 2020 年（34.38 分钟）多出 15.5 分钟，仅次于手机阅读（68.10 分钟）。因此，较强的自主性、选择性和数字理性，仍然是深圳居民阅读中的突出特点。

### （三）对"深阅读"① 的保持

阅读的深浅固然与个体阅读习性有关，但也与媒介形态息息相关。互联网内容生产的底层逻辑是浅阅读，所以当下"浅阅读"取代"深阅读"的整体趋势明显。"浅阅读"时代，海量易得的碎片化信息一方面开阔了视野，丰富了人们的信息量，但另一方面，消遣式、快餐式的阅读也容易导致阅读的营养不良、认知水平的下降以及思维的懒惰和心态的浮躁。

从媒介消费来看，深圳人保持了一定的"深阅读"习惯。其一表现在传统阅读中的图书、报纸、期刊的阅读率、阅读时长和阅读数量上。虽然有些较 2020 年有所减少，但总体上远高于全国平均水平。其二表现在书报及杂志的消费上。深圳人的购书（除了受疫情影响的 2020 年）和家庭的藏书量是持续增长的，报纸销量近年下滑趋缓，开始稳定。尤其是测评

---

① 类似的概念还有深层阅读、深度阅读等，内涵各有侧重和不同。本文所说的"深阅读"，主要包括阅读和理解信息的完整性和深入程度，而"浅阅读"则是停留在信息的表面，易导致对深层次意义的忽略或误读。白岩松在演讲中曾说，"浅阅读只是在靠近很多简单的知识和信息，而深阅读才能靠近智慧"，即是这种意义表述。

项"期刊销售量"连续两年双增（测评值和实际销量双双上升）。2021年，期刊销售量在2020年止跌回稳的基础上继续增加，从580.5万份上升至645.4万份。从媒介属性来看，期刊是深度和专业性内容的载体，在某种程度上说明深圳居民阅读的专深程度。

## 五、疫情下的城市阅读思考与建议

受疫情影响，2021年的阅读指数有所下滑。导致下滑的主要原因在于，图书馆、书店等公共阅读空间限制人流乃至闭馆，部分线下公共性阅读活动被取消，以及相应的社会资金投入减少等。疫情常态化的情况下，关于城市阅读发展及测评，本课题组有以下思考和建议：

1.适应数字化阅读的快速发展，继续完善和加强线上阅读平台的搭建和推广。

如前所述，深圳图书馆和深圳书城都已搭建了功能多样的线上阅读和购书平台，聚合了丰富多样的公共文化资源与服务，延伸到市民读者身边，值得完善和大力推广。

深圳本地图书馆和书城开展网络建设具有无法替代的天然地域优势，通过打卡、积分，加强与读者互动，以及组织活动等鼓励读者借阅，不断丰富阅读资源，增加用户黏性。

在线下阅读活动大量削减的情况下，进一步发挥图书馆、书城作为阅读阵地的作用，组织市民喜闻乐见的线上阅读活动。让市民像依赖深圳图书馆和深圳书城的实体空间一样，依赖线上的深圳图书馆和深圳书城。

2. 想方设法让书籍流动起来。

纸质书的阅读体验是在线阅读无法替代的，在人们减少物理空间移动的情况下，如何让纸质书盘活流动起来？一是发挥和增加自助图书馆，通过自助图书馆预约预借；二是可以思考和借鉴外卖的方式，入驻"美团""朴朴""叮咚"等平台，在读者选好或下单后 30 分钟或 1 小时内就能快递到家，阅读完毕后可以送还或再快递回图书馆。

3. 后疫情时代，阅读指数测评应与时俱进。

当阅读渠道和资源的提供有了新的变化，人们的阅读行为也发生变化的情况下，原有的测评体系的指标项及其占比权重需要重新斟酌。有的指标因为阅读环境的变化显得过时，而一些新的现象没能在既有指标中反映出来。

如前所述，无论是图书馆、书城还是本地纸媒，都开发了多种电子形态的产品供读者消费，目前的测评指数体系没能反映。比如，纸媒在衰落，但《深圳晚报》等纸媒的产品形态多样、渠道便捷，读者可以直接简便地在其公众号里阅读电子版报纸，所以报纸购买量这类指标就显得有些过时；在深圳图书馆数字馆里，提供数量巨大的书报刊，在免费阅读的时代，报纸和期刊的购买指标需要重新思考；深圳图书馆的微信公众号和小程序，为学生和普通市民制作的各类听书、讲书产品，在现有阅读资源的统计指标中也没有体现；原有指标"图书馆进馆人次"，没有涵盖通过图书馆小程序在线出入图书馆进行数字阅读的人次；"公共图书馆外借册次"没有涵盖通过图书馆小程序等在线方式进行数字阅读的人次，也没有统计和反映图书馆和书城的庞大的微信公众号用户、微博粉丝数；另外，除了阅读的量，阅读的质也需要思考，比如如何测评"深阅读"。

课题组将在深入研究和讨论的基础上，不断调整并完善测评体系。

# 2021 年香港全民阅读习惯调查

香港出版学会

香港出版学会委托新论坛，在 2021 年 1 月至 2 月以音频电话的方式成功访问了 2040 名 10—84 岁的市民，以了解他们的阅读习惯，数据以香港年龄分布作加权处理。

表 3-14　受访者的受教育程度情况

| 年龄 | 小学或以下 | 中学至预科 | 大专或以上 |
|---|---|---|---|
| 18 岁以下 | 32.1% | 58.6% | 9.3% |
| 18 至 30 岁 | 5.4% | 18.9% | 75.7% |
| 31 至 40 岁 | 5.4% | 36.6% | 58.0% |
| 41 至 50 岁 | 7.5% | 50.7% | 41.8% |
| 51 至 60 岁 | 9.2% | 56.1% | 34.7% |
| 60 岁以上 | 35.0% | 43.4% | 21.6% |
| 总体情况 | 14.5% | 41.9% | 43.6% |

表 3-15　受访者的职业状况

| 年龄 | 在职人士 | 待业人士 | 全职学生 | 家庭主妇 | 退休人士 | 其他 |
|---|---|---|---|---|---|---|
| 18 岁以下 | 4.4% | 4.4% | 84.9% | 1.8% | 1.8% | 2.7% |
| 18 至 30 岁 | 69.1% | 8.0% | 18.5% | 2.7% | 1.0% | 0.7% |
| 31 至 40 岁 | 82.7% | 5.8% | 0.9% | 9.2% | 0.9% | 0.5% |
| 41 至 50 岁 | 73.7% | 6.0% | 1.4% | 16.2% | 1.6% | 1.1% |
| 51 至 60 岁 | 63.7% | 5.6% | — | 12.9% | 17.0% | 0.8% |
| 60 岁以上 | 16.7% | 3.5% | 0.2% | 14.8% | 62.2% | 2.6% |
| 总体情况 | 56.0% | 5.7% | 9.6% | 10.5% | 16.9% | 1.3% |

表 3-16　受访者的性别分布

| 性别 | 总计 |
|---|---|
| 男 | 45.4% |
| 女 | 54.6% |

表 3-17　受访者的年龄状况

| 年龄 | 占比 |
|---|---|
| 18 岁以下 | 6.5% |
| 18 至 30 岁 | 19.5% |
| 31 至 40 岁 | 17.8% |
| 41 至 50 岁 | 17.8% |
| 51 至 60 岁 | 17.1% |
| 60 岁以上 | 21.3% |

## 一、调查结果

### 1. 70.1% 受访者过去一年有电子阅读的习惯

如果将阅读电子书，网上报纸、杂志、评论等归类为电子阅读，在 2040 名受访者当中，有 70.1%（1429 人）的人表示在过去一年有电子阅读的习惯，有 29.9%（611 人）的人表示没有电子阅读的习惯。

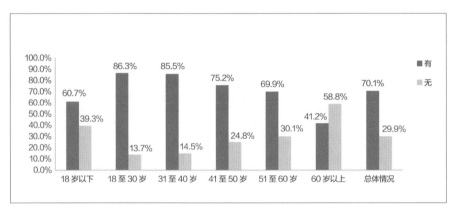

图 3-4　各年龄层的电子阅读习惯

在年龄分析中，18—30 岁及 31—40 岁是有电子阅读习惯比例最高的年龄组别，在 85% 以上；60 岁以上的受访者的电子阅读习惯比例最低，只有 41.2%。

### 2. 超过 50% 受访者每天花 1 小时以上用于电子阅读，14.6% 未成年人每天花 5 小时或以上用于电子阅读

问及过去一年有电子阅读习惯的受访者（1429 人）平均每日花多少时间用于电子阅读，有 47.4% 受访者表示每天花"1 小时以下"，有 37.0% 受访者每天花"1—3 小时"，7.4% 受访者每天花"3—5 小时"，

8.2% 受访者每天花 "5 小时或以上"。

在年龄分析中，表示每天花 5 小时以上用于电子阅读的受访者，在 18 岁以下的比例最高，达 14.6%，相关比例随年龄上升而下降。

表 3-18　各年龄层平均每天花在电子阅读的时间

| 年龄 | 1 小时以下 | 1—3 小时 | 3—5 小时 | 5 小时或以上 |
|---|---|---|---|---|
| 18 岁以下 | 61.7% | 19.0% | 4.7% | 14.6% |
| 18 至 30 岁 | 42.4% | 38.4% | 7.8% | 11.4% |
| 31 至 40 岁 | 42.5% | 37.9% | 11.0% | 8.6% |
| 41 至 50 岁 | 46.4% | 39.0% | 7.7% | 6.9% |
| 51 至 60 岁 | 52.2% | 39.3% | 4.2% | 4.3% |
| 60 岁以上 | 54.5% | 34.6% | 5.1% | 5.8% |
| 总体情况 | 47.4% | 37.0% | 7.4% | 8.2% |

### 3. 年长受访者最经常看新闻或杂志，年轻受访者较常看小说、文章或评论

问及有电子阅读习惯的受访者最经常阅读的内容，47.5% 受访者表示最经常看 "新闻或杂志"，21.6% 受访者表示看 "小说、文章或评论"，13.9% 受访者表示看 "讨论区同社交媒体"，6.0% 受访者表示看 "饮食、娱乐、交通、旅游等实用资讯"，4.1% 受访者表示看 "电子书"，3.4% 受访者表示看 "漫画、插画或绘本"，3.5% 受访者表示看 "其他"。

表 3–19　各年龄层的电子阅读内容

| 年龄 | 新闻或杂志 | 小说、文章或评论 | 漫画、插图或绘本 | 电子书 | 饮食、娱乐、交通、旅游等实用资讯 | 讨论区同社交媒体 | 其他 |
|---|---|---|---|---|---|---|---|
| 18 岁以下 | 20.1% | 45.4% | 16.5% | 10.1% | — | 6.7% | 1.2% |
| 18 至 30 岁 | 35.0% | 27.3% | 4.0% | 6.9% | 5.5% | 17.6% | 3.7% |
| 31 至 40 岁 | 41.4% | 25.3% | 4.2% | 2.0% | 8.0% | 15.0% | 4.1% |
| 41 至 50 岁 | 54.4% | 14.8% | 1.6% | 3.7% | 9.7% | 13.3% | 2.4% |
| 51 至 60 岁 | 59.5% | 14.1% | 1.4% | 2.4% | 3.7% | 14.2% | 4.7% |
| 60 岁以上 | 67.1% | 14.1% | 0.2% | 2.2% | 3.5% | 8.4% | 4.5% |
| 总体情况 | 47.5% | 21.6% | 3.4% | 4.1% | 6.0% | 13.9% | 3.5% |

在年龄分析中，18 岁以下受访者表示最经常"看新闻或杂志"的比例最低，为 20.1%，相关比例随年龄上升而增加，在 60 岁以上的受访者高达 67.1%。相反，表示最经常看小说、文章或评论的受访者在 18 岁以下年龄组的比例最高，达 45.4%，相关比例随年龄上升而下降。

### 4. 41.6% 受访者有电子阅读消费，逾半 18—40 岁受访者月花费 50 美元以上

问及有电子阅读习惯的受访者，平均每月在购买电子阅读的花费，41.6% 受访者表示有购买电子阅读内容。

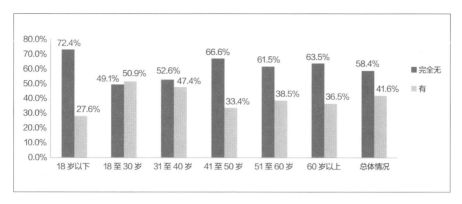

图 3-5　各年龄层电子阅读消费的意愿

其中，22.4% 受访者平均每月花费"10 美元以下"，32.9% 受访者花费"10—50 美元"，23.6% 受访者花费"51—100 美元"，21.1% 受访者花费"100 美元以上"。

表 3-20　各年龄层每月在电子阅读上的开销

| 年龄 | 10 美元以下 | 10—50 美元 | 51—100 美元 | 100 美元以上 |
|---|---|---|---|---|
| 18 岁以下 | 53.8% | 27.9% | 12.8% | 5.5% |
| 18 至 30 岁 | 18.1% | 31.2% | 22.7% | 28.0% |
| 31 至 40 岁 | 19.3% | 29.2% | 29.7% | 21.8% |
| 41 至 50 岁 | 28.6% | 36.9% | 20.4% | 14.1% |
| 51 至 60 岁 | 20.9% | 38.9% | 21.2% | 19.0% |
| 60 岁以上 | 23.6% | 32.9% | 23.8% | 19.7% |
| 总体情况 | 22.4% | 32.9% | 23.6% | 21.1% |

在年龄分析中，逾半 18—30 岁（50.7%）及 31—40 岁（51.5%）的受访者平均每月花费 50 美元以上购买电子阅读内容，是比例最高的两个组别；18—30 岁有 28.0% 受访者平均每月花费 100 美元以上。

### 5. 66.7% 受访者指出用电子媒介增加阅读时间

问及有电子阅读习惯的受访者，使用电子媒介阅读是否有增加他们的阅读时间，66.7% 受访者表示使用电子媒介增加了他们的阅读时间，27.3% 受访者表示同纸质印刷物的阅读时间差不多，6.0% 受访者表示比纸质印刷物的阅读时间更少。

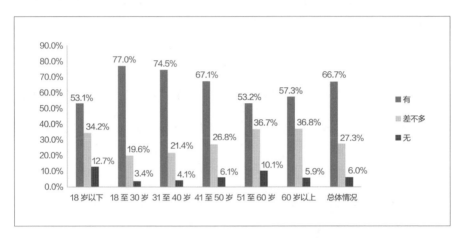

图 3-6 有电子阅读习惯的各年龄层对电子媒介的评价

在年龄分析中，超过 70% 的 18—30 岁及 31—40 岁受访者表示使用电子媒介增加了他们的阅读时间，是比例最高的两个组别。

### 6. 61.3% 受访者没有使用政府电子书借阅服务，35.3% 受访者不知有政府电子书借阅服务

问及有电子阅读习惯的受访者，是否使用过政府公共图书馆提供的电子书借阅服务，61.3% 受访者表示"完全没有"，38.7% 受访者表示有使用，其中只有 5.5% 受访者表示"经常有"，10.7% 受访者表示"偶尔有"，22.5% 受访者表示"很少有"。在年龄分析中，超过 50% 的 18 岁以下受

访者表示有使用公共图书馆提供的电子书借阅服务，是比例最高的组别。

表 3-21　有电子阅读习惯的各年龄层
使用政府公共图书馆提供的电子书借阅服务情况

| 年龄 | 经常有 | 偶尔有 | 很少有 | 完全没有 |
|---|---|---|---|---|
| 18 岁以下 | 12.7% | 12.7% | 30.2% | 44.4% |
| 18 至 30 岁 | 6.3% | 8.7% | 18.3% | 66.7% |
| 31 至 40 岁 | 6.8% | 12.0% | 17.6% | 63.6% |
| 41 至 50 岁 | 2.3% | 12.0% | 24.0% | 61.7% |
| 51 至 60 岁 | 4.9% | 9.9% | 25.9% | 59.3% |
| 60 岁以上 | 4.1% | 10.7% | 28.5% | 56.7% |
| 总体情况 | 5.5% | 10.7% | 22.5% | 61.3% |

问及受访者没有使用政府电子书借阅服务的原因，35.3% 受访者表示"不知道可以借"，25.2% 受访者表示"喜欢实体书"，17.2% 受访者表示"不方便"，10.0% 受访者表示"无适合的书"，12.3% 受访者表示"其他"。

表 3-22　有电子阅读习惯的各年龄层
没有使用政府公共图书馆提供的电子书借阅服务的原因

| 年龄 | 喜欢实体书 | 不知道可以借 | 不方便 | 无适合的书 | 其他 |
|---|---|---|---|---|---|
| 18 岁以下 | 27.7% | 21.3% | 10.5% | 20.7% | 19.8% |
| 18 至 30 岁 | 20.0% | 40.3% | 15.3% | 13.4% | 11.0% |
| 31 至 40 岁 | 24.1% | 42.5% | 11.8% | 8.3% | 13.3% |
| 41 至 50 岁 | 24.1% | 38.2% | 15.6% | 11.9% | 10.2% |

续表

| 年龄 | 喜欢实体书 | 不知道可以借 | 不方便 | 无适合的书 | 其他 |
|------|-----------|-------------|--------|-----------|------|
| 51 至 60 岁 | 31.8% | 29.5% | 19.9% | 6.0% | 12.8% |
| 60 岁以上 | 28.3% | 23.2% | 31.0% | 4.5% | 13.0% |
| 总体情况 | 25.2% | 35.3% | 17.2% | 10.0% | 12.3% |

### 7. 74.5% 受访者过去一年有看实体书

问及整体受访者在过去一年是否有阅读实体书，74.5% 受访者表示"有"，25.5% 受访者表示"无"。在年龄分析中，60 岁以上年龄组阅读实体书的比例最低，只有 57.5%，其他组别的阅读实体书的比例均在 70% 以上，尤其以 18—30 岁最高，达到 83.8%。

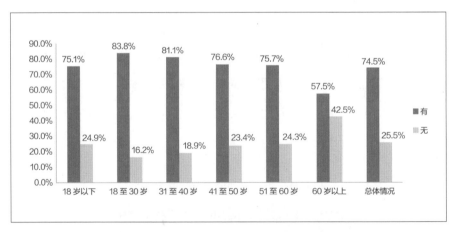

图 3-7 各年龄层阅读实体书的情况

### 8. 43.1% 受访者没有阅读过实体书

问及受访者没有阅读过实体书的原因，43.1% 受访者表示"没有阅读实体书的习惯"，24.5% 受访者表示"没有时间或工作太忙"，13.4% 受访者表示想找"其他休闲娱乐"，7.8% 受访者表示"找不到感兴趣的书

籍"，11.2%受访者表示"上网阅读"。在年龄分析中，表示"没有阅读
实体书的习惯"的比例以18岁以下受访者最高（超过50%）。

表3-23　各年龄层没有阅读实体书的原因

| 年龄 | 没有阅读实体书的习惯 | 没有时间或工作太忙 | 其他休闲娱乐 | 找不到感兴趣的书籍 | 上网阅读 |
|---|---|---|---|---|---|
| 18 岁以下 | 55.1% | 17.8% | 14.8% | 8.6% | 3.7% |
| 18 至 30 岁 | 23.0% | 29.4% | 26.1% | 7.7% | 13.8% |
| 31 至 40 岁 | 41.1% | 22.7% | 13.9% | 7.7% | 14.6% |
| 41 至 50 岁 | 36.0% | 30.7% | 11.7% | 9.2% | 12.4% |
| 51 至 60 岁 | 37.2% | 41.0% | 7.0% | 2.8% | 12.0% |
| 60 岁以上 | 54.6% | 14.3% | 12.3% | 9.4% | 9.4% |
| 总体情况 | 43.1% | 24.5% | 13.4% | 7.8% | 11.2% |

### 9. 近半受访读者每年读1—5本书，18岁以下较整体高一倍

问及有阅读实体书的受访者，过去一年阅读多少本实体书，47.1%受
访者表示"1—5本"，19.5%受访者表示"6—10本"，7.7%受访者表示
"11—15本"，7.6%受访者表示"16—20本"，18.1%受访者表示"20本
以上"。

表3-24　各年龄层每年阅读实体书的情况

| 年龄 | 1—5本 | 6—10本 | 11—15本 | 16—20本 | 20本以上 |
|---|---|---|---|---|---|
| 18 岁以下 | 28.5% | 17.2% | 8.8% | 12.5% | 33.0% |
| 18 至 30 岁 | 54.8% | 20.0% | 6.1% | 5.6% | 13.5% |
| 31 至 40 岁 | 53.0% | 17.5% | 7.4% | 7.4% | 14.7% |

续表

| 年龄 | 1—5 本 | 6—10 本 | 11—15 本 | 16—20 本 | 20 本以上 |
|---|---|---|---|---|---|
| 41 至 50 岁 | 39.1% | 26.3% | 9.6% | 7.5% | 17.5% |
| 51 至 60 岁 | 46.7% | 16.5% | 7.0% | 9.3% | 20.5% |
| 60 岁以上 | 46.3% | 18.1% | 8.2% | 7.0% | 20.4% |
| 总体情况 | 47.1% | 19.5% | 7.7% | 7.6% | 18.1% |

受访者过去一年阅读实体书的平均数是 7 本。在年龄分析中，18 岁以下年龄组一年阅读实体书的平均数是 12 本，比其他年龄组都高。

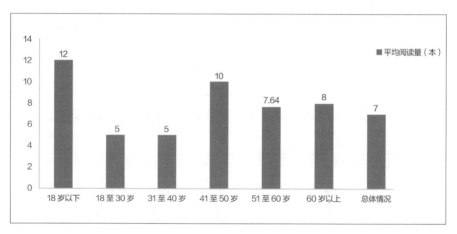

图 3-8    各年龄层每年阅读实体书的平均数

10. 72.8% 受访者购买过实体书，27.2% 受访者每月至少花费百元购书

问及阅读实体书的受访者，平均每月花费多少购买实体书时，72.8% 受访者表示购买过实体书。

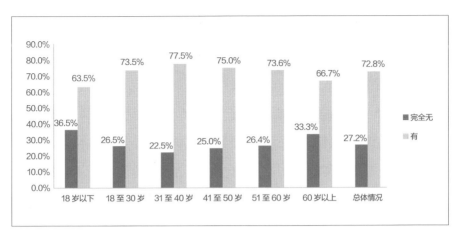

图 3-9  各年龄层每月购买实体书的意愿

其中 8.7% 受访者平均每月花费"10 美元以下", 37.2% 受访者花费"10—50 美元", 22.2% 受访者花费"51—100 美元", 31.9% 受访者花费"100 美元以上"。

表 3-25  各年龄层每月购买实体书的开销

| 年龄 | 10 美元以下 | 10—50 美元 | 51—100 美元 | 100 美元以上 |
|---|---|---|---|---|
| 18 岁以下 | 14.1% | 30.0% | 17.9% | 38.0% |
| 18 至 30 岁 | 2.6% | 37.4% | 23.3% | 36.7% |
| 31 至 40 岁 | 10.1% | 32.3% | 23.1% | 34.5% |
| 41 至 50 岁 | 8.6% | 39.2% | 25.0% | 27.2% |
| 51 至 60 岁 | 9.5% | 38.0% | 19.7% | 32.8% |
| 60 岁以上 | 13.1% | 42.8% | 20.2% | 23.9% |
| 总体情况 | 8.7% | 37.2% | 22.2% | 31.9% |

在年龄分析中，年轻读者平均每月花费 50 美元以上的比例较高，其中以 18—30 岁读者最高（60%），60 岁以上读者的比例则较低。

## 11. 29.6% 受访者不会考虑电子书，46.6% 受访者视情况而定

问到阅读过实体书的受访者是否会考虑购买其电子版本，23.8% 受访者表示会考虑购买电子版，29.3% 受访者表示要看价格而定，13.3% 受访者表示要视图书类型而定，4.0% 受访者表示要视图书厚度而定，另有29.6% 受访者则表示不会考虑购买电子版。

表 3-26　各年龄层购买电子版本图书的意愿

| 年龄 | 会考虑买电子版 | 视价格而定 | 视图书厚度 | 视图书类型 | 不会考虑买电子版 |
|---|---|---|---|---|---|
| 18 岁以下 | 20.8% | 30.2% | 4.9% | 14.2% | 29.9% |
| 18 至 30 岁 | 33.0% | 29.6% | 4.3% | 17.0% | 16.1% |
| 31 至 40 岁 | 26.0% | 32.7% | 3.6% | 15.8% | 21.9% |
| 41 至 50 岁 | 25.4% | 31.8% | 3.0% | 11.0% | 28.8% |
| 51 至 60 岁 | 22.4% | 25.4% | 4.0% | 12.7% | 35.5% |
| 60 岁以上 | 10.0% | 26.1% | 4.8% | 8.2% | 50.9% |
| 总体情况 | 23.8% | 29.3% | 4.0% | 13.3% | 29.6% |

在年龄分析中，考虑购买电子版本的比例在 18—30 岁年龄组较高，达 33%，60 岁以上受访者表示不会考虑购买电子版的比例则较高，达50.9%。

## 二、总结

### 1. 实体阅读比例略高于电子阅读

70.1% 受访者过去一年有电子阅读的习惯，74.5% 受访者有实体阅读的习惯，实体阅读的比例略高于电子阅读：18—30 岁及 31—40 岁的实体阅读和电子阅读习惯比例均是所有年龄组别中最高的，60 岁以上年龄组的实体阅读和电子阅读习惯比例则较低；过半受访者每天花费一个多小时用于电子阅读。

### 2. 电子阅读习惯

过半受访者每天花费一个多小时用于电子阅读，平均每天花费 5 小时以上的比例，以 18 岁以下最高（约 15%）；47.5% 受访者表示最经常看"新闻或杂志"，其中以 60 岁以上比例较高（67.1%），表示最经常看"小说、文章或评论"的受访者在 18 岁以下的比例最高（45.4%）。

41.6% 的受访者会为电子阅读消费，逾半 18—40 岁受访者每月花费 50 美元以上，其中近 30% 的 18—30 岁受访者每月至少花费 100 美元。

66.7% 受访者指出使用电子媒介增加了阅读时间；另有 61.3% 受访者没有使用政府电子书借阅服务，其中有 35.3% 受访者表示不知有电子书借阅服务。

### 3. 实体阅读习惯

过去一年，受访者阅读的平均本数是 7 本，其中 47.1% 受访者在过去一年阅读 1—5 本；18 岁以下一年阅读的平均本数是 12 本；具有实体阅读习惯的受访者当中，72.8% 受访者表示有购买实体书，其中超过一半的人每月花费 50 美元以上，18—30 岁比例最高（60%）；如果有选择，29.6% 受访者表示不会考虑购买电子书，46.6% 受访者表示要视情况而定，只有 23.8% 受访者表示会考虑购买电子书。

## 三、建议

### 1. 要持续推动全民阅读风气

香港出版学会一直倡议全民阅读及终身学习，透过阅读提升人文素养，培养调适型的未来领袖。面对疫情对全球的冲击，2020 年，香港出版学会和香港出版总会推动"自家慢读"行动，鼓励市民居家，享受慢读减压。2021 年调查结果显示市民阅读较疫情发生前总体上升，约 75% 受访者保持纸质阅读习惯，阅读时间较疫情发生前上升近 10%；有电子阅读习惯的受访者也超过 70%，其中近 70% 受访者更认为使用电子媒介增加了他们的阅读时间。这种结果反映了纸质阅读和电子阅读两者相辅相成下，有阅读习惯的市民以及阅读时数都正在增加，结果正面，香港出版学会继续呼吁公众人士、家长、教育界、出版界和政府须持续携手推动全民阅读风气，并正视"电子阅读"的现象和趋势。

### 2. 关注青少年的阅读习惯，培养电子阅读素养

有学术研究指出电子阅读过程中所涉及的大量的网络检索、屏幕阅读和快速浏览等阅读行为，会导致阅读加工模式发生一定改变，产生碎片化知识加工和非线性协同思维模式，令读者逐渐从书本知识的耕耘者向网络

知识的采集发现者转变。因此，培养读者的"元阅读能力"尤为重要。①这次调查结果显示，青少年（18岁以下）受访者之中，近25%的人表示没有接触纸质图书，28.5%的人阅读1—5本书，同时有33.0%的人阅读20本以上，显示青少年个体的纸质图书阅读量差距很大。而在有电子阅读习惯的青少年受访者中，逾60%的人表示每天花费约1小时用于电子阅读，另有14.6%的人达到5小时以上，为所有年龄层比例最高；近半青少年最常阅读的内容是小说、文章或评论，其次为新闻杂志等。香港出版学会认为随着近年政府积极推动电子教学政策，加上电子器材的普及，青少年的电子阅读习惯已经确立并将持续发展。香港出版学会建议学术界增加相关研究，而家长、教育界或青少年工作者须更积极了解电子阅读平台与相关内容，客观评估电子阅读习惯给青少年带来的不同影响，善用电子平台，培养青少年的阅读素养。

### 3. 出版界加快提供电子阅读解决方案，满足读者需要

疫情之下，市民阅读增加，反映阅读仍是日常生活的重要部分。这次调查结果显示近73%受访者有购买纸质图书，超过40%受访者有为电子阅读消费，其中逾半18—40岁受访者每月花费50美元以上，近30%的18—30岁受访者每月至少花费100美元；如果有纸质和电子版书籍供选择，近24%受访者表示会考虑购买电子版，46.6%受访者表示要视价格、图书类型和厚度而考虑是否购买电子版，只有29.6%受访者表示不会考虑购买电子版，反映了电子阅读消费市场逐渐成形，有较大的发展潜力。香

---

① 袁曦临. 网络数字阅读行为对阅读脑的改造及其对认知的影响[J]. 图书馆杂志，2016（4）：18-26.

港出版学会建议出版界除了加强针对传统书店或网购等推广之外，亦宜全面认识现有电子阅读平台，加深了解读者需求及行为模式，针对电子阅读渠道与平台，配合自身的内容出版优势，推出更多符合电子阅读购买模式的价格策略与销售组合，例如定期订阅、零售套装等，以回应读者的电子阅读需求。

### 4. 政府应加强电子借阅服务和推广，协助业界转型，回应市民所需

近年，政府公共图书馆通过不同渠道推广电子图书借阅服务，但根据调查数据，在有电子阅读习惯受访者中，61.3% 受访者表示完全没有使用过电子书借阅服务，其中 35.3% 受访者不知有电子书可借，17.2% 受访者认为不大方便，10% 受访者表示没有适合的电子书。香港出版学会建议政府加强推广电子书借阅服务，提高市民对电子资源的认知与运用能力，并与纸质阅读一同推广，共同推动全民阅读。

此外，香港本土市场狭小，出版界受到资源和技术等限制，在发展电子阅读资源和销售平台时困难不少。出版是文创产业的根本，香港出版学会建议政府提供诱因和资助，为出版界培训人才，协助转型，追上电子阅读这不可逆转的趋势，方可为学生和广大市民提供最适切的电子阅读资源，营造可持续的全民阅读及终身学习的风气。

# 文化规划视域下成都公共阅读空间的多维布局

王炎龙 郭玉

　　公共阅读空间是由政府、企业、社会组织或个人创办，以文献资料为主要载体向公众提供知识服务的开放空间和场所，具义上包括图书馆、书城、独立书店、社区书屋等能够进行阅读交往的空间实体。在文化规划理论中，政府、市场与社会力量都是文化体系运转中必不可少的要素，而这些多元行动主体正是通过主动寻求一种创造性文化增生的范式实现文化的包容性发展。城市公共阅读空间作为公共文化服务体系的重要组成部分，其经营主体的不同导致空间的经营理念、空间布局以及资源配置有所差异。城市公共阅读空间的主体可以分为政府、资本和社会力量三类，政府将阅读空间视为提升政府形象、促进文化传承保护、进行地方营销的重要载体，倾向于对阅读空间进行标准化、均等化的布局；资本将阅读空间视为资本增值的重要工具，倾向于对阅读空间进行商业化、差异化的布局；社会力量将阅读空间视为增加经济利益、改善居民文化生活质量的重要途径，倾向于对阅读空间进行便民化、分散化的布局。多元的经营主体促成了城市文化空间的多维布局和文化空间发展的多变性。数据显示，截至2021年4月，成都实体书店和阅读空间超过3600家，居全国第一。本文聚焦成都全民阅读的创新探索，分析成都公共阅读空间的多维布局与资源配置，探究成都公共阅读空间布局的逻辑和内在的驱动因素，力图为我国城市公共阅读空间结构优化与服务转型提供路径参照。

## 一、基于公共图书馆的文化共享空间

公共图书馆是一种主要由政府资助和支持，为所有社会成员平等免费提供信息知识服务的大型阅读空间。公共图书馆作为重要的文化共享空间，其公平性、多元性的性质和服务理念决定其布局需体现均等化和共享化的空间属性。均等化的空间属性要求公共图书馆必须尽量扩大社会覆盖面，让尽可能多的城市居民同等便利地使用公共图书馆。而共享化是指公共图书馆作为文化共享空间，除了传统的图书借阅功能外，还需为使用者提供更多元的活动和服务，实现从传统阅读场所向多维度、多功能共享空间的转变，充分发挥空间的社会公共效用。在公共图书馆的具体布局与配置中，成都采取了层级制的布局策略，即以区、市、县三级行政区划为中心的均等化布局理念。成都在全国首创"社保卡天然就是读者证"，成都市民使用社会保障卡或电子社保在成都市公共图书馆即可免注册、免押金、免租金借阅图书，全市通借通还，还可免费使用成都数字图书馆海量图书、文献资源。

当然，在实际的布局中，部分区县在人口以及阅读资源等方面存在差异，当无法考量差异化的地域因素给图书馆布局带来的综合影响时，公共图书馆的"均等化"布局也容易导致阅读资源分配的不均。同时，公共图书馆作为区县内最大的文化公共空间，常常由于公共阅读资源过于集聚而无法惠及偏远地区，不能实现真正意义上的均等服务，导致文化共享空间"共享"的局面无法出现。公共图书馆总体布局不是以集中在大城市的大型图书馆为重点，而是以分散化的，按居民服务人口、居民分布状况布局的小型公共图书馆为重点，大力发展社区图书馆，走公共图书馆平民道路。同时在强调公共图书馆均等化与标准化的布局策略时，也需着力打造图书馆布局的科学化和多元化，尤其注重图书馆作为文化共享空间的参与性与可接近性。成都还可根据人口覆盖区域合理布局，持续完善、优化公共阅读空间的布局，推动省市公共图书馆联盟，植入新场景，打造书店＋、图书馆＋、阅读空间＋等新场景，为图书馆带来新的活力。此外，还可注重挖掘特色的空间资源，如基于成都人民的喜好而考虑将茶馆打造成理想的深阅读场所。

## 二、基于社区书屋的文化便民空间

文化实践生产出文化空间，人是城市文化空间的主体。因此，城市文化公共空间在配置和布局上应尽可能突出人活动和使用上的便利性，满足市民娱乐、学习、交往等多方面的需求。城市图书馆体系的构建通常以市图书馆为核心，以区县图书馆为骨干，街道图书馆为节点，最后落脚社区图书馆的四级图书馆网络。社区书屋作为公共图书馆微型化、迷你化的版本，是成都文化部门在社区设立的一种面向公众开放的公共图书室。2015年12月，成都市在全国基层书屋中率先尝试与市场资源结合，选择国有大型文化集团新华文轩作为合作方，引入社会资本和专业管理服务，利用新华文轩自身庞大的图书、数据、物流、策划、人力等优势资源，试点建设"一街道（社区）一书屋"。其模式主要是，街道（社区）负责提供场所，新华文轩进行投资，用于书屋装修、图书配置更新、专业人员管理、阅读环境改善，为市民提供新书免费借阅、App 推送按需定制、免费数字阅读、阅读文化活动以及集旅游、订票、快递、充值等于一体的便民服务。2020 年 1 月，成都方所设立全国首家自营社区书店，旨在打造以音乐与文学为核心的圈层、社群和垂直领域的主题型社区文化公共空间。作为基层阅读空间，社区书屋的配置与布局是依据人口分布而非行政区划来设置，因此具有区域性、全民性、系统性的特征，可以提供更为便利、快捷的文化服务，弥补了公共图书馆建设中存在的泛化和聚集问题，扩大了公共图书馆的服务时间和半径，是对公共图书馆功能的有益补充。

在数量布局达到标准之后，社区书屋的建设转向供给的效率和质量方面。社区书屋的效率布局应该体现与公共图书馆、独立书店等其他阅读空间的联动关系，以创新公共文化管理模式为新的思路和方向，引入社会力量参与公共文化设施的建设和运营。其中，以社区书店和社区图书馆建设为社区书屋布局的新模式。其运作是在社区免费提供物业的基础上，由企业出资建设和经营管理，对于产生借阅行为的图书，由公共图书馆进行回购。这一举措融合了书店、社区、图书馆三个不同的公共阅读空间，整合了空间、资本、图书三种重要的阅读资源，以"书店 + 图书馆 + 社区"的模式提高了书屋中的图书资源利用率，同时引入社会资本和专业管理服务，用于书屋装修、图书配置更新、专业人员管理等，也解决了社区书屋在科学管理和服务标准方面一直存在的缺陷。"文轩读读书吧"是这一模式的先行典范，"政府主导、社区参与、市场运营、惠及群众、馆店互通"突破了公共阅读服务的瓶颈，在为读者带来诸多便利的同时，也真正打造了一个具有特色的文化空间，形成了"一公里内有书屋，15 分钟文化圈"的浓烈书香成都氛围。针对社区书屋合作共建模式的探索，可以吸引更多的社会力量参与到文化事业建设中来。春熙路街道通过"校社联合、企社联合、社社联合"方式，在楼宇、咖啡馆、院落等地打造社区书屋，整合资源，串联起在此工作、生活的广大人民群众，营造浓厚的社区文化氛围。积极进行公共文化体系建设的社会化运作，是对传统阅读空间布局的突破性尝试。

## 三、基于独立书店的文化地标空间

当代城市高速发展与规划失序割裂了公共空间与人际交往，以利益最大化为追求的商业用地极大化地挤压了公共空间。人们对公共空间的需求表现为对大量复合式公共文化空间的需要，因此，以独立书店为代表的城市新型阅读空间成为公共文化服务的补充力量。独立书店既是城市文化生活的聚集地，也是一个城市最重要的风景线与文化地标。在城市公共空间建设日渐趋同的情境下，基于个性化的特色独立书店，也是城市阅读空间差异化发展、文化设施多样性的体现。方所、言几又、文轩 books……独立书店正逐渐成为彰显成都城市文化形象，打造成都城市文化品牌的重要地标空间。

独立书店兼具商业性和公益性，一方面是以利益为导向的商业空间，另一方面也是城市公共阅读空间。在区域布局上，基于商业原则的独立书店布局应该从效益出发，充分考虑到公共图书馆、社区书屋与其他类型阅读空间的相邻关系，从位置互补、资源共享、空间合作的角度考虑独立书店的发展规划和合理布局，不仅可以避免信息资源重复建设和资源浪费，而且能够满足多元化、个性化的阅读需求。毛边书局与成华区桃蹊路街道合作打造的毛边书局·桃蹊书院，是独立书店走进社区而实现转型发展的有力尝试，因整合了社区图书馆和阅览室的功能，构建了街道文化活动中心，并保留着毛边书局本身的精髓，吸粉无数。独立书店作为公共阅读空间中的创新者，逐渐从繁华商业区向青年白领相对集中的城市副中心商圈、工业或科技园区、郊区、校区甚至社区等区域延伸，体现了分散化的布局思维。在功能布局上，从传统图书消费空间向集合了餐饮、文创、展览等业态，重在为消费者打造独特体验空间的复合型空间转变，体现了多元化的布局思维。独立书店把阅读带入不同行业、不同空间、不同人群和不同社区，使之成为阅读文化交流平台、公共文化活动中心和新的社交空间。但目前也存在一些书店以销售饮品、文化产品等为主体，图书则沦为书店环境装饰的符号和制造情调的附属品，完全脱离了文化传播的母体，成为商业空间的附庸，体现了阅读空间在生产与消费过程中存在着话语权力与意识形态的斗争逻辑。毛边书局·桃蹊书院最大的特色即设立了一个巴蜀文化书架，足以体现其传承地方文化、引领阅读风向的文化担当，这是独立书店的长久生存之道，亦是独立书店与社区书屋合作的优秀典范。

## 四、基于智慧书店的文化创新空间

随着互联网、大数据、云计算、人工智能等技术的深入运用，基于技术化的智慧书店成为城市书店的最新动向，以共享书店、无人售货书店等为代表的创新型阅读空间开始出现。智慧书店集图书陈列、图书借阅、图书购买等功能于一体，通过引入人脸识别、语音交互、自助售书等智能化设备，实现线上线下融合发展，与书城、中小型书店、网上书店等相互融合补充，构成线上、线下全渠道消费和服务的新型零售场景。四川文轩云图文创科技有限公司自主研发的"文轩云图智能书店"正是整合了图书信息发布、图书借阅、图书购买功能，打造"线上用户平台＋线下智能借阅终端"的"共享阅读"模式，以新技术、新模式、新体验，助推全民阅读深入开展。智慧书店以其直达用户的服务触点和服务模式，区别于传统书店的智能化升级改造，是一个独立的新型实体书店体系。对于传统品牌书店来说，在持续探索由传统图书零售商向文化综合运营商转型的路径上，打造智慧书店无疑是重要的一步。

智慧书店的核心并不在于"无人售书"，而是意味着阅读空间的整体改造和业态的升级，形成"智能终端＋信息平台＋商业模式"的智能书店体系。在这之中，线上线下一体化的智能共享平台转型，成为建设智慧书店的关键。目前，许多实体书店面临着经营与数据无法互动的问题，空间与顾客的关系松散。通过智能共享平台的构建，重构人、空间与商品的信息，则可以与顾客产生丰富的互动与内在的联结。同时智慧书店的背后是大数据能力的沉淀，基于获取的数据，书店可以为读者提供更加定制化和人性化的阅读服务，使读者、书店与线上线下资源的联系更加紧密。成都购书中心上线的"智慧书城"通过新技术的运用，增强了客户智能化、情感沟通体验，挖掘了客户的潜在需求，提升了卖场服务能力，可延展解释为"综合性文化中心"。可以说，智能共享平台的建成为书店经营者带来"智慧"的管理手段，也为书店用户提供"智慧"的便利服务，智慧书店正逐渐成为构建全民阅读移动化、社交化、跨介质化的新空间。

在文化治理理论下，城市公共阅读空间的布局，文化空间是其逻辑起点，我们讨论城市公共阅读空间的布局，既要关注阅读空间在区域地理上布局的合理性，也要充分考量其布局在公共精神塑造和社会关系结构中的重要作用，通过合理的公共阅读空间布局实现公众的社会交往从而获得精神需求上的满足，并最终促成一个城市或一个国家的公共精神与群体认同。城市公共阅读空间作为公共文化建设与商品文化经济双重作用下的产物，空间建设与布局受政策制度与市场因素的同时驱动。政策制度与市场因素共同通过改变、规范和调整公共阅读空间的经营主体、产业认知和业务行为，最终影响阅读空间的布局和配置。因此在政策与市场的双重作用下，作为文化共享空间的公共图书馆、文化便民空间的社区书屋、文化地标空间的独立书店、文化创新空间的智慧书店共同构成了城市公共阅读空间。目前城市公共阅读空间的布局以均等化、标准化为核心，然而在遵循公共文化服务发展的一些基本原则下，城市公共阅读空间布局可以再考量，并从多维路径促成城市公共阅读空间结构优化与服务转型。

王炎龙，四川大学文学与新闻学院教授、博士生导师

郭玉，四川大学文化传播研究中心研究助理

# 青岛市全民阅读发展报告（2021）

张文彦　杜世星

　　"青山绿树、碧海蓝天、不寒不暑、可舟可车"——本文之所以引用康有为对青岛的赞美，是希望在后文中解释城市阅读风格与风土人情之间的内在逻辑关系。这座海滨城市开埠于 1897 年，一百多年来，其面貌发生了极大的变化，仅从 1978 年到 2018 年，区划面积就从曾经不足一千平方公里发展为超过一万平方公里，城市地理文化和人口结构也发生了巨大变化。始自 2005 年的市级全民阅读工作，就是在这种城市剧变中因党和政府引导、市民的阅读特点与需求、城市的文化积淀以及新生力量的参与而互动成长起来的。本文将从以上维度分三个方面分析描述 2021 年青岛市全民阅读的发展格局，展示这座城市全民阅读的基本风貌，其中既会涉及历史分析，也会详析代表性案例。

## 一、推动城市全民阅读制度建设

　　2021 年，青岛市文化和旅游局组织专家继续开展了全民阅读立法的调研工作。这项工作自 2020 年启动以来，立法组成员先后对宁夏、四川、重庆等已有地方立法的省区市以及青岛市内公共图书馆、社区书屋等进行了调研，得到了相关负责同志的热情建议和帮助。疫情反复影响了实地调研工作的进程，针对其他已有全民阅读地方立法的城市，立法组主要采取了资料收集与分析的方式。在调研基础上，立法组草拟了《青岛市全民阅读促进条例（草案稿）》，并将在新的一年中开门立法，征集多方意见。

青岛启动全民阅读立法工作，既是应我国形势所趋，亦是地方全民阅读突破瓶颈的重要之举。在国家政策的推动下，截至 2021 年 12 月，我国已有江苏、湖北、辽宁、四川、黑龙江、吉林、广东、河南、贵州、宁夏、山西等 11 省区，深圳、石家庄、宁波、烟台、永州、常州和温州等 7 市颁布并实施全民阅读地方性法规。立法较早的地区，往往拥有全民阅读知名活动品牌、阅读推广专业从业者，全民阅读影响力也更大，也是因为较早开展全民阅读项目、活动、工程，全民阅读的社会共识度高。以上地区通过法规，明确了全民阅读政府为责任主体，建立健全了领导、规划、财政、用地等方面的保障制度，重点规范了全民阅读设施建设、全民阅读公共服务、全民阅读服务重点群体、全民阅读活动开展方面的具体办法，并明确了保障激励措施和法律责任。这些制度的建立，既是我国城市全民阅读活动经验成就的总结，也贯穿了党和国家全民阅读政策文件精神，如《全民阅读"十三五"时期发展规划》、中央宣传部印发《关于促进全民阅读工作的意见》的指导精神，同时也因各地具体情况而有所变化。在立法工作中，首先，要特别关注这些地区全民阅读的支持和组织方面的长效机制；其次，要关注这些地区法规的地方特色，注意地方全民阅读品牌在法条中如何表现；最后，要去观察已立法的地区立法的质量和效力问题。法律是本地和其他地区经验的总结与升华，是否能以法规的方式固定、延续下来，有助于全民阅读工作进一步向精准化、规模化、科学化方向发展。

从青岛市的内部立法环境看，书香青岛的建设工作源于 2005 年青岛市新闻出版局组织举办的首届图书文化节，2006 年更名为青岛图书文化节暨全民读书月。2014 年，青岛市委市政府联合发文，正式发布《实施全民阅读工程建设"图书之都"的意见》，提出通过开展 5 项重点工作，建立完善全民阅读体系，包括开展百项阅读活动，建设千家阅读窗口，发放万册免费读物，开展阅读指数测评，搭建数字阅读平台；通过开展"百千万"全民读书活动，利用 3—5 年时间，逐步构建起完备便捷的购书、借书、读书服务体系，力争青岛市民人均购书量、读书量、图书馆藏书量等指标位居国内同等城市前列，努力实现"创新型、智慧型、学习型"城市的目标。此后，青岛市的全民阅读活动每年以"4·23"世界读书日为集结平台和起跑线，形成以 6+1 体系为主体、贯穿全年的全民阅读活动集群。这 6+1 体系，分别是图书馆（以全市各级公共图书馆、高校图书馆为主）、出版业（以青岛出版集团为主）、传媒业（青岛日报、半岛都市报、青岛广电集团等）、书店（新华书店和方所、良友、如是等独立书店）、教育系统（大中小学）、社会组织（妇联、共青团、工会以及快乐沙等公益阅读推广组织）再加上学术研究机构（青岛大学全民阅读研究中心等）。关于各个体系的特点，后文还会举例展开。在全民阅读活动集群推进中，一些具有连续性和稳定性、受到群众欢迎、有创意性的活动持续开展，积累了经验和影响力，成为青岛市的代表性全民阅读品牌。这些品牌的成长，是青岛全民阅读立法的经验基础和群众基础，是法规未来落地的基础。

从外部环境看，山东省尚未启动立法程序，但对全民阅读工作非常重视，建立了"山东全民阅读"官网，以"书香齐鲁"为品牌活动推进全省工作开展。《烟台市全民阅读促进条例》于 2019 年 4 月 1 日开始实施，是全国首部地级市的全民阅读促进条例，威海、东营、济南等城市在全民阅读方面均表现活跃。省内的氛围和经验亦有益于助推青岛市全民阅读立法。

立法为青岛全民阅读工作质量和实力的提升提供契机，立法的宣传和调研过程能够促进相关部门的沟通与融合，立法也代表着城市发展到一定阶段理应呈现的阅读意志和态度，青岛全民阅读的发展水平，理应与城市的经济实力相匹配。如何汇聚各种优势，加快立法进程，将是立法组需要重点研究的问题。

## 二、城市阅读研究力量的发展

青岛市拥有专业研究机构是青岛全民阅读的显著特色。青岛高校较多，中文、新闻传播、出版、社会工作、师范教育等相关学科方向与全民阅读有着天然的联系，而其他人文社会科学乃至自然科学的高校老师，也从教学研究和社会公益角度，早就以实际行动参与到青岛全民阅读事业中来。发挥作用比较集中的是青岛大学。青岛大学于 2016 年设立全民阅读研究中心，该平台的研究内容主要分为三个方向：

一是青岛市本地全民阅读政策研究和国内全民阅读应用研究。比如 2017 年发起建立青岛全民阅读研究院的倡议，对青岛全民阅读研究院的架构进行了设计，并策划了"青岛全民阅读发展报告""青岛市全民阅读调查""青岛阅读推广人培训"等应用性研究项目。

二是架构青岛与全国全民阅读学界、业界交流合作平台。与青岛市文化和旅游局、青岛出版集团、青岛快乐沙阅读推广公益组织、青岛市妇联等本地部门、组织及全民阅读与融媒体智库、国家新闻出版署出版融合发展（四川新华）重点实验室、深圳市全民阅读活动办公室及东营日报社等国内相关机构合作，共同研发项目，推进全民阅读专业化发展。

三是推动全民阅读理论研究，主要是开展红色阅读、青少年阅读、移动阅读、数字阅读和阅读史、出版史等方面的研究。2021年，在青岛市文化和旅游局的支持下，青岛大学全民阅读研究中心策划了"首届全国全民阅读理论研究·青岛论坛"，作为青岛全民阅读研究院举办的"阅读，成就最好的自己——2021青岛读书月"重要活动，于2021年9月28日举行。论坛邀请了中国出版协会理事长邬书林，北京大学信息管理系教授、博士生导师王余光，以及来自中国科学院、北京大学、西南政法大学、中国海洋大学、青岛大学、青岛科技大学等院校的学者专家，共同探讨全民阅读理论研究的可能。本次理论论坛的特色在于：一是聚焦理论视野下的跨媒体阅读推广；二是从科学、图书馆学、新闻传播学、设计学、广告学、文学、哲学等不同学科交叉切入；三是注重城市阅读。

由青岛大学全民阅读研究中心最先发起倡议，在市委宣传部的指导下，市文化新闻出版局、青岛大学、青岛全民阅读研究院三家单位于2017年共建青岛全民阅读研究院（青岛全民阅读智库），这是全国首家城市全民阅读研究院。研究院主要开展了青岛市居民阅读调查，《青岛全民阅读发展报告》一、二卷的组稿及编辑，推荐优秀书目，组织阅读推广人培训等活动，尤其值得注意的是，该研究院在2021年之前的工作一直由青岛大学、青岛出版集团的研究人员和编辑义务兼任，2021年青岛出版集团陆续调入专职人员，研究院得以在研究之外开展多元阅读活动，比如于当年年底启动了"青岛哲学季读书会""葵花田公益课堂"等富有特色的阅读推广活动。

　　青岛全民阅读研究力量的发展，是我国全民阅读发展驱使下的产物，总体看来，全民阅读专业研究成为依托于编辑出版学、图书馆学的跨学科前沿领域，近年来活跃的主要研究机构如表 3-27 所示。

表 3-27　我国主要全民阅读研究机构 ①

| 创办时间 | 创办主体 | 机构名称 |
|---|---|---|
| 2009 年 | 中国图书馆学会 | 阅读推广委员会 |
| 2010 年 | 新教育研究院 | 新阅读研究所 |
| 不详 | 北京城市学院 | 北京城市学院学科阅读研究所 |
| 2010 年 | 中国新闻出版研究院 | 国民阅读研究与促进中心 |
| 2003 年 | 江苏亲近母语文化教育有限公司 | 亲近母语研究院 |
| 2008 年 | 南方报业传媒集团 | 南方分级阅读研究中心 |
| 2017 年 | 深圳出版集团 | 深圳市全民阅读研究与推广中心 |
| 2019 年 | 中国新闻出版传媒集团 | 全民阅读与融媒体智库 |
| 2016 年 | 湖南大学、湖南省新闻出版广电局、湖南出版投资控股集团 | 湖南大学中国全民阅读研究中心 |
| 2016 年 | 青岛大学 | 青岛大学全民阅读研究中心 |
| 2017 年 | 青岛大学新闻与传播学院、青岛出版集团、青岛市文化和旅游局 | 青岛全民阅读研究院 |
| 2020 年 | 上海交通大学马克思主义学院、上海韬奋纪念馆 | 韬奋研究院 |
| 2010 年 | 深圳市悦好教育科技有限公司 | 中国分级阅读研究院 |
| 2010 年 | 新教育研究院 | 新阅读研究所 |
| 2011 年 | 广东南方分级阅读文化传播有限公司 | 广东南方阅读研究院 |
| 2017 年 | 原浙江省新闻出版广电局 | 浙江省树人阅读研究院 |
| 2020 年 | 韬奋基金会全民阅读促进会、国家新闻出版署出版融合发展（四川新华）重点实验室 | 全民阅读研究基地 |

①张文彦，卢迪. 新文科背景下推进出版学科建设的学术思考 [J]. 中国出版，2021（14）：20-26.

## 三、阅读推广队伍的专业化发展

在北方，青岛是一座有相当文化特色的城市。青岛作为一座现代城市只有一百多年的历史，但却担当了中西文化交流碰撞的重要窗口；这里亦有久远多元的文化遗存和民俗传统。山海相间的怡人风光，以及四季分明又气候温和的自然环境，滋养了青岛人对文艺、舒适、时尚认知的敏感度。这样的环境陶冶下的青岛全民阅读，呈现出以下特色：

一是青岛市文艺创作、诗歌朗诵、读书讲座活动非常活跃，形成了不少自发的民间文艺活动组织，也成长起众多文化名家，比如以翻译村上春树著称的林少华，儿童文学作家朱自强，致力于诗歌朗诵与创作的于慈江，专注于讲城市文化与名人的刘宜庆，长期主持读书沙龙的薛原，作家阿占，致力于研究传播汉字文化的张轶西……这些名家大多数是岛城读书活动的内容传播者。

二是青岛市可供全民阅读的文化空间众多。青岛市的文化空间分为五大类。一类是公共图书馆系列；一类是遍布岛城的咖啡厅、美术馆等商业文化空间；一类是社区阅读空间如悦读书房、院士港阅读空间；一类是新建商住用房配套阅读空间；一类是新华书店和各种独立书店。总体而言，设计精巧、秀美，阅读与其他多元服务并举是青岛阅读空间的主要特色。

三是专业阅读推广力量成长迅速。在青岛市新闻出版主管部门的鼓励和支持下，青岛市阅读专业推广力量成长迅速，特色突出。其中最为优秀的代表是青岛快乐沙阅读推广公益组织（以下简称"快乐沙"）。关于这个组织的报道介绍已有相当之多，甚至还有专业的研究论文，本文仅就其特点简单剖析。快乐沙的运作机制可以概括为：以阅读推广项目为品牌，以其他公益项目为支撑，依靠创建人林风谦卓越的组织能力、社会活动能力和奉献精神，开展深植于基层（社区和农村）的长期阅读推广项目，并建设有阅读空间作为活动开展的固定场所。因为没有经验可以参照，快乐沙的成长道路充满艰辛，但随着其阅读推广事业的扎根、居民美誉度上升以及积极参加国内各种活动评选，而获得了政府与社会各界的帮助和关注。2021 年，快乐沙以《"行走的书箱"带"活"乡村阅读》为题申报，获批为农业农村部、国家发改委联合举办的第三批全国农村公共服务典型案例。

四是城市全民阅读设施创新发展。近年来，新型全民阅读设施建设在这座城市发展迅速，"享读亭"、24 小时自助借阅图书馆、24 小时书店、地铁"流动图书馆"和智能书柜、公园中的林荫阅读室等增强了居民阅读的便利性，也吸引社会各界关注全民阅读事业。公共图书馆等常规基础阅读设施则通过与社会合作、数字技术扩展了自身阅读服务范围，比如市南区图书馆和咖啡厅、宾馆合作图书阅览借阅的"啡阅计划"，突出了青岛休闲文化、旅游文化与阅读文化的对接；青岛市图书馆以"学党史·享阅读·启新程"为主题创新推出"阅读云扩散计划"，是以微信社群为载体打造的青岛本土版的在线高品质图书分享品牌活动。

以上这四部分之间存在一个互相促进、互为资源的良性循环，但我们也要正视发展过程中的瓶颈。最大的瓶颈，仍然是全民阅读缺少必要的市级政策保证，无法保证优秀项目的持久性，也不利于青岛市全民阅读经验与国内先进城市的交流互动。

2021 年 4 月，全民阅读与融媒体智库发布 2020 年度"书香中国"全民阅读品牌传播影响力大数据研究报告，报告显示，"书香青岛"全民阅读城市品牌跻身全部 4 个榜单之中，在综合传播影响力榜单中排名第 15，传播力榜单排名第 20，美誉度榜单排名第 13。以上排名，既说明青岛多年来全民阅读活动持之以恒的成绩，同时也展示了这项工作尚有很大的上升空间，需要通过推进全民阅读政策法规建设，尤其是加快《青岛市全民阅读促进条例》的立法进程，以凝聚更多力量，保证书香青岛建设的长效性、高效率。

张文彦，青岛大学文学与新闻传播学院教授、副院长，
青岛大学全民阅读研究中心主任
杜世星，青岛市文化和旅游局新闻出版与版权管理处主任科员

# 阅读呈现城市的精神气质
## ——深圳、南京双城阅读比较研究

徐平

六朝古都南京是联合国教科文组织授予的"文学之都"，而年轻之城深圳则是联合国教科文组织授予的"设计之都"，两座城市以阅读为纽带，来自新闻出版、图书馆、文学、美术设计等领域的专家进行跨界对话，以书香为媒，串联起两座城市的精神气质的对视。

两地有组织的阅读活动交流，不仅促进知识分子群体的阅读交流与精神对视，更回应了大众阅读的诉求，形成两地市民阅读取向的互补与交融。笔者通过亲身参与双城阅读交流活动，基于对两地出版机构、阅读场所、阅读组织、阅读活动、学术研究、统计报告等不同主题文献的梳理，从传播学、社会学、媒介伦理角度对采访样本和文献样本进行比较分析，发现南京、深圳两城的阅读对视，跨越了地缘隔离，形成了阅读资源的互补互通。

## 一、阅读内容供给：承袭与汇聚的差异

南京素有"天下文枢"之美誉，阅读内容供给具有鲜明的承袭特点，

《昭明文选》《儒林外史》《桃花扇》等许多经典的文学作品均与其有关，文学史上取材于南京的诗文更是不胜枚举。直至当代，南京本土作家叶兆言、苏童、毕飞宇等人皆在中国文坛占有一席之地，漂泊他乡的作家葛亮在其文学书写之中深深镌刻着"母城南京"的烙印。在内容供给上，金陵风骨呈现出一条清晰的文脉，而南京的全民阅读也因此多了一分文学的诗意。

与文人原创作品一样，南京的出版历史源远流长，古代的官刻、私刻、坊刻均有所建树。明代南京国子监刻书极具刊本文献研究价值，出版史家称之为"南监本"，"南监本"在刊刻图书数量、内容品质上总体优于"北监本"（注：北京国子监刻本）。清代中后期金陵书局的"局刻本"图书校勘严谨，因此流布甚广。当下的南京出版业依然保持着旺盛的内容生产能力，区域内的大型出版集团与众多大学出版社在教育出版、专业出版、大众出版领域均有佳作。在铅与火、光与电、数与网、云与端的技术迭代下，南京及周边地区保留有中国古代传统的雕版印刷技艺，如南京的金陵刻经处、扬州的广陵古籍刻印社每年仍生产一定数量的线装书。

与南京的承袭型不同，深圳的阅读内容供给表现为汇聚型。在深圳经济特区建立的40多年来，来自各地的建设者通过阅读获取知识，通过知识改变命运，与特区同成长、共进步。深圳本土的阅读内容生产能力满足不了供给，但需求端倒逼供给侧加大阅读内容的引进。20世纪80年代，时任深圳市新华书店总经理汪顺安为解决市民"买书难"以及书店自身的发展，他"既找市场，又找市长"，带着一腔热血，一步一步创新求变。在汪顺安的推动下，深圳市人民政府批复兴建书店中心门市大楼，最后选址深南东路蔡屋围路段南侧地块。这座中心门市大楼在汪顺安的提议下定名为"深圳书城"，这是深圳的第一座大型书城（即后文提及的深圳书城罗湖城）。

随着深圳书城模式的一步步迭代升级，汇聚众多优质的阅读内容一直是书业经营的主线，书城不仅为市民提供公共文化服务，更是拓展和丰富公共阅读空间。截至目前，深圳出版集团已建成深圳书城罗湖城、南山城、中心城、宝安城、龙岗城、龙华城 6 座超 3 万平方米的大型书城及 50 多家遍布全市的简阅书吧，每年接待读者 2000 余万人次。持续多年的深圳书城选书、深圳读书月"年度十大好书"、深圳读书月"年度十大童书"等推荐书目，均是在汇聚各地图书的基础之上，博采众长，优中选精，向读者推荐优质阅读内容。以 2021 年 4 月揭牌的"全国新书首发中心"为平台，深圳以良好的阅读基础吸引全国新书好书汇聚于此，推动首发图书全渠道热销。

承袭与汇聚不仅表现为原创内容与出版生产，在两地编辑出版学学者的研究中同样有所呈现。南京学者追溯文源，从出版史中析出论点，分析出版业的传承与转型，如南京大学信息管理学院的张志强、徐雁等教授，多将出版与阅读研究放置于宏大的社会历史背景、文化环境中考察，基于历史的脉络去探寻阅读的本真。深圳学人立足城市科技创新的优势，汇聚中外学派之涵养，聚焦数字化时代的出版与阅读，如深圳大学传播学院的年轻学者张晗系统性地思考数字出版的流程再造、跨界融合、商业模式与数字阅读的传播、行为、引导等前沿命题。

## 二、阅读活动分享：传播与传承的并举

两地新闻出版部门共同组织阅读活动，促进了两地阅读资源的传播与

传承，来自不同领域的专家从阅读服务、阅读空间、阅读方式、书店品牌建设、图书馆之城及阅读与城市关系等角度出发，交流分享了南京与深圳各自的阅读文化，并以阅读对视串联起两座城市的精神气质。双城阅读交流活动让两地知识分子、普通大众的阅读视野突破"信息茧房"的桎梏，打破地缘隔离的边界，跨越认知鸿沟，进而在思想层面进行深度对话。

2020年12月23日，当"文学之都"遇上"阅读之城"——2020南京·深圳城际阅读交流系列活动在南京启动；2021年11月5日至7日，主题为"当设计之都遇上文学之都：深圳·南京的文化对视"系列活动在第二十二届深圳读书月举行。两地新闻出版管理部门的领导从公共阅读服务、均衡阅读资源、阅读与城市发展等角度，阐述了南京与深圳在促进全民阅读，构建书香社会方面的经验与做法。

"城市通过对阅读的尊崇，顺应人们求知的需求，让文化特质在书香中赓续并不断拓展和丰富。人们在阅读的求知中寻找这座城市的精神坐标，又以阅读所引发的文化思考和发展理念为指引，无形成为城市精神的践行者和拓展者。"深圳市委宣传部副部长、深圳市新闻出版局局长、深圳读书月组委会秘书长吴筠从"阅读深圳：城市的精神""设计深圳：城市的品质""传播深圳：城市的声音""雅集深圳：城市的互视"四方面阐述阅读为深圳这座城市创新、品质、活力、包容的特质提供了不竭动力。①

南京市新闻出版局（南京市版权局）专职副局长郑玲玲从打造阅读新品牌、建设阅读新地标、引领阅读新潮流三方面介绍了南京全民阅读工作。"南京市始终将全民阅读工作作为推进文化引领力、凝聚力和软实力的重要一部分，不断推进全民阅读高质量发展，激发城市文学创意，从探

---

① 徐平. 深圳、南京展开跨界阅读对话 [N]. 中国新闻出版广电报，2021–11–11.

索中积极进取，挖掘城市阅读特色，放大城市文化特点。"郑玲玲说。①

两地知识分子密集的跨界对话，基于个人阅读的心灵史，融合文学、设计、建筑等不同领域的知识，形成和而不同的城市精神对视。南京作家毕飞宇与深圳设计师韩家英分别以"城中人"的视角就两座城的文脉延续和现状未来展开深入交流；南京诗人、小说家韩东与在深圳工作生活的建筑师刘晓都展开诗性美学争鸣；江苏省作家协会副主席、江苏省文艺评论家协会主席汪政与深圳大学建筑与城市规划学院研究员、建筑师张宇星分别用文学语言和建筑语言描绘城市的物质空间形态与精神寓所……"文学精神是创意文化的底色""文学与建筑构筑诗性城市""城市品位来自物质精神的塑造""文学设计皆是让生活更美好"等诸多基于阅读沉淀而发出的观点引发大众群体对于阅读与生活、阅读与城市、阅读与人生的共鸣。

知识分子的对话呈现的是两地精英的经典阅读、专业阅读，是一个城市阅读精华的缩影。而在两地阅读活动的交流对视中，笔者发现民间的大众阅读呈现出交融互补的文化特征，纸质阅读与数字阅读、技术迭代与人文审美、深阅读与浅阅读在深圳、南京两地的大众人群中表现为趋同的社会特点。

在深圳书城中心城举办的"2021 美哉书籍：深圳南京书籍设计邀请展"，邀请 18 位两地极具代表性的书籍装帧设计师，从独创构想与设计智慧出发，用作品呈现出两地当代书籍设计师为阅读所进行的美的尝试与贡献，以及对时代阅读文化传播的责任与传承的使命。展览展示当代具有影响力的设计师的书籍设计作品，虽然只是中国每年海量出版物的极小一部分，但建立在其上的美学呈现，无不体现着设计师对"阅读之美"的表

---

① 徐平. 深圳、南京展开跨界阅读对话 [N]. 中国新闻出版广电报，2021-11-11.

达。出版业经历了甲骨卜辞、钟鼎铭文、简牍丝帛时代，又经过雕版印刷、活字印刷、套版印刷的技术进步，卷轴装、经折装、蝴蝶装、包背装、线装书体现了不同时代书籍的装帧艺术特色。无论是中国传统的线装书籍，还是古登堡发明铅活字印刷以来的现代册页书籍，图书设计者一直用装帧之美与书本内容形成呼应，册页设计传递书业装帧之美。

出版与阅读具有与生俱来的开放性，能与诸多专业领域融合，形成"出版+""阅读+"。出版的核心功能是传播知识、传承文化，并深深地影响读者对于知识的获取、文化的积淀。南京、深圳两地的阅读交流活动，除了呈现知识分子群体的精神对话，还呈现出大众阅读对于知识的互补与文化的互通，并且打破地缘限制，趋于融合。

## 三、媒体对视呼应：新闻报道及舆情分析

全民阅读，媒体领航。南京、深圳两地的主流媒体积极倡导全民阅读，在推荐阅读指南、引导市民阅读等方面发挥了积极而巨大的作用。两地主流媒体的报道内容涵盖书讯、书评、书摘、书与人、人物访谈、全民阅读活动、大型图书展会等选题，报纸既有固定的副刊版面又定期出版阅读书评等周刊，广播电视媒体集中挖掘知名作家、阅读推广人的对话访谈选题，而听书、电子书等新兴媒介延伸了读者的阅读体验，全媒、全息、全效的数字阅读体验丰富了读者用户对于阅读资源的选择。

在深圳、南京双城阅读对视系列活动的报道中，融媒体形式的报道占据主体地位。两地报业集团、广播电视台、新闻网站、新闻客户端根据当下"四全"媒体特征，积极组织采编力量，形成一次采集、多次生

成、全媒体传播、多渠道推送、多场景互动的媒体融合报道矩阵。《南京日报》刊发的《南京携手深圳开展城际阅读交流》、《深圳特区报》刊发的《"丈量"城市的精神气质》等稿件，在报道阅读活动的同时，正向影响双城阅读舆情的传播，屏介质媒体与纸介质媒体报道同一选题时，发挥着异曲同工之妙。

此外，"学习强国""全国党媒信息公开平台"等移动客户端转载汇编来自"读特""壹深圳""紫金山"等权威客户端首发的有关双城阅读对视活动的稿件。集中梳理双城阅读对视活动的综述报道也在国内各大媒体相继刊发播出，如《中国新闻出版广电报》及其新媒体刊发的《深圳、南京展开跨界阅读对话》《设计之都对视文学之都》等稿件，围绕"读书""读城""读人"三大主题，对多场阅读对话活动进行"一线串珠"式的整理提炼。截至目前，对两地阅读对视系列活动成果进行阶段总结的全民阅读论文尚未在期刊文献中查询到，基于样本调研、文献资料之上的地域之间全民阅读的传播模型、社会分析、文化研究应及时总结经验，并基于传播学、编辑出版学、图书馆学、情报学的框架体系进行全民阅读实践的学术理论构建。

深圳、南京双城阅读对视系列活动在社交媒体也引发用户的关注，今日头条、微信公众号、新浪微博等平台渠道均有用户参与，双城阅读对视活动主办方组织专业直播团队满足用户需求，让活动的参与门槛跨越地理空间的限制，相关内容的流量峰值波动比较平缓，并且在舆情传播场没有形成网络用户群体之间的"地域黑"现象。究其原因，笔者分析：一是喜好阅读的用户上网行为更加理性，且两地受过高等教育人才占比较大；二是阅读本身是一种沉淀性行为，浮躁互撕的"饭圈文化"尚未渗入流量相对较小的阅读话题中；三是两个城市的国际传播影响力均位居前列①，包容开放程度较高，从双城阅读对视活动的"网络传播影响力""媒体报道影响力""社交媒体影响力""搜索引擎影响力"的指数判断，两地大众阅读在朝高素质、高质量的方向发展。

## 四、阅读资源联通：对视交流中形成互补

南京和深圳两地的阅读交流活动促进了双城阅读资源的联通，并且在共享机制下形成资源互补。2020 年 12 月 23 日，两地签署战略合作框架协议，以两个城市为核心，发挥区位优势，代表长三角和粤港澳大湾区，在阅读交流和阅读研究等方面展开合作。双方达成以下共识：一是建立阅读合作长期交流机制。双方每年组织人员互访交流活动，建立城市阅读平台交流模式；互派交流团分享全民阅读推广经验等。二是组织文化会展交流活动。双方依托"4·23"世界读书日、中国（深圳）国际文化产业交易博览会、南京书展、南京读书节、深圳书展、深圳读书月等重点阅读平台策划组织文化会展活动，展示双方在阅读推广领域的创新产品与发展成果等。三是搭建资源互动共享平台。利用双方国内文化资源，并充分发挥国际国内文化资源的优势，相互提供支持，为对方重大阅读活动增添创新因素等。

值得注意的是，南京和深圳两地率先在全国实施地方全民阅读法规。

---

① 韦路，李佳瑞，张子柯，等．2021 中国城市国际传播影响力指数报告 [R/OL]．2021–10–14．
https://www.dutenews.com/p/6255616.html.

2015 年 1 月 1 日，我国首部地方全民阅读法规《江苏省人民代表大会常务委员会关于促进全民阅读的决定》在江苏省正式实施。2016 年 4 月 1 日，《深圳经济特区全民阅读促进条例》正式实施。全民阅读立法对于促进全民阅读，保障公民的基本阅读权利具有重要意义。两地实施地方全民阅读法规后，对市民提供优质的公共阅读服务保障影响深远。双城阅读交流活动推进了地方全民阅读法规执行的日臻完善，真正发挥全民阅读的力量，推动社会进步。

出版业为阅读提供了源源不断的内容产品，书店则是全民阅读的阵地。秉承创新开拓的精神，深圳出版集团在求变中寻找出路，继深圳书城罗湖城之后，南山城、中心城、宝安城、龙岗城、龙华城相继开业，深圳书城模式也一步一步迭代升级，从综合性大卖场蜕变成为文化 MALL、体验书城、创意书城、智能书城、美学书城，加上正在建设中的深圳书城湾区城，"一区一书城，一街道一书吧"的战略布局正在形成。有别于大型书城、新华书店的阅读推广模式，南京的民营书店扬长避短，找准定位差异，服务读者需求，打造小而精、小而美的阅读空间。大众书局创始人缪炳文认为，民营书店追求格调应高于颜值，以人文思维作为原点出发，不仅把书籍视为商品，更当作人类智慧的结晶而备加尊重。大书城与小书吧的运营模式、阅读推广经验的交流互鉴，为阅读资源分配、阅读社群运营、阅读场景打造、阅读品质提升、阅读品牌建设提供了比较印证的参照。

同为阅读场所，图书馆是推广全民阅读的重要组成部分。金陵图书馆和深圳图书馆都是城市公共图书馆，在推进全民阅读的道路上从未停歇。两地图书馆大力倡导各类群体提高阅读意识和培养阅读习惯，承办政府主办的各类重点全民阅读活动，常年开展阅读服务，成为凝结各界社会力量推广全民阅读的有效平台。

南京和深圳两地实体空间与云端空间的阅读交流活动就"科技与出版""人文与务实""纸与屏的融合""精英取向与大众审美""知识获取与刷屏浏览"等命题分别进行对话，并在对话中达成互为补充的共识。众多专家学者和读者用户一致认为，阅读不是简单的知识获取、休闲所需，也关乎个人与城市的发展。深圳报业集团副总编辑、深圳报业集团出版社社长胡洪侠认为，每一个城市都有自己的阅读史，城市阅读史是一座城市的心灵成长史、市民的命运改变史、城市文化风格的演变史。南京出版传媒集团党委书记、董事长项晓宁则从出版人的视角，分析了后疫情时代的阅读新特征，并作出展望："社群化、生活化阅读是趋势，未来阅读是生命重要组成部分，通过阅读挖掘生活中的喜悦与温暖。希望未来阅读能融入每个人的血液，构成生命的基因。"

## 五、共建书香社会：打造高质量的全民阅读品牌

在梳理两地全民阅读活动开展的过程中，笔者对比发现打造高质量的全民阅读品牌对于今后建设书香社会具有重要作用。如何打造高质量的全民阅读品牌，是两地下一步需要研究解决的主要问题。

第一，阅读资源均衡发展。两地的阅读资源均位居国内前列，公共图书馆、实体书店、农家书屋（深圳无）、职工书屋、阅报栏、数字阅读屏幕数量众多，但分布并不均衡，阅读资源下沉到基层社区仍不充分，阅读公共服务网络建设、阅读空间分布需要政府统筹规划。

第二，阅读社群分众运营。两地出版从业者达成共识，在建好阅读空

间的基础上，根据图书选品细分各类阅读场景，通过"用户画像"的算法细分阅读社群，深耕党政、社科、文学、科幻、亲子等主题领域的阅读社群，有针对性地开展阅读服务。

第三，提升大众阅读品质。无论阅读介质和阅读形态如何改变，提供优质阅读内容仍是提升大众阅读品质的"王道"，大众阅读品质的高质量发展是建设全民阅读品牌的重要指数。两地地方党委、新闻出版管理部门对全民阅读工作均很重视，两地出版集团和图书馆对全民阅读工作的组织也不遗余力，南京市全民阅读促进会、深圳读书月组委会办公室、深圳市阅读联合会这类群团组织、工作协调机构对于深入开展全民阅读活动发挥了积极作用。

深圳、南京双城阅读交流是全民阅读城市对话的一个开端，未来两地的全民阅读交流也会更多地"引进来""走出去"，让阅读植入城市的精神气质。

徐平，《中国新闻出版广电报》记者

SHENZHEN
QUANMINYUEDU FAZHANBAOGAO 2022

# "深圳读书月"研究

深圳全民阅读
发 展 报 告
2022

# 阅读：打开一个新视界

## ——第二十二届深圳读书月总结报告

**深圳读书月组委会办公室**

2021年是中国共产党成立100周年、"十四五"规划开局之年、中国特色社会主义先行示范区建设两周年。新时代、新征程，在深圳抢抓"双区"驱动、"双区"叠加、"双改"示范重大战略机遇的背景下，第二十二届深圳读书月以发挥"全球全民阅读典范城市"示范作用、助力城市文明典范建设为使命任务，围绕"打开一个新视界"年度主题，以阅读赋能发展、以阅读赋能城市、以阅读赋能人生，使深圳读书月进一步突出鲜明的人文追求和阅读引领，成为讲好中国故事、展现城市形象的新型文化传播平台。

在深圳市委市政府、深圳市委宣传部指导和支持下，深圳出版集团始终牢记新时代国有文化集团的社会责任，践行使命担当，不断深化"政府倡导、专家指导、社会参与、企业运作、媒体支持"运作机制，高效推进各项工作。组织举办16项主推活动和40余项延伸活动，特别策划"发展大局观"名家领读、文学党课、党史学习教育主题读物展等"献礼建党百年"系列活动，重点承办读书论坛、"年度十大好书""年度十大童书"等品牌活动，统筹协调25家成员单位组织策划250余项、1400多场主题活动，吸引超千万人次参与。

本届读书月坚持"品质、品位、品格"活动原则，立足"文化的闹钟、城市的雅集、阅读的节日"办节定位，积极倡导新风尚、开拓新视域、打造新标杆、营造新盛况，打开"四新"境界；实现"全域联动、全景体验、全民覆盖、全媒触达"，呈现"四全"特色；积极创新策划、积累宝贵经验，为助力城市文明典范建设贡献品牌力量、激发创新活力、赓续人文精神。

## 一、成果丰硕：以品质提升品牌，以品位滋养城市，以品格赋能读者

### （一）定位更鲜明，倡导新风尚

本届读书月提炼了"文化的闹钟""城市的雅集""阅读的节日"三大办节定位，并以此为依据构建三大活动内容板块，构建兼具文化品位与先锋精神的活动矩阵，倡导城市文明新风尚。

"文化的闹钟"释放人文信号、传播文化理念、引领价值方向。深圳读书论坛在开展 20 周年之际，以"大家的声音"为主题，邀请周国平、葛剑雄、刘擎、施展、李筠等名家汇聚深圳，为市民读者奉上一场场精彩绝伦的知识盛宴。其中，"在历史的天空下"高端对话围绕"阅读与城市创新"展开，周国平在活动中指出，"坚持把深圳读书月办好，城市创新就有永不枯竭的源泉"。

"城市的雅集"搭建共读对谈、思想碰撞的高品质文化平台。以城市 IP 为线索，以阅读交流传播深圳城市形象，充分发挥城市形象传播的功能，强化跨界联动与文化对视。开展"当设计之都遇上文学之都：深

圳·南京的文化对视"系列活动，邀请深圳设计师与南京文学家就两座城市的文化特征举办 1 场交流会、4 场对话、2 个展览，通过阅读与设计通连，为深圳这座充满魅力、活力、动力的创新型城市塑造更鲜明的城市文化个性。

"阅读的节日"打造全民共同期待、共同参与的阅读嘉年华。本届"年度十大好书"评选首次采用全民线上投票评选机制，初评 7 日内共有 10218 名读者线上投出 30654 票，以高标准遴选和推举出 10 本关怀社会现实、观照人类境况的"年度十大好书"，真正打造了一场"共评、共品、共乐"的全民阅读嘉年华。"年度十大童书"评选历时长达半年，将70 余家出版机构、近 50 位专家评委、北京开卷等推荐的 1200 余本优质童书汇成一本容纳了 500 余个品种的童书书单，最终遴选出本年度十大童书，为全国童书发展设立风向标。"2021 最美校园图书馆"评选以"阅读点亮未来"为主题，评选表彰"年度最美校园图书馆""年度校园阅读点灯人""年度校园阅读之星"，继续为"书香校园"建设提供示范样本。

### （二）主题更聚焦，开拓新视域

本届读书月以"打开一个新视界"为年度主题，聚焦科学科普、生态博物、地理发现、星际探索、未来创造、科幻想象等领域，观照当下环境，回应读者热点，开启未来视界。从读者关注的层面，呼应人民群众对阅读知识渴求的新方向；从城市发展的层面，展现阅读为城市赋能的新姿态；从国际视野的层面，呼应数字化、全媒体、后疫情时代、新发展格局下，全球新生态和国家新机遇。

特别策划"献礼建党百年"系列活动，推出"年度巨献"。举办"发展大局观"名家领读活动，邀请国防大学教授金一南、香港中文大学

（深圳）校长讲座教授郑永年围绕"心胜：来自内心的光明、信念与力量""全球变局下中国经济的机遇与挑战"等主题开坛设讲。同时，依托深圳书城、书店、书吧特设"党史学习主题书展"，展陈《为什么是中国》《理想照耀中国》《中国文学课》等上千种主题出版物；组织"崭新的境界：经典诗文朗诵会""文学经典映照百年"文学党课等活动，通过经典诗篇的呈现和专家的重磅专题解读，向市民读者展示党的百年光辉历程。

在读书论坛举办 20 周年之际，紧紧围绕年度主题六大领域，以"科技未来""地理发现""科学科幻""自然博物""阅读与城市创新"为主题，举办了"4+1"场学者名家对话，王京生、周国平、葛剑雄、刘擎、施展等名家莅临，视野更开阔，主题更聚焦。

重点打造"科幻文学周"，呼应年度主题。邀请全国优秀儿童文学奖获得者吴岩、马传思等科幻作家在深圳书城中心城、深圳图书馆及 4 所中小学开展"科幻阅读零距离"系列活动；举办"晨星杯"中国原创科幻写作大赛，以"一百年后的深圳"为话题举办深圳读书月论坛专场活动等。

### （三）品质更强化，打造新标杆

本届读书月进一步强化精品意识，提出更高的追求、更新的品质、更强的声音，高标准完成每一项主题活动。

**强化视觉设计，凸显品牌形象。**本届读书月与韩家英设计公司合作，围绕"打开一个新视界"年度主题，设计了让人耳目一新的主视觉形象，时尚、简洁、愉悦，既有数字化时代的书卷气，也有面向世界的未来感。同时对"年度十大好书"评选、"年度十大童书"评选、读书论坛、经典诗文朗诵会等重点活动也统一视觉形象，使读书月的功能定位、品质内涵在视觉形象上得到强化，寓意"打开一本书，也就打开了一个新视界"。

**走读文化空间，塑造城市新形象。**结合"走读"这一新兴的城市阅读新形式、新方法，走进历史、走进现场，开展"深读·书空间""最美校园图书馆"评选及走读活动，通过串联、走读阅读空间来重新阅读深圳、发现深圳，让有关这座城市的更多信息、细节融会贯通，进而重新塑造与提升"文化深圳"的城市形象与高度。

**升级城际交流，传递文脉书香。**毕飞宇、韩东等南京文学名家莅临深圳，探讨双城文化交流新维度。毕飞宇非常看好深圳的文学发展，他表示，"深圳是移民城市，来自五湖四海的人必须在这个地方一代又一代积淀下来，共同形成属于深圳的文化、生活以及文学"。读书月几十年如一日，为深圳的文化塑造搭建平台，为城市的文化积淀带来养分，将阅读、设计、创新等要素如种子般植入深圳的城市文化基因与沃土，假以时日，定将开出姹紫嫣红的似锦繁花。

### （四）节展再叠加，营造新盛况

本届读书月与深圳书展再次联袂举办，组织 500 多家国内外优秀出版机构参展，邀请 102 家出版社设摊展销，通过（室）内（户）外联动，共展销精品图书约 22.3 万种、数量 120 万册。从全国到境外、室内到户外、全市到各区、线下到线上，全方位凸显了"全域、全景、全民、全媒"活动特色，为市民读者打造了一场"最有幸福感、最有获得感、最有满足感"的城市阅读狂欢节。

本届书展人气空前，累计参观人流量超 155 万人次，其中主会场约 107 万人次，各分会场约 25 万人次，线上书展约 23 万次。特别是每逢周末时间，莲花山上花香氤氲，广场草地书香浸染，天空呈现秋日里最美的"深圳蓝",市民读者徜徉书海,享受惬意的文化生活,流露出满满的"幸福感"。深圳市委副书记、市长覃伟中在视察时表示,在蓝天下、草地上办露天书展是深圳的特色,并提出一年办两次书展的期望。

此外,本届书展邀请紫荆文化集团旗下联合出版(集团)有限公司和企鹅兰登出版公司、学乐出版公司、哈歇特出版公司等境外出版机构展示高质量的外版图书资源,集中打造国际精品图书展,让深圳书展更具"国际范"。同时,本届书展首度联合"全国新书首发中心"发布年度新书出版观察报告、推出年度新书作家影响力榜单,并开展《书话坪山》等新书首发活动,为深圳书展更添"前沿性"。

## 二、亮点纷呈:实现"全域联动、全景体验、全民覆盖、全媒触达"

### (一)全域联动,共建新湾区

加强粤港澳大湾区及境内外联动,助力、赋能以深圳为核心的人文湾区共建。举办"读书志:香港内地读书杂志主编对话"及系列深港澳阅读活动;组织深港澳三地青年参与远程共读、见证分享的书友会;设立联合出版集团外版图书专区;举办"合颜悦设——联合装帧设计分享展";深圳图书馆联合澳门文化局开展"深圳·澳门文化交融互鉴"活动。深圳书展与本届深圳读书月两大阅读盛会再次联袂,组织 500 多家国内外优秀出版机构参展,邀请 102 家出版社设摊展销;邀请周国平、葛剑雄、刘擎、东西、杨争光、张嘉佳等 10 余位名家进行图书签售与对谈交流。通过加强粤港澳大湾区及境内外联动,让书香辐射全国乃至全球,实现"全域"阅读。

## （二）全景体验，共阅新视界

通过多媒体多介质多场景传播，展现城市文化空间，体现深圳之美和阅读之美。开展"走读新视界——深读·书空间发现之旅"走读活动，邀请作家、书评人绿茶带领市民读者开启"坪水相逢""时光穿越""书与港湾""阅见南山""书遇未来"5条走读路线的漫游阅读空间之旅，"深圳发布"微信公众号、深圳广电集团都市频道《第一现场》、"晶报"微信公众号、"深圳读书月"微信小程序对活动进行全程直播，呈现一份独具深圳特色的阅读漫游地图，实现"全景"阅读。

## （三）全民覆盖，共读新鹏城

进一步加强"市区联动"，首次设立各区分会场，推动全城共读。充分发挥各区优势，凸显各区特色，积极策划各区分会场活动，举办分会场启动仪式。本届"温馨阅读不眠夜"也创新设立了各区分会场，除了主会场的深圳书城中心城24小时书吧，坪山图书馆星光书屋、盐田灯塔图书馆、福田玉田图书馆、大鹏自然童书馆等阅读空间也纷纷加入24小时亮灯，陪伴市民读者"读到月落日出"，实现"全民"覆盖。

本届读书月特别采用线上直播形式延展线下活动。深圳卫视《第一现场》、壹深圳、深圳发布在微信、微博、抖音等6个平台同步直播读书月各项主推活动。其中，"年度十大好书"揭晓礼直播总观看量46.2万次，"温馨阅读不眠夜"24小时直播累计观看量超180万次，微博话题#深圳读书月阅读不眠夜#总阅读量超205万次，登上微博同城热搜榜。

## （四）全媒触达，共创新热潮

通过采编报道、直播、推文、短视频等方式进行全媒体、矩阵化传播，形成历届读书月中规模最大、形式最多样、受众面最广的宣传态势。协调中央、省、市各级媒体持续宣传本届读书月，全网总报道超 3 万篇次，其中重点报道 1 万余篇次，中央媒体报道 700 余篇次，地方媒体报道 2200 余篇次；大 V 直播、名家 VLOG、互动 H5 等新媒体手段被广泛运用，第三届深圳书展总报道量超 4500 条；协调全市 26 处楼宇户外 LED 屏及室内 LED 屏、5 条地铁线拉手、150 个公交站台及公交车内屏投放读书月和书展宣传广告，全市近 4000 个户外移动终端投入高频传播；深圳京基 100、地王大厦、汉国中心、深圳湾一号、华润春笋大厦等地标建筑为深圳读书月亮灯，借助声势浩大、形式多样的传播矩阵，本届读书月全网阅读量突破 2 亿人次，活动影响力、传播力呈几何级数上升，实现"全媒"触达。

学习强国全国总台、深圳学习平台分别开设读书月专题，集中发布文字和视频报道，转载读书月、书展重点报道近百篇。新华社在欧美地区（美国、英国、德国、法国等）、亚太地区（日本、菲律宾等）近 10 个国家以 5 种语言传播读书月国际报道，被美联社、雅虎财经等 540 家海外重点网站刊登转载，并在瞭望、参考消息网刊发报道《外媒在"深圳读书月"品读城市文化品牌》。

## 三、经验积累：贡献品牌力量、激发创新活力、赓续人文精神

22 年来，深圳读书月不断深化"政府倡导、专家指导、社会参与、企业运作、媒体支持"运作机制，被誉为全民阅读活动的"深圳模式"。

本届读书月在活动策划、组织架构和运作机制上进行了突破创新，进一步强化品牌建设，加强创意策划，凸显人文精神，在实践和探索中不断积累有益经验。

## （一）明确办节定位，固化活动板块

本届读书月秉持和延续历届读书月积累的丰厚的理念、精神、实践基础，提炼了"文化的闹钟""城市的雅集""阅读的节日"三大功能定位，并以此为依据构建1+3（N）重点活动板块，包括1个特别策划、3大主题板块、N项延伸活动，以及成员单位承办的一般主题活动。主推深圳读书论坛、经典诗文朗诵会、"年度十大好书""年度十大童书"评选、"温馨阅读不眠夜"等经典活动品牌，提高读书月活动在全国乃至全球的品牌知名度和影响力。

## （二）发挥平台优势，完善阅读服务网络

深圳读书月是城市文化菜单中的"阅读盛宴"，组织架构由28家主承办单位及成员单位构成，充分利用工青妇和宣传文化系统资源，以及书城、书吧和图书馆等阅读阵地，科学组织，高效运作。本届读书月进一步发挥活动平台优势，推动市区联动、资源共享、重心下沉。首设各区分会场，推动重点主题活动与各区联办，组织重要专家、展览在全市各区巡讲、巡展，组织"温馨阅读不眠夜"、深圳书展等重磅活动在全市各区设立分会场，巩固"一区一品牌、一系统一亮点"品牌矩阵，进一步形成市区联动、条块结合的公共阅读文化服务网络，夯实深圳全民阅读活动阵地。

### （三）强化专家指导，提升活动专业性

深圳读书月由深圳市老领导担任组委会总顾问、具有全国影响力的文化名人担任特别顾问，自首届成立读书指导委员会，聘任专家20余位。本届读书月期间，深圳市出版和全民阅读专业委员会正式成立，进一步强化了专家智库指导作用。同时，进一步完善了"年度十大好书""年度十大童书"等专家评审委员会阵容，更凸显人文社科专家对图书遴选和活动开展的指导建议。

本届读书月广泛征求市民、专家学者意见，通过线上线下形式多次召开论证会，专题研究、充分酝酿，各区、各部门、各界积极参与；积极开展"读书月走进全国书博会""驻深记协走进读书月"等活动，从不同层面广泛收集意见建议，积极吸纳新理念，探索新思路，策划新项目，推动读书月永葆创新活力。


第二十二届深圳读书月立足深圳"城市文明典范"的战略定位，围绕市委书记王伟中"读书让生活更加多彩，阅读让城市更有温度"重要批示精神，在疫情防控工作常态化新形势下进一步发挥了阅读关怀个人成长、推动城市发展的温暖作用。市长覃伟中在本届读书月启动仪式上指出，深圳读书月是为全体市民读者精心准备的一场文化嘉年华，对于营造全民阅读氛围、提升城市文明程度和文化品位，具有十分重要的意义。深圳读书月将继续彰显"全球全民阅读典范城市"的示范效应，为加快建设区域文化中心城市和彰显国家文化软实力的现代文明之城贡献更加积极的力量。

# 点亮节日，再创新境界

## ——2021 南国书香节暨第三届深圳书展总结报告

### 南国书香节暨深圳书展组委会办公室

在深圳市委市政府的关怀指导与全国出版界的大力支持下，2021 南国书香节暨第三届深圳书展（简称"第三届深圳书展"）于 11 月 19 日正式开幕，11 月 28 日精彩落幕，展销来自国内外 500 多家优秀出版机构约 22.3 万种、120 万册精品图书，并邀请 102 家出版社设摊参展，全网总报道量 4500 篇次，累计接待读者超 155 万人次，销售图书 2752 万元码洋，再度刷新全国时间最长、销量最高的城市书展纪录，为市民读者打造了一场"最有幸福感、最有获得感、最有满足感"的城市阅读狂欢。

深圳出版集团自 2019 年创办深圳书展，积极推动深圳书展续写深圳阅读文化事业的"高贵坚持"，致力于打造具有一流水准和国际影响的城市书展，擦亮引领全国、先行示范的又一张城市名片。为贯彻落实十九届六中全会"深化群众性精神文明创建，建设新时代文明实践中心，推动学习大国建设"重要决议，积极响应 2021 年政府工作报告"创新实施文化惠民工程，倡导全民阅读"的规划部署，第三届深圳书展联动第二十二届深圳读书月举办，围绕"打开一个新视界"年度主题全新定位，新鲜亮相，在深圳书城中心城及西广场举办露天盛会，打造一个名家齐聚、新书荟萃、视野开放、全景联动的书香盛宴，与市民共襄"阅读的节日"。

## 一、积极践行国企担当，坚定城市文化自信

办好城市书展，拉动文化产业经济发展。1996 年，第七届全国书市在深圳举办，激发起深圳市民空前的阅读热情，以"深圳书城"为代表的阅读文化阵地自此蓬勃发展。2018 年，第二十八届全国书博会重回深圳，孕育出"深圳书展"这一新兴阅读文化品牌。直至目前，深圳人均购书量连续 31 年位居全国第一，深圳文化产业增加值占本地生产总值比重位居全国前列。深圳书展创办三年来，吸引全国顶尖出版机构齐聚深圳，以书为媒加强创意引领，积极拓展大湾区文化产业交流合作，致力于搭建先行示范的国家级文化产业发展平台。尤其是新冠肺炎疫情发生以来，深圳书展以实现市民文化权利为目标，以保障市民生命安全为底线，积极创新举办形式，全力推进组织工作，全方位保障办展安全，实现社会效益、经济效益双丰收，在全国同类书展中后来居上、一枝独秀，充分呼应了城市的读书热情，有力彰显了城市的文化自信。

创新"1+6+1"模式，打造"家门口"的精神花园。本届书展设立 1 个主会场于深圳书城中心城及西广场，举办露天盛会营造人文与自然交织的开放体验空间，并依托深圳书城罗湖城、南山城、中心城、宝安城、龙岗城、龙华城等 6 个分会场，另设光明大仟里购物中心外广场 1 个新分会场。主会场策划八大主题展区，各分会场配套开展文创精品、互动游戏、品茗休闲、音乐派对、电影放映、名家分享等 100 余场文化活动，推出厚实的文化惠民福利，满足日趋多元化、个性化、高端化的城市阅读文化需求。从全国到境外、室内到户外、全市到各区、线下到线上，全方位凸显了"全域、全景、全民、全媒"活动特色，是深圳探索全民阅读模式创新的生动体现。

## 二、创新推动城市书展，传递深圳文化强音

### （一）主题鲜明，彰显深圳特区特色

弘扬主旋律，传播正能量。本届书展以书为核心，以"讲好深圳故事"为精神，围绕"中国共产党成立100周年"策划红色主题书展，围绕"粤港澳大湾区""深圳先行示范区"打造城市特色主题书展，结合深圳读书月"年度十大好书""年度十大童书"等榜单，设立读书月主题书展。在主会场及分会场重点展陈了包括习近平新时代中国特色社会主义思想、中国共产党成立100周年、"四史"学习教育、粤港澳大湾区、深圳先行示范区等类别主题图书，为全民阅读奏响新时代旋律。设立"深圳书展精品好书100种""年度十大好书、年度十大童书评选入围100种""名社名书专区展"等书目推荐专区，引领城市阅读风向标。首推"书盲盒"伴手礼创意，在深圳书展落幕之际，以盲盒的形式为广大读者朋友奉上一本"年度十大好书"，为读者带去启迪思想的火光与温度，进一步彰显深圳的文化特质。

### （二）展品丰富，汇聚精品图书资源

加强境外合作，打造国际化书展。本届深圳书展设立318个出版社展位，邀请102家出版社设摊展销精品图书，中国出版集团、果麦文化传媒股份有限公司作为特别支持机构，紫荆文化集团旗下联合出版（集团）有限公司、企鹅兰登出版公司、学乐出版公司、哈歇特出版公司等境外出版机构展示高质量的外版图书资源，集中打造国际化精品图书展，加强粤港澳大湾区及境内外联动，让深圳书展更具"国际范"。

童书资源丰厚，孕育新生代精神乐土。本届书展童书区比往届增加

一倍规模，设立 163 个展位，推出少儿类图书 12000 个品种，进一步满足青少年儿童的阅读需求。创新打造"智慧书展"，提供资讯阅览、直播互动、线上购书、打卡分享等多功能一体化的线上服务。另有各类文创精品在"创意书生活"区精彩呈现，创新营造书香弥漫、自在舒适的阅读生活体验与文化消费场景，增加市民读者逛展和购书的幸福感。

### （三）让利惠民，满足读者购书体验

为市民提供全年最优惠文化福利。自 2018 年全国书博会在深举办以来，本届书展是让利图书品种最多、让利幅度最大、参与人数最多的一次展会。加大与参展供应商的谈判力度，让利促销幅度 10%—36%，其中 129 家供应商让利 14% 以上，深圳出版集团共承担让利金额 385.33 万元；展销图书 7.2 折起，同时推出秒杀、买赠、满减、限时折扣等多重优惠，包括中国银联云闪付、农行信用卡、工行信用卡满减，文惠券、农行 8 元购书等，多项叠加后图书价格低至 2.34 折，大大增强了读者在购书体验上的"获得感"。

### （四）名家引领，文化活动异彩纷呈

汇聚名家思想，激荡精神盛宴。本届书展推出一系列精彩纷呈的阅读活动，组织邀请大家学者、人气作家、本土青年作家等，包括周国平、葛剑雄、刘擎、东西、李兰妮、杨争光、张嘉佳、赛雷、张皓宸、苑子文、辛夷坞、毕啸南、郁雨君、张自豪、王诺诺、姜二嫚等名家，开展新书发布、图书签售、对谈交流活动，打造了一个难能可贵的名家读者双向交流分享平台，为市民读者奉上一场场思想碰撞、精神洗礼的阅读盛会，传递以书为媒、领路先行的深圳强音。

联合新书首发，为城市书展再添"前沿性"。本届书展首度联合"全国新书首发中心"发布年度新书出版观察报告，推出全国新书"出版指数"、年度新书作者影响力等榜单，发布全国知名出版机构 2022 新书计划等。重点推出《书话坪山》《长岛小记》《针尖蜜》三本首发新书，邀请王京生、周国平、葛剑雄、郭红、辛夷坞等名家现场首发推荐，为书展注入新鲜活力。特邀中信出版集团、果麦文化及后浪出版等知名出版机构，在全国新书首发中心抖音账号开展多场图书直播带货活动，向市民遴选推介具有较高思想价值与较强现实关怀的优质新书，打造首个以新书出版和全民阅读为题的全国性文化盛会，推动引领全国书业风向标。

### （五）全景联动，打造城市阅读狂欢

各区分会场亮点纷呈。福田区分会场通过"名家风采""书香四进""企业专场""特色展览"等多彩方式，开展近 40 场活动；罗湖区分会场邀请止庵、陈诗哥、伍美珍、谷清平、宋少卫等名家走近读者、开坛设讲；光明区分会场精心打造"展＋秀＋互动"创意聚合的文化体验，策划"阅读的力量""科技的光芒"互动微展、"光明大话"置顶喜剧脱口秀、书香汉服秀，以及国潮打卡区等新潮活动；南山区分会场打造三大板块九项主题活动，组织全国重点出版社图书联展和科普图书展、家庭阅读与藏书展、第四届深圳绘本节、古诗词文化集赏、名家名作读书分享会等系列活动；宝安区分会场策划 6 项主题书展、2 场名家分享会及 6 场文化互动体验活动，举办文教综合市集，通过各类趣味性强、互动性高的活动，吸引市民参与；龙岗区分会场以"诗意＋智能"为创意规划模式，策划了毕啸南、伍美珍、苑子文、永城名家分享会和阿布讲故事"寻找最强童声"决赛、"大家的声音"品牌系列活动、"青少年健康成长中心"主

题系列活动等 10 余场阅读文化活动，接待读者近 10 万人次；龙华区分会场以"书 +N"为创意规划模式，组织出版成果展销、阅读活动交流、文化创意互动等丰富多彩的文化惠民活动，推出"年度十大好书""年度十大童书"主题陈列展台及 12 项特色主题图书展，30 余场艺文活动现场氛围热烈，丰富市民阅读体验。

### （六）宣推创新，实现宣传效果最大化

全媒体、矩阵化传播。通过采编报道、推文、短视频、直播等方式进行全面覆盖，全网总报道量超 4500 篇次，呈现"规模最大、形式最多样、受众面最广"的特点。开幕后第一个周末单日报道量超 600 篇次，展会期间重点围绕书展优惠福利、童书展区、夜市休闲、名家活动、各区分会场等亮点，协调媒体发布报道总量超 2000 条。宣传短视频《清空书单的机会来了》在新华网等平台发布，首日播放量破 50 万次；"学习强国"总台转载《第三届深圳书展接待读者超 155 万人次》等 10 余条书展重点报道，进一步扩大书展的影响力。全市 26 处楼宇户外 LED 屏及室内 LED 屏、5 条地铁线拉手、150 个公交站台及公交车内屏投放本届书展宣传广告，全市近 4000 个户外移动终端投入高频传播，在全城营造全民阅读的热烈氛围。

### （七）安全有序，确保防疫落实到位

严格落实疫情防控要求。制定详细的主、分会场防疫方案，落实公共场所疫情防控措施，按照市卫健委的要求确保防疫安全，预防各类突发事件。在主会场各入口处设置安保防疫岗，在深圳书城中心城南北区 5 个重要入口处以及莲花山通往中心书城楼道处，安排安保人员、义工值守，要

求进场读者必须佩戴口罩，查验体温、健康码、行程码，引导进场读者保持 1 米以上距离等，对 21 天内具有国内中高风险地区旅居史人员拒绝入场；所有安保人员、搭建人员等全部要求持有 48 小时核酸检测阴性证明；向所有参展单位免费发放免洗消毒液、一次性手套等防疫物资供读者使用，每日定时消杀。书展期间专门租赁 10 台防疫性公厕供读者使用，以干净、美观、舒适、防疫等特点，受到读者一致好评，凸显了深圳书展细致周到、井然有序的科学管理方针，进一步折射城市文明。

## 三、立足过往展望未来，助力打造城市文明典范

本届书展人气空前，特别是每逢周末时间，莲花山上花香氤氲，广场草地书香浸染，天空呈现秋日里最美的"深圳蓝"，市民读者徜徉书海，享受惬意的文化生活。11 月 27 日，深圳市委副书记、市长覃伟中在视察时表示，"在蓝天下、草地上办露天书展是深圳的特色，这样的书展一年办一次太少了"，对本届书展工作给予充分的肯定。

立足往届书展的办展经验，深圳出版集团将对标国际国内一流的城市书展，进一步研究办展模式，落实"一年两展"，提高办展质量。结合深圳产业优势策划科技类、设计类主题书展，联合腾讯、紫荆文化集团等企业开展合作，积极寻求创新突破；积极争取市委宣传部支持，在全市各区设立分会场，进一步统筹规划，提升品牌形象，塑造更鲜明的城市书展特色。以书为媒，加强跨界融合，打造阅读＋文化、阅读＋科技、阅读＋金融、阅读＋文创、阅读＋体育、阅读＋旅游等多元业态融合，争取办出全国一流乃至国际一流的城市书展。

中国出版协会理事长、深圳读书月组委会特别顾问邬书林在本届书展开幕式上高度评价深圳持之以恒进行的全民阅读事业。他表示："深圳开展全民阅读的眼光越来越高，做得越来越深，走得越来越远。深圳全民阅读与城市发展互为推动，城市也因此始终葆有创新活力。"深圳书展将以传播城市形象为己任，为深圳打造成为城市文明典范、全球区域文化中心城市和彰显国家文化软实力的现代文明之城，发挥重要而独特的作用。

# 深耕全民阅读阵地  助推文化高质量发展

唐汉隆

深圳是联合国教科文组织授予的唯一一座"全球全民阅读典范城市"，在全民阅读推广领域有着先进思想理念和丰富实践经验，打造了先行示范的全民阅读"深圳样本"。深圳出版集团作为深圳全民阅读事业的中坚力量，丰富以深圳读书月、深圳书展为突出代表的阅读文化菜单，完善以深圳书城、书吧为主要网点的全民阅读阵地，不断累积阅读研究学术资源，持续打造与"城市文明典范"战略定位相匹配的全民阅读推广体系，致力于成为国有文化集团践行社会责任、提升市民素养、建设书香社会的良好表率。

2021年9月，中宣部在深圳召开文化高质量发展座谈会，中共中央政治局委员、中宣部部长黄坤明在讲话中强调，以更大力度更强自觉推动文化高质量发展。他指出，新征程上推动文化高质量发展，要坚持社会主义先进文化前进方向，守正创新、固本培元，高擎思想旗帜，高扬主流价值，丰富高品质文化供给，提供高效能文化服务，用刚健厚重先进质朴的文化滋养民族气质、引领社会风尚。

立足新发展阶段，贯彻新发展理念，深圳出版集团紧紧围绕品质文化生活引领者、全民阅读推广主力军、新型文化国企示范者的定位，努力发展成为具有较强全民阅读指引力、城市文化影响力、文化消费带动力的高品质阅读服务提供者，助推城市文明典范建设和文化高质量发展。

## 一、内容出版先行示范，强力打造高质量图书精品

国家新闻出版署印发的《出版业"十四五"时期发展规划》对行业发展提出新要求："出版创新创造活力充分激发，优质内容供给能力显著增强，出版服务大局服务人民能力凸显"。坚持内容为王，树立精品意识，围绕党和国家工作大局、人民群众精神文化生活新期待，建设成为优质内容的生产者、聚合者、传播者，是出版从业者落实文化高质量发展的行业自觉。深圳出版集团旗下海天出版社通过优化出版结构、强化编辑能力、培养作者队伍、扩大原创出版等途径，以精品内容出版的先行示范，助推粤港澳人文湾区共建与文化高质量发展。

持续扩大优质内容供给。2021 年，海天出版社策划出版《理想照耀中国》等献礼建党百年主题类图书 7 套 13 种，取得良好的市场反响。献礼深圳经济特区建立 40 周年主题图书《为什么是深圳》入围"中国好书"，实现深圳出版首次入围，市场销量超 7 万册，取得了良好的社会效益和经济效益。海天出版社教育分社成立，致力深挖本土教育资源，与市教科院合作，协助完成"知识与能力训练"丛书作业设计的策划与实施，共同策划面向全市中小学教研员、教学领导和学科老师开展的"高质量作业设计系列研修计划"。引入市场机制，建立了近百人作者队伍，高质量研发市场化教辅读物，为加快拓展教育图书业务奠定基础。

特色图书产品线建设初见成效。海天出版社不断优化产品结构，大力加强原创，打造具有独特标识的原创品牌，努力打造市场类图书特色产品线。少儿读物产品线打造了"福尔摩斯探案笔记""陈诗哥诗意童年读本""萌鸡小队漫画故事""猪猪侠之恐龙日记"等重点图书品牌。法语文学 / 海天译丛产品线坚持精品、特色、格调和品位出版原则，《清算已毕》

获《中华读书报》4月探照灯好书；翻译出版 2020 年法国龚古尔奖作品《异常》，获百道网 10 月好书奖（文学类），并入选 2021 年深圳读书月推荐书目。青春读物、企业管理读物、人文读物等产品线巩固"青春读书课""经典阅读课""华为系列""姚尧系列"等原有品牌基础，并持续推出了《青春读书课讲义》《鉴赏家》《张战的诗》《尔雅的诗》《人工智能时代的风险治理》《华为管理法》《华为人力资源管理》《涨停启动：注册制超短交易盈利法》等双效俱佳的产品。

浓墨重彩做好主题宣传。2022 年，集团将始终如一地坚持正确政治方向，紧扣时代发展脉搏，围绕党的二十大召开、习近平总书记视察前海 10 周年等重要时间节点，策划出版《春天的前海》《深圳十大街区》《深圳非遗》等一批反映前海发展成就、先行示范区建设成果和弘扬中华优秀传统文化的主题图书，精彩讲述广东故事、大湾区故事、中国故事，为塑造可信可爱可敬的中国形象贡献出版力量。精心打造与深圳城市地位相匹配的标杆性文艺精品，出版向旅行者推介深圳的图书《深圳》，有序推出《深圳自然博物百科》等"深圳城市读本"系列图书，梳理挖掘以大鹏所城、南头古城等为代表的深圳各类历史文化遗产和非物质文化遗产文脉，不断加深对城市历史的认知和城市文脉的传承，推动城市文化形象新提升。

## 二、深入推进全民阅读，持续擦亮高质量文化名片

自 2014 年起，"全民阅读"连续九次写入政府工作报告，业界普遍认为，政府对全民阅读这一关涉国民素质和民族文化传承发展大计的工程持续高度关注。从"倡导"全民阅读到"深入推进"全民阅读的跃升，体

现了国家对全民阅读和文化发展提出了新的更高要求。

深圳全民阅读在全国起步较早。2009 年，时任新闻出版总署副署长邬书林在首次"全国全民阅读经验交流会"中称赞，深圳读书月创造了读书文化节庆的"深圳模式"，为全国全民阅读的开展起到了很好的示范作用，是"起因"，也是"品牌"。在 2021 年，邬书林作为中国出版协会理事长出席第三届深圳书展时，以"想得深，看得远"为深圳全民阅读工作的纵深发展点赞。

深圳读书月是深圳全民阅读推广建设的开端，在发展过程中逐渐成为全国全民阅读的标杆品牌。深圳挥别"文化沙漠"谑称、赢得"全球全民阅读典范城市"赞誉，深圳读书月发挥了不可低估的助推作用。深圳出版集团作为深圳读书月的总承办单位，始终紧扣"阅读·进步·圆梦"总主题，不断深化"政府倡导、专家指导、社会参与、企业运作、媒体支持"运作机制，打造了"深圳读书论坛""年度十大好书""年度十大童书""经典诗文朗诵会""温馨阅读不眠夜"等一批经典活动品牌。2021年第二十二届深圳读书月再次创新突破呈现"四个突出"：突出建党百年主题，从阅读深圳的角度歌颂党的百年华诞；突出未来发展，通过阅读观照世界、宇宙、未来和人类命运共同体；突出大湾区概念，搭建对谈与思想碰撞舞台，深化粤港澳合作；突出内容形式创新，进行全媒体、矩阵化传播，掀起"传播热浪"。2019 年，集团创办深圳书展，至今已成功举办三届，在现场人气与展销成绩方面屡创全国同类书展新高。2021 年，"全国新书首发中心"成立，与中国出版协会、全国 30 余家头部出版机构、粤港澳 20 余家实体书店建立战略合作关系，开辟了"重磅新书，首看深圳"的文化新局面，成为推动全民阅读向纵深发展的有力抓手。

2022 年，集团将重点办好第二十三届深圳读书月和第四届深圳书展。

持续落实深圳读书月和深圳书展品牌提升、创新升级计划，强化阅读＋设计、阅读＋科技跨界联动；拓展粤港澳 9+2 城市圈城际交流；创新宣传推广方式，打造高效多维的融媒体传播矩阵，增强品牌活动影响力；对标国际国内知名城市书展，办出全国一流乃至国际一流的城市书展。持续推进"全国新书首发中心"品牌建设，开展书香进机关、进社区、进校园、进企业等系列活动，积极打造全民阅读推广文化名片群，为深圳加快建设更高水平的文化强市，争创首届全国文明典范城市，作出新的更大贡献。

## 三、创新驱动融合发展，精准升级高质量阅读阵地

深圳被誉为"书店之都"，深圳书城作为全国最早的大书城品牌，不断探索迭代升级，现已建成深圳书城罗湖城、南山城、中心城、宝安城、龙岗城、龙华城 6 座均超 3 万平方米的大型书城与近 50 家遍布全市的特色书吧，有效完善城市公共文化服务体系和全民阅读阵地建设。积极发挥公共文化服务平台价值，每年策划开展 1800 余场阅读文化公益活动，形成了贯穿全年、遍布全市的阅读文化菜单，年均接待市民读者 2800 万人次。其中，深圳各书城依据各自定位开展特色活动，打造出"深圳晚八点""沙沙讲故事""书立方""全民品读会""青年梦工厂""对话大家""深圳讲书会""本土作家作品分享会""亲子论坛""名家私人书单"等文化品牌；简阅书吧整合推出"简阅生活家"系列活动，为不同类型的读者准备不同主题、不同形式的体验项目，丰富市民群众精神文化生活。

《中共中央关于制定国民经济和社会发展第十四个五年规划和二〇三五年远景目标的建议》指出"坚持创新驱动发展，全面塑造发展优

势"。深圳出版集团推动数字化转型精准发力，把握数字化、网络化、智能化发展方向，加强数字化转型顶层设计，制定专项发展规划。依照"智慧集团—智慧书城—智慧书业"三层架构，完善数字化体系建设。构建数字管理中台，提升集团信息化管理水平。增强书城大数据分析和应用能力，建立数据管理应用机制和分析决策机制，促进数字技术与实体零售经济深度融合，赋能传统产业转型升级。

2022 年，集团将坚定落实市委市政府"一区一书城，一街道一书吧"战略，精心打造集团旗下的深圳书城中心城样板，高标准建设深圳书城湾区城，作为深圳新时代十大文化设施之一，湾区书城建成后有望成为全国最大的书城文化综合体，充分发挥科技优势，着力打造大湾区文化地标和市民精神家园，助力人文湾区建设。深耕书吧阵地，重点打造"公园系列书吧""地铁书栈"等产品主线，深化精细化和数字化运营，积极构建"书吧 +"基层文化服务综合体，助力城市"十分钟文化服务圈"建设，打造普惠均衡的城市公共文化服务新标杆。

## 四、高效整合资源平台，专业化引领高质量交互联动

2035 年建成文化强国、出版强国，这是国家的远景目标，更是整个出版行业的前进方向和使命责任。加快出版专业化升级是有效助推文化高质量发展与强国建设的途径和抓手。书籍经历从作者到出版社、印刷厂、运输商、书商、读者的传播循环，如何高效整合平台资源，提升每一环节及其协调配合的专业化程度，决定图书出版发行与阅读推广事业高质量发展的长效可持续推进。深圳出版集团致力提升运营专业化水平，实现高质

高效的阅读阵地建设与文化资源联动，汇聚行业智慧力量，共同助力出版强国、文化强国建设。

巩固图书主业地位，推进阅读服务专业化。以"品质、品位、品格"为原则，优化书店空间布局和业态组合，增强选品和阅读服务指引的专业化能力，提升书店精细化管理水平。加强与优秀出版社战略合作，丰富名家资源库，进一步凸显书店文化价值。牢固树立书业在集团业务板块的核心地位，推动书业探索出一条文化塑造、价值引领的科学发展之路。

优化资源聚合平台，推进信息集散专业化。联动头部出版机构和主要新媒体平台，挖掘新书出版资源，做强"全国新书首发中心"平台。组织策划引领知识风潮与文化先锋的全国阅读文化大事件，推动全民阅读全年化、常态化开展，强化媒体宣传矩阵，巩固业界权威形象和广泛影响力，打造全国出版发行业文化资源高地。

完善资产运营机制，推进文化增值专业化。与优质品牌合作，形成优质客户资源库，促进业态布局互补相长。深耕"书城+"板块业务，与专业机构进行深度对接和合作，创新探索引进各类高质量创新项目，凸显业态空间的文化价值优势。加强周边联动，疏通书城文化圈，向音乐厅、图书馆、莲花山公园等文化场馆借力引流，形成良性互动，打造公园经济、夜间经济，进一步提升经济效益。持续跟进观澜版画基地项目，进行深度调研与合作，推动形成文旅融合发展新的增长点。

深入开展阅读研究，推进阅读推广专业化。联合高校研究机构开展"全球全民阅读典范城市研究计划"，着力构建"书香城市"指标体系和测评标准，推动阅读推广理论化、学术化、专业化。深圳出版集团创办二级事业单位"深圳市全民阅读研究与推广中心"，以城市为单元，连续七年组织研究《深圳全民阅读发展报告》（2016—2022），连续八年发布《深圳阅读指数研究报告》（2014—2021）。邀请全民阅读领域权威专家王京生、朱永新、聂震宁编著"全民阅读丛书"名家系列专辑。联合政府机关、高校研究机构共同推进"全民阅读与学习型城市建设""深圳全民阅读模式研究"等专项课题，以学术研究引领阅读推广高效、深入、专业化开展。

习近平总书记指出，"高质量发展，就是能够很好满足人民日益增长的美好生活需要的发展，是体现新发展理念的发展""我们要重视量的发展，但更要重视解决质的问题，在质的大幅提升中实现量的有效增长"。深圳全民阅读走过二十二年，从"氛围营造"向"水平提升"实现质的飞跃，当前更迈入"高质量发展"的关键阶段，要以高质量文化供给和阅读服务增强人们的文化获得感与幸福感。

立足打造新时代文化高质量发展典范，深圳出版集团将始终坚持把社会效益放在首位、实现社会效益和经济效益相统一，坚持和加强党的领导，忠实履行国有文化企业使命，推动全民阅读向纵深发展、内容出版高质量发展、图书主业地位更加牢固、公共文化设施建设普惠均衡、资源整合发挥集约效应、资产运营专业化发展、数字化转型精准发力、资本运作加快转型以及全面深化改革取得新成效，为深圳加快建设区域文化中心城市和彰显国家文化软实力的现代文明之城，打造城市文明典范作出新的更大贡献！

唐汉隆，深圳出版集团有限公司党委书记、董事长，

深圳读书月组委会办公室主任

# "图书馆之城"研究

# 2022 年深圳"图书馆之城"阅读报告

深圳图书情报学会 深圳图书馆

2021 年，面对常态化疫情防控形势，深圳市公共图书馆凝心聚力、锐意创新，践行"传承文明、服务社会"的初心使命，深入推进全民阅读，全面提升市民素养，助力公众文化生活更加多姿多彩。

经过近二十年的探索，深圳已基本构建了"一个平台、二层架构、三级垂直、四方联动"的特大城市图书馆总分馆体系。2021 年 7 月，国家发展改革委公布《关于推广借鉴深圳经济特区创新举措和经验做法的通知》，深圳"图书馆之城"作为公共文化服务领域唯一项目被列入《深圳经济特区创新举措和经验做法清单》，体现了国家对深圳地区图书馆事业的充分肯定和更高期望。

截至 2021 年底，深圳共有公共图书馆（室）733 个，其中市级公共图书馆 3 个、区级公共图书馆 9 个、街道及以下基层图书馆（室）721 个，306 个各类自助图书馆（包含城市街区自助图书馆 235 个、24 小时书香亭 71 个），共同形成了覆盖深圳市所有街区的公共图书馆网络体系。深圳市公共图书馆文献总藏量为 5708.07 万册（件），累计持证读者为 358.74 万人。2021 年全市各馆进馆人次达 2085.81 万人次，实体文献外借量达 1688.08 万册次，举办的线上、线下各类读者活动为 1.95 万场。

## 一、统一服务，一证通行，疫情之下服务指标逆势上扬，纷创新高

目前全市 463 个公共图书馆（室）、306 个自助图书馆加入"图书馆之城"统一服务，一证通行，通借通还，服务范围进一步扩大。2021 年，虽受疫情影响，但多项服务指标大幅增长，实现历史突破。

### （一）新增注册读者近 60 万人，同比增长 54.51%，居历年之最

2021 年，深圳"图书馆之城"统一服务平台新增注册读者 59.92 万人，同比增长 54.51%。其中，57.67 万人注册"鹏城励读证"，占比达96.24%。截至 2021 年底，统一服务平台累计持证读者达 341.78 万人。

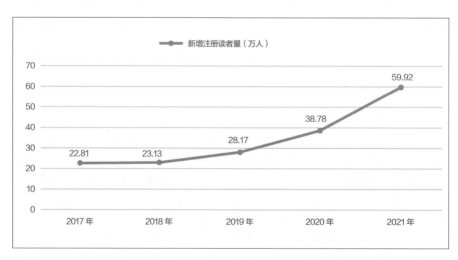

图 5-1 2017—2021 年深圳"图书馆之城"统一服务平台新增注册读者量对比

## （二）文献外借量达1607.19万册次，同比增长79.63%，破历史纪录

1. 2021年，图书馆服务宣传周（2021年5月的最后一周）期间，"图书馆之城"统一服务平台各成员馆启动可借文献"倍增计划"[①]，效果显著。全年统一服务平台文献外借量达1607.19万册次，同比增长79.63%；文献归还量达1173.47万册次，同比增长67.63%。

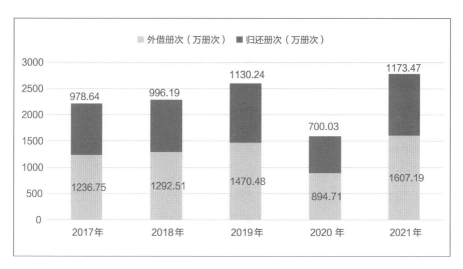

图5-2 2017—2021年深圳"图书馆之城"统一服务平台文献借还量对比

2. 2021年"图书馆之城"统一服务平台外借总量达到历史峰值，各成员馆文献外借量同比增长显著。

---

① "倍增计划"是指鹏城励读证（免押金）可外借中文文献数量由5册提高至10册，普通读者证（押金100元）可外借中文文献数量由10册提高至20册，续借期限起始时间由"从续借成功当天算起"改为"从图书到期日第二天算起"，仍为31天。

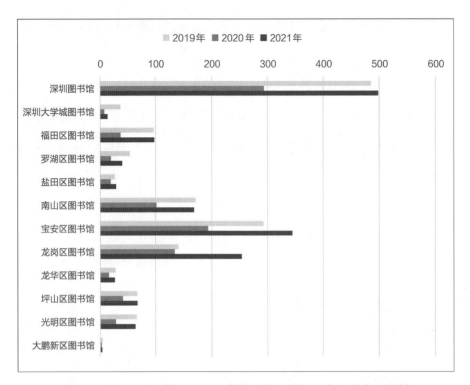

**图 5-3 2019—2021 年深圳"图书馆之城"统一服务平台各成员馆**
**文献外借量（万册次）对比**

**（三）文献跨馆外借量、异地还书量**<sup>①</sup>**同比分别增长 92.52% 和**
**79.82%，"图书馆之城"馆际融合度越来越高**

1. 2021 年，"图书馆之城"统一服务平台文献跨馆外借量达 175.67
万册次，占文献外借总量的 10.93%，同比增长 92.52%。

---

① "图书馆之城"统一服务平台文献可在任一成员馆借还，文献跨馆外借指其他成员馆文献在本馆产生的外借行为，异地还书指读者还书地点与借书地点非同一地点。

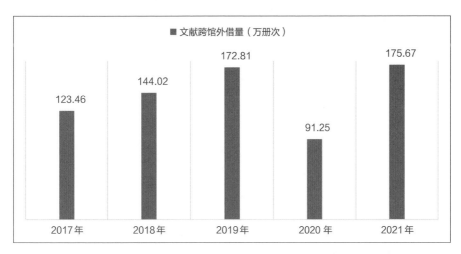

图 5-4 2017—2021 年深圳"图书馆之城"统一服务平台文献跨馆外借量对比

2. 2021 年,"图书馆之城"统一服务平台异地还书量达 208.07 万册次,占文献归还量的 17.73%,同比增长 79.82%。

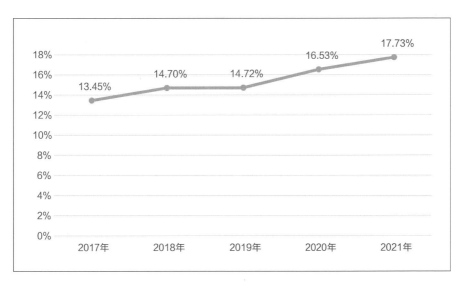

图 5-5 2017—2021 年深圳"图书馆之城"统一服务平台异地还书量占比趋势

3. 读者借阅文献跨馆活跃度有所提升，在 2 家及以上图书馆借阅过文献的读者为 22.78 万人，由 2020 年的 35.64% 升至 2021 年的 40.57%；在 5 家及以上图书馆借阅过文献的读者为 1.08 万人，由 2020 年的 1.15% 升至 2021 年的 1.92%。

4. 2021 年文献转借①量约为 29.59 万册次，同比增长 89.03%。微信仍然是读者转借图书首选的方式，占比高达 95.88%；其次是支付宝城市服务，占比 2.88%；移动版网站占比 0.84%。

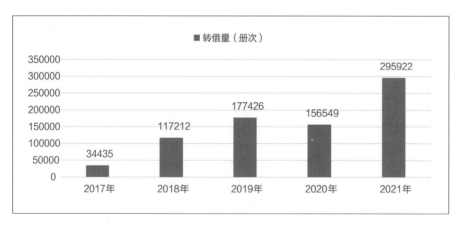

图 5-6　2017—2021 年深圳"图书馆之城"统一服务平台文献转借量对比

### （四）年度外借量最多的读者借阅文献达 2572 册，创历年新高

1. 2021 年，"图书馆之城"统一服务平台共有 56.16 万名读者借过实

---

① 文献转借是指在"图书馆之城"统一服务平台互通互联的基础上，读者无需到图书馆或者自助设备办理图书借还手续，只需通过微信或支付宝的"扫一扫"功能，扫描所借图书的二维码，即可实现自行交换文献，轻松便利分享阅读乐趣。服务流程是：文献转出读者登录手机版"我的图书馆"→打开"我的借阅"→点击图书后面的"转借"按钮→系统弹出二维码→文献转入读者用微信或支付宝的"扫一扫"功能扫描二维码→点击"确认转借"按钮，完成图书转借。

体文献，人均外借量为 28.62 册次，其中女性读者数量是男性读者数量的 1.45 倍，全市外借量最多的读者借阅文献 2572 册次。

2. 年度外借文献 10 册及以上的读者达 29.52 万人，占外借读者人数的 52.56%；年度外借文献 50 册及以上的读者达 9.25 万人，占外借读者人数的 16.47%；年度外借文献 100 册及以上的读者达 3.4 万人，占外借读者人数的 6.05%。

3. 16：00—16：59 仍然是图书馆馆舍借书最繁忙的时段。

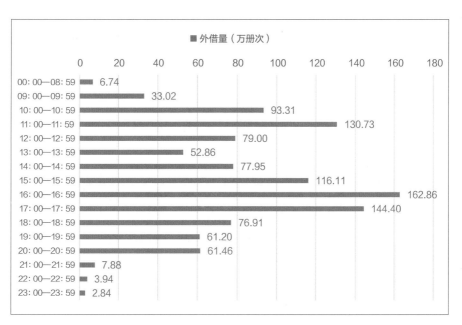

图 5-7 2021 年深圳"图书馆之城"统一服务平台读者到馆外借文献时段分析

4. 20：00—20：59 仍然是自助图书馆借书最繁忙的时段。

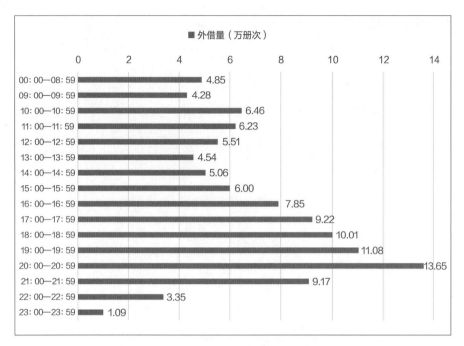

图 5-8　2021 年深圳自助图书馆读者外借文献时段分析

5. 2021 年深圳"图书馆之城"统一服务平台文献续借量达 387.62 万册次，读者续借图书首选移动平台（含"深圳图书馆｜图书馆之城"微信服务号、各馆微信公众号、支付宝城市服务、移动版网站、"i 深圳"微信小程序等），在文献续借总量中占比高达 87.30%；读者还可通过 PC 端登录网站、自助图书馆、拨打服务电话或发送短信进行文献续借，占比分别为 2.62%、0.88%、0.54%。

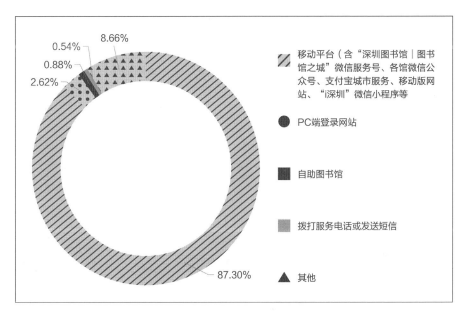

移动平台（含"深圳图书馆｜图书馆之城"微信服务号、各馆微信公众号、支付宝城市服务、移动版网站、"i深圳"微信小程序等

PC端登录网站

自助图书馆

拨打服务电话或发送短信

其他

0.54%　8.66%
0.88%
2.62%
87.30%

图 5-9　2021 年深圳"图书馆之城"统一服务平台文献续借量对比

## （五）外借读者人均借阅量升至 28.62 册，同比增长 40.39%

1. 2021 年，深圳"图书馆之城"统一服务平台持证读者中，80 后人数达 114.01 万人，占持证读者总数的 33.36%；90 后人数为 97.01 万人，占持证读者总数的 28.38%；70 后人数为 48 万人，占持证读者总数的 14.04%。各年龄段持证读者占比增长最多的为 ≤ 10 后，其次为 00 后和 90 后。

2. 2021 年，深圳"图书馆之城"统一服务平台外借读者人数中，80 后外借读者人数达 21.27 万人，占比最多，为 37.87%；90 后外借读者人数达 12.68 万人，占比为 22.58%；≤ 10 后外借读者人数达 7.43 万人。≤ 10 后外借读者人数增幅为 64.43%，居各年龄段首位；90 后外借读者人数增幅为 27.24%，排第二；80 后外借读者人数增幅为 26.47%，紧随其后。

3. 2021 年，深圳"图书馆之城"统一服务平台文献外借量中，80 后外借量达 718.58 万册次，占外借总量的 44.71%，位列第一；≤ 10 后外借量为 269.22 万册次，占比为 16.75%，排第二；70 后外借量为 235.65 万册次，占比为 14.66%，排第三。≤ 10 后外借册次增幅为 133.05%，最为显著；80 后、90 后外借册次增幅分别为 82.12%、75.87%。

4. 2021 年，深圳"图书馆之城"统一服务平台文献外借读者人均借阅量升至 28.62 册，同比增长 40.39%。从各年龄段来看，≤ 10 后外借读者人均借阅量达 36.26 册，排首位；80 后外借读者人均借阅量为 33.79 册，位列第二；≥ 50 后外借读者人均借阅量为 33.45 册，位列第三。60 后、80 后、≤ 10 后外借读者人均借阅量增幅分别为 45.23%、44.00% 和 41.73%，位列前三。

表 5-1 2020—2021 年深圳"图书馆之城"统一服务平台
各年龄段读者外借分析对比

| | 各年龄段 | ≤ 10 后 | 00 后 | 90 后 | 80 后 | 70 后 | 60 后 | ≥ 50 后 |
|---|---|---|---|---|---|---|---|---|
| 2020 年 | 累计注册读者 / 万人 | 13.81 | 23.07 | 75.98 | 100.57 | 44.14 | 12.87 | 6.04 |
| | 各年龄段读者占比 | 4.90% | 8.18% | 26.93% | 35.65% | 15.65% | 4.56% | 2.14% |
| 2021 年 | 累计注册读者 / 万人 | 22.95 | 33.16 | 97.01 | 114.01 | 48.00 | 14.22 | 6.60 |
| | 各年龄段读者占比 | 6.71% | 9.70% | 28.38% | 33.36% | 14.04% | 4.16% | 1.93% |
| 各年龄段读者占比变化 | | 1.82% ↑ | 1.53% ↑ | 1.45% ↑ | 2.29% ↓ | 1.60% ↓ | 0.40% ↓ | 0.21% ↓ |
| 2020 年 | 外借读者人数 / 万人 | 4.52 | 4.46 | 9.97 | 16.82 | 6.28 | 1.05 | 0.74 |
| | 外借读者人数占比 | 10.29% | 10.16% | 22.71% | 38.32% | 14.31% | 2.40% | 1.70% |
| 2021 年 | 外借读者人数 / 万人 | 7.43 | 5.59 | 12.68 | 21.27 | 7.06 | 1.23 | 0.85 |

续表

| | 各年龄段 | ≤10后 | 00后 | 90后 | 80后 | 70后 | 60后 | ≥50后 |
|---|---|---|---|---|---|---|---|---|
| 2021年 | 外借读者人数占比 | 13.22% | 9.95% | 22.58% | 37.87% | 12.57% | 2.20% | 1.51% |
| 外借读者人数增幅 | | 64.43% | 25.25% | 27.24% | 26.47% | 12.42% | 17.29% | 13.64% |
| 2020年 | 外借册次/万册（件） | 115.52 | 75.67 | 113.58 | 394.57 | 150.35 | 20.72 | 17.94 |
| | 外借册次占比 | 12.91% | 8.46% | 12.69% | 44.10% | 16.80% | 2.32% | 2.00% |
| 2021年 | 外借册次/万册（件） | 269.22 | 112.10 | 199.75 | 718.58 | 235.65 | 35.30 | 28.29 |
| | 外借册次占比 | 16.75% | 6.97% | 12.43% | 44.71% | 14.66% | 2.20% | 1.76% |
| 外借册次增幅 | | 133.05% | 48.13% | 75.87% | 82.12% | 56.73% | 70.34% | 57.72% |
| 2020年 | 外借读者人均借阅量/册/人 | 25.58 | 16.97 | 11.40 | 23.46 | 23.94 | 19.69 | 24.10 |
| 2021年 | 外借读者人均借阅量/册/人 | 36.26 | 20.07 | 15.75 | 33.79 | 33.38 | 28.60 | 33.45 |
| 外借读者人均借阅量增幅 | | 41.73% | 18.27% | 38.22% | 44.00% | 39.41% | 45.23% | 38.80% |

（备注：该表不含非居民身份证注册读者外借数据）

## （六）读者搜索热点：《三体》领跑，《哈利·波特》和《PYTHON》热度不减，经典名著稳居前列

《三体》搜索次数达3万多次，《PYTHON》搜索次数约为2.5万次，一直备受读者关注，近三年持续位列搜索排行榜前三。

《哈利·波特》热度持续，近三年一直占据关键词搜索排行榜前五。

《西游记》《平凡的世界》《红楼梦》等经典名著长期深受读者喜爱，近三年均位居排行榜前十。

《被讨厌的勇气》《价值》《亲密关系》等心理学、社会学著作逐步受

到读者关注。

表 5-2　2021 年深圳"图书馆之城"关键词搜索排行榜

| 排名 | 名称 | 搜索次数 | 排名升降情况 |
|:---:|:---:|:---:|:---:|
| 1 | 《三体》 | 30050 | ↑ 2 |
| 2 | 《哈利·波特》 | 27438 | ↓ 1 |
| 3 | 《PYTHON》 | 24859 | ↓ 1 |
| 4 | 《寻宝记》 | 22033 | ↑ 1 |
| 5 | 《西游记》 | 20739 | ↑ 1 |
| 6 | 《平凡的世界》 | 18921 | ↓ 2 |
| 7 | 《斗罗大陆》 | 18666 | ↑ 2 |
| 8 | 《百年孤独》 | 18529 | ↑ 2 |
| 9 | 《红楼梦》 | 18371 | ↓ 2 |
| 10 | 《被讨厌的勇气》 | 16661 | ↑ 58 |
| 11 | 《朝花夕拾》 | 15294 | ↑ 6 |
| 12 | 《小狗钱钱》 | 14626 | ↑ 1 |
| 13 | 《活着》 | 14165 | ↓ 2 |
| 14 | 《价值》 | 13951 | ↑ 25 |
| 15 | 《亲密关系》 | 13203 | ↑ 6 |

（七）"南书房家庭经典阅读书目"推荐图书累计总外借量突破 115 万册次，推荐的多种图书入选 2021 年"图书馆之城"外借排行榜 top 10

1. 2021 年，读者通过"图书馆之城"统一服务平台借阅推荐图书 28.15 万册次，其中中国文学类图书外借量最高，达 11.6 万册次，占 41.21%；外国文学类图书达 9.6 万册次，占 34.10%；历史、地理类图书外借量为 2.4 万册次，占 8.53%；自然科学类图书外借量为 1.5 万册次，占 5.33%。2014—2021 年，"南书房家庭经典阅读书目"240 种推荐图书累计总外借量达 115.59 万册次。

表 5-3 2014—2021 年深圳图书馆"南书房家庭经典阅读书目"<br/>240 种推荐图书年均外借排行榜

| 排名 | 图书名称（不限版本） | 推荐年份 | 借阅册次/册 |
|---|---|---|---|
| 1 | 西游记/（明）吴承恩 著 | 2014 年 | 12554 |
| 2 | 三国演义/（明）罗贯中 著 | 2014 年 | 11106 |
| 3 | 红楼梦/（清）曹雪芹 著 | 2014 年 | 10927 |
| 4 | 海底两万里/（法）儒勒·凡尔纳 著 | 2019 年 | 10715 |
| 5 | 绿野仙踪/（美）弗兰克·鲍姆 著 | 2019 年 | 10614 |
| 6 | 城南旧事/林海音 著 | 2020 年 | 9136 |
| 7 | 水浒传/（明）施耐庵 著 | 2014 年 | 8375 |
| 8 | 昆虫记/（法）让－亨利·卡西米尔·法布尔 著 | 2014 年 | 8294 |
| 9 | 伊索寓言/（古希腊）伊索 著 | 2018 年 | 7977 |
| 10 | 鲁滨孙漂流记/（英）丹尼尔·笛福 著 | 2018 年 | 7140 |
| 11 | 格列佛游记/（英）乔纳森·斯威夫特 著 | 2020 年 | 6614 |
| 12 | 平凡的世界/路遥 著 | 2019 年 | 5544 |
| 13 | 史记/（汉）司马迁 著 | 2014 年 | 5468 |
| 14 | 封神演义/（明）许仲琳 著 | 2020 年 | 4412 |
| 15 | 柳林风声/（英）肯尼斯·格雷厄姆 著 | 2021 年 | 4254 |
| 16 | 乌合之众/（法）古斯塔夫·勒庞 著 | 2020 年 | 4035 |
| 17 | 射雕英雄传/金庸 著 | 2019 年 | 3273 |
| 18 | 悲惨世界/（法）维克多·雨果 著 | 2016 年 | 3009 |
| 19 | 夏洛的网/（美）E.B.怀特 著 | 2018 年 | 2814 |
| 20 | 资治通鉴/（宋）司马光 著 | 2015 年 | 2781 |

2."南书房家庭经典阅读书目"推荐图书中，《非暴力沟通》和《夏洛的网》均上榜 2021 年深圳"图书馆之城"统一服务平台图书外借综合排行榜 top 10，其他推荐图书如《邓小平时代》《乡土中国》《思考，快与慢》《如何阅读一本书》《百年孤独》《万历十五年》《傅雷家书》《苏东坡

传》《时间简史》等 13 种图书也进入 2021 年深圳 "图书馆之城" 统一服务平台外借分类排行榜 top 10，且大都连年上榜，借阅量不断增长、排名不断上升。深圳市民对经典阅读的兴趣持续升温，阅读品位不俗。

### （八）城市街区自助图书馆累计文献借还人次突破 1000 万人次，借还量超过 2700 万册次

2021 年，深圳市 235 个城市街区自助图书馆外借文献 99.27 万册次，归还文献 165.77 万册次，同比分别增长 38.22%、52.19%；截至 2021 年底，累计文献借还人次超过 1052 万人次，借还量达 2762.46 万册次。

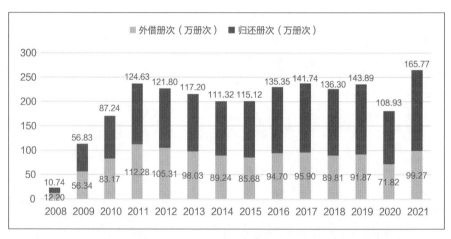

图 5-10  2008—2021 年深圳市城市街区自助图书馆文献借还量对比

2021 年，深圳市城市街区自助图书馆预借①申请图书 28.44 万册次，图书馆配送图书 27.76 万册次，同比分别增长 45.92%、47.19%；截至

---

① 预借服务是指读者无须到馆，通过访问深圳图书馆网站、深圳图书馆微信公众号、支付宝城市服务等渠道进行网上预约选书，取书方式可选择城市街区自助图书馆自取或快递到家。

2021 年底，累计预借申请图书 231.29 万册次，图书馆配送图书 219.58 万册次。

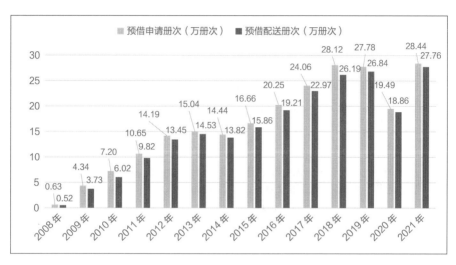

图 5-11　2008—2021 年深圳市城市街区自助图书馆文献预借服务量对比

## （九）图书外借综合与分类排行榜

图书分类借阅排行榜中，文学，文化、科学、教育、体育，艺术，历史、地理，经济，工业技术，哲学、宗教，语言、文字，生物科学，医药、卫生十大类别位居前列。其中，文学类图书历年均遥遥领先。

表 5-4　2021 年深圳"图书馆之城"统一服务平台图书分类外借量排行榜

| 排名 | 图书类目 | 外借量 / 万册次 |
| --- | --- | --- |
| 1 | I 文学 | 887.51 |
| 2 | G 文化、科学、教育、体育 | 106.61 |
| 3 | J 艺术 | 97.57 |
| 4 | K 历史、地理 | 81.97 |
| 5 | F 经济 | 71.21 |
| 6 | T 工业技术 | 61.14 |

续表

| 排名 | 图书类目 | 外借量 / 万册次 |
|---|---|---|
| 7 | B 哲学、宗教 | 56.36 |
| 8 | H 语言、文字 | 46.11 |
| 9 | Q 生物科学 | 35.86 |
| 10 | R 医药、卫生 | 28.39 |

表 5-5　2021 年深圳"图书馆之城"统一服务平台图书外借综合排行榜

| 排名 | 图书名称 | 借阅次数 |
|---|---|---|
| 1 | 哈利·波特与魔法石 /（英）J.K. 罗琳 著；苏农 译 | 4383 |
| 2 | 窗边的小豆豆 /（日）黑柳彻子 著；（日）岩崎千弘 图；赵玉皎 译 | 3713 |
| 3 | 大中华寻宝系列：北京寻宝记 / 孙家裕 编创；邬城琪 编剧；尚嘉鹏 漫画 | 3473 |
| 4 | 非暴力沟通 /（美）马歇尔·卢森堡 著；阮胤华 译 | 2545 |
| 5 | 没头脑和不高兴 / 任溶溶 著 | 2464 |
| 6 | 米小圈上学记：来自未来的我 / 北猫 著 | 2430 |
| 7 | 米小圈漫画成语：马不停蹄 / 北猫 编著 | 2344 |
| 8 | 夏洛的网 /（美）E.B. 怀特 著；任溶溶 译 | 2337 |
| 9 | 人类简史：从动物到上帝 /（以）尤瓦尔·赫拉利 著；林俊宏 译 | 2269 |
| 10 | 解忧杂货店 /（日）东野圭吾 著；李盈春 译 | 2258 |

表 5-6　2021 年深圳"图书馆之城"统一服务平台图书外借分类排行榜

| 排名 | A 马克思主义、列宁主义、毛泽东思想、邓小平理论 | 借阅次数 |
|---|---|---|
| 1 | 毛泽东选集·第一卷 / 毛泽东 著 | 513 |
| 2 | 毛泽东传 /（英）迪克·威尔逊 著；中共中央文献研究室《国外研究毛泽东思想资料选辑》编辑组 译 | 363 |
| 3 | 毛泽东传（名著珍藏版、插图本）/（美）罗斯·特里尔 著；何宇光，刘加英 译 | 350 |
| 4 | 邓小平时代 /（美）傅高义 著；冯克利 译 | 335 |
| 5 | 像毛泽东那样读书 / 徐中远 著 | 320 |
| 6 | 共产党宣言 /（德）马克思，恩格斯 著；中共中央马克思恩格斯列宁斯大林著作编译局 编译 | 319 |
| 7 | 邓小平传（图文珍藏版）/（英）理查德·伊文思 著；田山 译 | 266 |

续表

| 排名 | A 马克思主义、列宁主义、毛泽东思想、邓小平理论 | 借阅次数 |
|------|------|------|
| 8 | 资本论（少儿彩绘版）/ 李晓鹏 著；庞坤 绘 | 229 |
| 9 | 毛泽东自传（中英文插图典藏版）/（美）埃德加·斯诺 笔录；汪衡 译 | 225 |
| 10 | 毛泽东诗词欣赏（插图本）/ 周振甫 著 | 207 |

| 排名 | B 哲学、宗教 | 借阅次数 |
|------|------|------|
| 1 | 自控力：斯坦福大学广受欢迎心理学课程 /（美）凯利·麦格尼格尔 著；王岑卉 译 | 1103 |
| 2 | 蛤蟆先生去看心理医生 /（英）罗伯特·戴博德 著；陈赢 译 | 915 |
| 3 | 被讨厌的勇气："自我启发之父"阿德勒的哲学课 /（日）岸见一郎，古贺史健 著；渠海霞 译 | 914 |
| 4 | 高效能人士的七个习惯（钻石版）/（美）史蒂芬·柯维 著；高新勇，王亦兵，葛雪蕾 译 | 902 |
| 5 | 半小时漫画中国哲学史：其实是一本严谨的极简中国哲学史 / 陈磊·半小时漫画团队 著 | 798 |
| 6 | 刻意练习：如何从新手到大师 /（美）安德斯·艾利克森，罗伯特·普尔 著；王正林 译 | 796 |
| 7 | 小学生心理学漫画2 自信力：我不能没有勇气和自信 / 小禾心理研究所 著 | 719 |
| 8 | 孔子的故事 / 李长之 著 | 703 |
| 9 | 心流：最优体验心理学 /（美）米哈里·契克森米哈赖 著；张定绮 译 | 630 |
| 10 | 人间值得 /（日）中村恒子，奥田弘美 著；范宏涛 译 | 614 |

| 排名 | C 社会科学总论 | 借阅次数 |
|------|------|------|
| 1 | 非暴力沟通 /（美）马歇尔·卢森堡 著；阮胤华 译 | 2545 |
| 2 | 乡土中国 / 费孝通 著 | 1697 |
| 3 | 原则 /（美）瑞·达利欧 著；刘波，慕相 译 | 1378 |
| 4 | 我们的一天 / 真真 著；垂垂 绘 | 608 |
| 5 | 亲密关系：通往灵魂的桥梁 /（加）克里斯多福·孟 著；张德芬，余蕙玲 译 | 551 |
| 6 | 可复制的沟通力：樊登的10堂表达课 / 樊登 著 | 459 |
| 7 | 亲密关系 /（美）罗兰·米勒，丹尼尔·珀尔曼 著；王伟平 译 | 430 |
| 8 | 把自己作为方法：与项飙谈话 / 项飙，吴琦 著 | 415 |
| 9 | 超有料漫画人类史 / 韩明辉 著 | 413 |
| 10 | 把时间当作朋友 / 李笑来 著；沈璜 校注；胖兔子粥粥 插画 | 336 |

续表

| 排名 | D 政治、法律 | 借阅次数 |
|------|------|------|
| 1 | 给青年的十二封信 / 朱光潜 著 | 996 |
| 2 | 习近平讲故事（少年版）/ 人民日报评论部 著 | 559 |
| 3 | 中国历代政治得失 / 钱穆 著 | 451 |
| 4 | 习近平谈治国理政·第三卷 / 习近平 著 | 326 |
| 5 | 刑法学讲义 / 罗翔 著 | 320 |
| 6 | 幽微的人性 / 李玫瑾 著 | 315 |
| 7 | 破案术大全 /（英）拉切尔·莱特 原著;（英）罗斯特·罗伯特森 绘; 阎庚 译 | 259 |
| 8 | 骑士时代: 城堡、比武大会和贵族女性 /（德）安德烈·沙勒 著; 林纯洁 译 | 257 |
| 9 | 中国共产党简史 /《中国共产党简史》编写组 编著 | 218 |
| 10 | 中华人民共和国民法典（实用版）/ 中国法制出版社 汇编 | 218 |

| 排名 | E 军事 | 借阅次数 |
|------|------|------|
| 1 | 特种兵学校之战机学校: 战斗机和轰炸机 / 八路 著 | 554 |
| 2 | 漫画讲透孙子兵法·卷一: 知己知彼，一战而定 / 华杉 著 | 471 |
| 3 | 三十六计 / 龚勋 主编 | 321 |
| 4 | 战争是这么回事啊 / 邢越 主编 | 292 |
| 5 | 孙子兵法 /（春秋）孙武 著; 海豚传媒 编; 李婷 绘 | 286 |
| 6 | 三十六计（彩图本）/ 佚名 原著; 故事天堂工作室 改编; 故事天堂工作室 绘画 | 244 |
| 7 | 航母，启程了! / 贾超为，王懿墨 著; 胡佳宁，知谦动漫 绘 | 238 |
| 8 | 三十六计 / 曾德伟 编; 心境插画工作室 绘 | 234 |
| 9 | 三十六计 / 佚名 原著; 闫仲渝 主编 | 234 |
| 10 | 华杉讲透孙子兵法 / 华杉 著 | 232 |

续表

| 排名 | F 经济 | 借阅次数 |
|---|---|---|
| 1 | 我们怎样走遍世界 / 巴娜娜，张帅军，赵菁 文；赵梦雅 图 | 1218 |
| 2 | 聪明的投资者 /（美）本杰明·格雷厄姆 著；王中华，黄一义 译 | 1204 |
| 3 | 商贸，从贝壳到丝绸 / 肖灵轩，张意浓，佟欣鑫 文；张洛溪 图 | 1053 |
| 4 | 薛兆丰经济学讲义 / 薛兆丰 著 | 1027 |
| 5 | 半小时漫画经济学 2：金融危机篇 / 陈磊·半小时漫画团队 著 | 982 |
| 6 | 思考，快与慢 /（美）丹尼尔·卡尼曼 著；胡晓姣，李爱民，何梦莹 译 | 831 |
| 7 | 投资最重要的事：顶尖价值投资者的忠告 /（美）霍华德·马克斯 著；李莉，石继志 译 | 822 |
| 8 | 见识 / 吴军 著 | 797 |
| 9 | 反脆弱：从不确定性中获益 /（美）纳西姆·尼古拉斯·塔勒布 著；雨珂 译 | 779 |
| 10 | 投资中最简单的事（更新版）/ 邱国鹭 著 | 767 |

| 排名 | G 文化、科学、教育、体育 | 借阅次数 |
|---|---|---|
| 1 | 如何阅读一本书 /（美）莫提默·J.艾德勒，查尔斯·范多伦 著；郝明义，朱衣 译 | 1571 |
| 2 | 米小圈脑筋急转弯：机灵小神童 / 北猫 编著 | 1316 |
| 3 | 未来简史：从智人到神人 /（以）尤瓦尔·赫拉利 著；林俊宏 译 | 1168 |
| 4 | 正面管教：如何不惩罚、不娇纵地有效管教孩子（修订版）/（美）简·尼尔森 著；玉冰 译 | 1070 |
| 5 | 学会说"不"！：一本教你学会说"不"和"是"的书 /（荷）桑德琳·范德杜夫 著；（荷）玛丽安·拉托尔 绘；刘畅 译 | 694 |
| 6 | 运动，真美妙！/（德）奥勒·肯内克 著；李柯薇 译 | 642 |
| 7 | 好妈妈胜过好老师：一个教育专家 16 年的教子手记 / 尹建莉 著 | 619 |
| 8 | 神笔马良 / 洪汛涛 著 | 599 |
| 9 | 小小飞行员 /（英）本吉·戴维斯 著绘；喻之晓 译 | 581 |
| 10 | 请不要生气 /（日）楠茂宣 著；（日）石井圣岳 绘；金海英 译 | 528 |

续表

| 排名 | H 语言、文字 | 借阅次数 |
|---|---|---|
| 1 | 揭秘汉字 / 郭志瑞，惠旋 文；老老老鱼 图 | 1161 |
| 2 | 金字塔原理：思考、表达和解决问题的逻辑 /（美）芭芭拉·明托 著；汪洱，高愉 译 | 868 |
| 3 | 好好说话：新鲜有趣的话术精进技巧 / 马薇薇，黄执中，周玄毅 等著 | 662 |
| 4 | 蔡康永的说话之道 / 蔡康永 著；兔斯基团队 插画 | 641 |
| 5 | 我们的汉字：任溶溶写给孩子的汉字书 / 任溶溶 著 | 523 |
| 6 | 蔡康永的说话之道 2 / 蔡康永 著；兔斯基团队 插画 | 491 |
| 7 | 好好说话 2：简单有效的高情商沟通术 / 马薇薇，黄执中，周玄毅 等著 | 415 |
| 8 | 英语单词大书 /（英）梅丽·麦金农 著；（英）凯特·欣德利 绘；周彩萍 译 | 415 |
| 9 | 我要走在最前面 /（英）理查德·伯恩 著绘；余治莹 译 | 410 |
| 10 | 在教室说错了没关系 /（日）蒔田晋治 文；（日）长谷川知子 图；吴佳芬 译 | 407 |

| 排名 | I 文学 | 借阅次数 |
|---|---|---|
| 1 | 哈利·波特与魔法石 /（英）J.K. 罗琳 著；苏农 译 | 4383 |
| 2 | 窗边的小豆豆 /（日）黑柳彻子 著；（日）岩崎千弘 图；赵玉皎 译 | 3713 |
| 3 | 没头脑和不高兴 / 任溶溶 著 | 2464 |
| 4 | 米小圈上学记：来自未来的我 / 北猫 著 | 2430 |
| 5 | 夏洛的网 /（美）E.B. 怀特 著；任溶溶 译 | 2337 |
| 6 | 解忧杂货店 /（日）东野圭吾 著；李盈春 译 | 2258 |
| 7 | 了不起的狐狸爸爸 /（英）罗尔德·达尔 著；（英）昆廷·布莱克 绘；代维 译 | 2168 |
| 8 | 百年孤独 /（哥）加西亚·马尔克斯著；范晔 译 | 2143 |
| 9 | 宝葫芦的秘密 / 张天翼 著 | 1897 |
| 10 | 猜猜我有多爱你 /（爱）山姆·麦克布雷尼著 /（英）安妮塔·婕朗 图；梅子涵 译 | 1890 |

续表

| 排名 | J 艺术 | 借阅次数 |
|---|---|---|
| 1 | 大中华寻宝系列：北京寻宝记 / 孙家裕 编创；邬城琪 编剧；尚嘉鹏 漫画 | 3473 |
| 2 | 米小圈漫画成语：马不停蹄 / 北猫 编著 | 2344 |
| 3 | 俄罗斯寻宝记 /（韩）小熊工作室 文；（韩）姜境孝 图；刘畅 译 | 1578 |
| 4 | 三毛流浪记：全集 / 张乐平 原作 | 1552 |
| 5 | 荷花镇的早市 / 周翔 文 / 图 | 1216 |
| 6 | 淘气包马小跳 15：超级市长（漫画升级版）/ 杨红樱 著 | 1090 |
| 7 | 如果历史是一群喵：春秋战国篇 / 肥志 编绘 | 1028 |
| 8 | 同一个月亮 / 几米 著 | 1002 |
| 9 | 秦朝寻宝记 / 京鼎动漫 著 | 939 |
| 10 | 三毛从军记：全集 / 张乐平 原著 | 919 |

| 排名 | K 历史、地理 | 借阅次数 |
|---|---|---|
| 1 | 人类简史：从动物到上帝 /（以）尤瓦尔·赫拉利 著；林俊宏 译 | 2269 |
| 2 | 万历十五年 / 黄仁宇 著 | 1846 |
| 3 | 半小时漫画中国史：其实是一本严谨的极简中国史 / 二混子 著 | 1831 |
| 4 | 傅雷家书 / 傅雷，朱梅馥，傅聪 等著；傅敏 编 | 1762 |
| 5 | 苏东坡传 / 林语堂 著；张振玉 译 | 1683 |
| 6 | 半小时漫画世界史 / 陈磊 著 | 1628 |
| 7 | 家，我们从哪里来 / 段丽彬，陈慰，洪韵 文；苏小芮 图 | 1202 |
| 8 | 大河，我们的开始 / 刘林琳，黄宋，牛志华 文；梁惠然 图 | 1120 |
| 9 | 中国通史 / 吕思勉 著 | 1052 |
| 10 | 名人传 /（法）罗曼·罗兰 著；傅雷 译 | 968 |

续表

| 排名 | N 自然科学总论 | 借阅次数 |
|---|---|---|
| 1 | 万物简史（少儿彩绘版）/（英）比尔·布莱森 著；严维明 译 | 834 |
| 2 | 半小时漫画科学史 / 陈磊·半小时漫画团队 著 | 827 |
| 3 | 揭秘自然 /（英）保罗·维尔文 ;（英）茉莉安娜·斯沃尼 图；龙彦 译 | 736 |
| 4 | 让孩子着迷的 77×2 个经典科学游戏 /（日）后藤道夫 著；施雯黛，王蕴洁 译 | 608 |
| 5 | 科学 10×10：改变人类的 100 个科学发现 /（英）丽莎·简·吉莱斯皮 著；杜钰凯 绘；邓逗逗 译 | 467 |
| 6 | 全球科技通史 / 吴军 著 | 444 |
| 7 | 发现与发明 / 美国大英百科全书公司，（韩）波波讲故事 编著；金大地 绘；易乐文 译 | 443 |
| 8 | 尖端科技 / 美国大英百科全书公司，(韩)波波讲故事 编著；图恩 绘；章科佳 译 | 429 |
| 9 | 不可思议的发明 /（波）玛乌戈热塔·梅切尔斯卡 文 ;（波）亚历山德拉·米热林斯卡，丹尼尔·米热林斯基 图；乌兰，李佳 译 | 423 |
| 10 | 揭秘地下 / 英国尤斯伯恩出版公司 编著；褚秀丽 译 | 409 |

| 排名 | O 数理科学和化学 | 借阅次数 |
|---|---|---|
| 1 | 给孩子讲量子力学 / 李淼 著 | 937 |
| 2 | 揭秘数学 /（英）克里斯·奥克雷德 文 ;（英）蒂姆·布拉德福德 图；董丽楠 译 | 877 |
| 3 | 揭秘物理 /（英）克里斯·奥克雷德 文 ;（荷）安妮·帕斯齐尔 图；王旭华 译 | 791 |
| 4 | 揭秘化学 /（英）克里斯·奥克雷德 文 ;（英）多诺·奥马利 图；肖梦 译 | 701 |
| 5 | 上帝掷骰子吗：量子物理史话 / 曹天元 著 | 629 |
| 6 | 揭秘数学 / 英国尤斯伯恩出版公司 编著；蔡婷婷 译 | 559 |
| 7 | 揭秘乘法表 / 英国尤斯伯恩出版公司 编著；褚秀丽 译 | 491 |
| 8 | 揭秘元素周期表 / 英国尤斯伯恩出版公司 编著；褚秀丽 译 | 460 |
| 9 | 给孩子讲相对论 / 李淼，王爽 著 | 459 |
| 10 | 揭秘加减法 / 英国尤斯伯恩出版公司 编著；曼青 译 | 452 |

续表

| 排名 | P 天文学、地球科学 | 借阅次数 |
|---|---|---|
| 1 | 一秒有多长：用直观的方式让孩子理解时间 /（美）史蒂夫·詹金斯 著；李亦然 译 | 1293 |
| 2 | 揭秘夜晚 /（英）保罗·维尔 文；（哥）路易斯·乌里比 图；董丽楠 译 | 1128 |
| 3 | 揭秘二十四节气 / 鸿雁 文；须叀 图 | 1110 |
| 4 | 揭秘海洋 /（英）阿妮塔·盖恩瑞，克里斯·奥克雷德 文；（以）加利亚·伯恩斯坦 图；王旭华 译 | 956 |
| 5 | 时间简史（插图本）/（英）史蒂芬·霍金 著；许明贤，吴忠超 译 | 943 |
| 6 | 揭秘太空 /（英）克里斯·奥克雷德，阿妮塔·盖恩瑞 文；（美）马克·奥利弗 图；王旭华 译 | 923 |
| 7 | 揭秘地球 /（英）克里斯·奥克雷德，阿妮塔·盖恩瑞 文；（美）斯蒂芬妮·科尔曼 图；翁建武 译 | 859 |
| 8 | 揭秘丛林 /（英）保罗·维尔 文；（英）加文·斯科特 图；陈瑞泽 译 | 826 |
| 9 | 揭秘海洋 /（英）保罗·维尔 文；（英）安迪·罗兰 图；王旭华 译 | 725 |
| 10 | 星星离我们有多远 / 卞毓麟 著 | 657 |

| 排名 | Q 生物科学 | 借阅次数 |
|---|---|---|
| 1 | 昆虫记 /（法）让－亨利·法布尔 著；陈筱卿 译 | 1998 |
| 2 | 揭秘恐龙 /（英）克里斯·奥克雷德，阿妮塔·盖恩瑞 文；（英）迈克·洛夫 图；肖梦 译 | 970 |
| 3 | 从一粒种子开始 /（英）劳拉·诺尔斯 文；（英）珍妮·韦伯 图；范晓星 译 | 959 |
| 4 | 恐龙世界寻宝记 1：闪电幻兽 / 京鼎动漫 著 | 945 |
| 5 | 自私的基因（40 周年增订版）/（英）理查德·道金斯 著；卢允中 等译 | 814 |
| 6 | 细菌世界历险记 / 高士其 著 | 808 |
| 7 | 一粒种子的旅行 /（德）安妮·默勒 文 / 图；王乾坤 译 | 804 |
| 8 | 揭秘动物 /（英）保罗·维尔 文；（英）蕾切尔·桑德斯 图；董丽楠 译 | 778 |
| 9 | 揭秘昆虫 /（英）罗德·格林 文；（英）迈克·洛夫 图；赵宇欣 译 | 730 |
| 10 | 赛雷三分钟漫画人类简史 / 赛雷 著绘 | 701 |

续表

| 排名 | R 医药、卫生 | 借阅次数 |
|---|---|---|
| 1 | 揭秘人体 /（英）克里斯·奥克雷德，阿妮塔·盖恩瑞，艾伦·比查，编著；巩小图，译 | 878 |
| 2 | 牙齿宝宝爱洗澡 / Abc 牙医集团，谢尚廷，吴妮蓉 著 | 740 |
| 3 | 赛雷三分钟漫画：病毒、细菌与人类 / 赛雷 著 | 584 |
| 4 | 人体简史：你的身体 30 亿岁了 /（英）比尔·布莱森 著；闾佳 译 | 552 |
| 5 | 打怪兽的 10 个方法 / 董芮寒 著 | 541 |
| 6 | 不做虫牙的好朋友 /（日）加古里子 著；刘洋 译 | 474 |
| 7 | 本草纲目（少儿彩绘版）/ 王秋玲 著；斯琴图 绘 | 472 |
| 8 | 半小时漫画预防常见病 / 陈磊·半小时漫画团队 著 | 466 |
| 9 | 写给孩子的新型冠状病毒科普绘本 / 安潇 著；沙棠文创社 绘 | 418 |
| 10 | 杀人疾病全记录 /（英）尼克·阿诺德 原著；（英）托尼·德·索雷斯 绘；朱子仪 译 | 416 |

| 排名 | S 农业科学 | 借阅次数 |
|---|---|---|
| 1 | 树 /（意）皮亚·瓦伦提里斯，莫罗·埃万杰利斯塔 绘图；陈阳 译 | 466 |
| 2 | 牵牛花 /（日）荒井真纪 著；黄锐 译 | 376 |
| 3 | 狗聪明还是猫聪明？/（美）史蒂夫·詹金斯 著；曾菡 译 | 361 |
| 4 | 森林 / 张双 文；四叶 图 | 356 |
| 5 | 奇妙的蜂巢 /（美）乔安娜·柯尔 文；（美）布鲁斯·迪根 图；蒲公英童书馆 译 | 283 |
| 6 | 森林报（注音版）/（苏）维·比安基 著；周小波 改写；丁秦 绘画 | 260 |
| 7 | 水果的秘密 /（日）盛口满 著绘；杨媛 译 | 251 |
| 8 | 揭秘雨林 / 英国尤斯伯恩出版公司 编著；景佳 译 | 249 |
| 9 | 穿越侏罗纪原始森林 /（美）陈振盼 著绘；李振基 译 | 248 |
| 10 | 农场动物们 /（英）DK 公司 编著；朵朵 译 | 235 |

续表

| 排名 | T 工业技术 | 借阅次数 |
|---|---|---|
| 1 | 富爸爸穷爸爸 /（美）罗伯特·清崎 著；萧明 译 | 1301 |
| 2 | 我们祖先的餐桌 / 牛志华，黄宋 文；刘静 图 | 1145 |
| 3 | 揭秘机器人 /（英）克里斯·奥克雷德，阿妮塔·盖恩瑞 文；（美）丹尼尔·朗 图；王旭华 译 | 997 |
| 4 | 小狗钱钱 /（德）博多·舍费尔 著；文燚 译 | 902 |
| 5 | 揭秘房屋 /（英）克里斯·奥克雷德，阿妮塔·盖恩瑞 文；（英）亚历山大·佐罗提克 图；孟娜 译 | 860 |
| 6 | 断舍离 /（日）山下英子 著；贾耀平 译 | 740 |
| 7 | 数学之美 / 吴军 著 | 722 |
| 8 | 揭秘建筑 /（英）阿妮塔·盖恩瑞，克里斯·奥克雷德 文；（英）丹尼尔·朗 图；王旭华 译 | 712 |
| 9 | 给孩子讲人工智能 / 涂子沛 著；童趣出版有限公司 编 | 568 |
| 10 | 小家，越住越大 3 / 逯薇 著绘 | 491 |

| 排名 | U 交通运输 | 借阅次数 |
|---|---|---|
| 1 | 揭秘汽车 /（英）克里斯·奥克雷德，阿妮塔·盖恩瑞 文；王丹蕾 译 | 846 |
| 2 | 铁路通车了 / 徐凯，向上 著；张澎 绘 | 768 |
| 3 | 揭秘火车 /（英）保罗·维尔 文；（英）亚当·拉克姆 图；程耀仪 译 | 746 |
| 4 | 揭秘船舶 /（英）阿妮塔·盖恩瑞，克里斯·奥克雷德 文；（英）尼克·哈德卡斯尔 图；巩小 图 译 | 710 |
| 5 | 高铁出发了 / 曹慧思，董光磊 著；王莉莉 绘 | 708 |
| 6 | 地铁开工了 /（日）加古里子 著；肖潇 译 | 686 |
| 7 | 超级大桥通车了 / 田恬，曹慧思 著；管治国 绘 | 634 |
| 8 | 坐着高铁去新疆 / 贝贝熊童书馆 文；李健 图 | 602 |
| 9 | 超级港口建成了 / 中交三航院 著；张澎 绘 | 597 |
| 10 | 揭秘火车 / 英国尤斯伯恩出版公司 编著；景佳 译 | 521 |

续表

| 排名 | Ⅴ 航空、航天 | 借阅次数 |
|---|---|---|
| 1 | 揭秘机场 /（英）保罗·维尔 文；（英）乔尔勒·德里德米 图；董丽楠 译 | 625 |
| 2 | 第一次坐飞机 /（日）宾美由纪 著；李力丰 译 | 447 |
| 3 | 我想去太空 / 张智慧 著；郭丽娟，酒亚光，王雅娴 绘 | 445 |
| 4 | 你好！空间站 / 张智慧，郭丽娟 著；酒亚光，王雅娴 绘 | 398 |
| 5 | 如何成为宇航员 /（英）希拉·卡纳尼 文；（阿）索尔·利内罗 图；钟虔虔 译 | 365 |
| 6 | 揭秘太空 / 英国尤斯伯恩出版公司 编著；蔡婷婷 译 | 361 |
| 7 | 尤斯伯恩看里面：揭秘航天器 / 英国尤斯伯恩出版公司 编著；纪园园 译 | 358 |
| 8 | 飞船升空了 / 张智慧 著；郭丽娟，酒亚光，王雅娴 绘 | 356 |
| 9 | 揭秘汽车 /（英）保罗·维尔 文；（英）波林·里维斯 图；龙彦 译 | 330 |
| 10 | 中国儿童太空百科全书：中国航天 /《中国儿童太空百科全书》编委会 编著 | 330 |

| 排名 | Ⅹ 环境科学、安全科学 | 借阅次数 |
|---|---|---|
| 1 | 揭秘垃圾 /（英）阿妮塔·盖恩瑞，克里斯·奥克雷德 文；（英）汉娜·贝利 图；王旭华 译 | 887 |
| 2 | 我的垃圾去哪儿了：关于垃圾分类和再生的一切 /（加）艾瑞尔·菲微 著；（加）比尔·斯莱 绘；王若绮 译 | 350 |
| 3 | 我家的垃圾去哪儿了 /（土）西玛·奥兹坎 著；（土）奥罕·阿塔 绘；宋汐 译 | 342 |
| 4 | 环保超人奇妙之旅 /（韩）波波讲故事 著；（韩）崔宇彬 绘；沈家佳 译 | 337 |
| 5 | 女孩的自我保护 / 燕子 编绘 | 335 |
| 6 | 小蚯蚓的"垃圾"美食 /（土）西玛·奥兹坎 著；（土）奥罕·阿塔 绘；宋汐 译 | 333 |
| 7 | 尤斯伯恩看里面：揭秘垃圾 / 英国尤斯伯恩出版公司 编著；褚秀丽 译 | 329 |
| 8 | 地震 / 王椿然 文 / 图 | 316 |
| 9 | 火灾 / 王椿然 文 / 图 | 314 |
| 10 | 揭秘环境保护 / 英国尤斯伯恩出版公司 编著；曼青 译 | 306 |

| 排名 | Z 综合性图书 | 借阅次数 |
|---|---|---|
| 1 | 漫画科普：比知识有趣的冷知识 / 锄见 编绘 | 848 |
| 2 | 揭秘地下 /（英）克里斯·奥克雷德，阿妮塔·盖恩瑞 文；（以）加利亚·伯恩斯坦 图；翁建武 译 | 845 |
| 3 | 植物大战僵尸 2 武器秘密之你问我答科学漫画：科学探险卷 / 笑江南 编绘 | 609 |
| 4 | 给孩子讲大数据 / 涂子沛 著；童趣出版有限公司 编 | 573 |
| 5 | 儿童百问百答 46：科学的学习方法 /（韩）权灿好 文；（韩）孙钟根 图；沈晓玲 译 | 545 |
| 6 | 身体 /（英）卡伦·布朗 著；（英）雷切尔·桑德斯 绘；朱雯霏 译 | 464 |
| 7 | 身边的科学 /（日）小石新八 主编；（日）荒贺贤二 绘；张羽佳 译 | 457 |
| 8 | 大自然的一年 /（英）海伦·阿普恩斯瑞 著；李遥岑 译 | 455 |
| 9 | 我的第一套视觉百科：恐龙 / 张功学 主编 | 423 |
| 10 | 地球 /（英）卡伦·布朗 著；（英）韦斯利·罗宾斯 绘；朱雯霏 译 | 415 |

## 二、数字资源海量优质，新媒体服务持续创新，云上图书馆广受欢迎 ①

深圳图书馆目前拥有 93 个数据库，共有 600 万册（件）电子文献，内容涉及人文、经济、科学、法律等领域，涵盖学术期刊、学位论文、会议论文、专利标准、研究报告等资源类型。其中，自建数据库为 12 个，包括"深圳记忆"专题数据库、"深图视听"读者活动库、深圳图书馆古籍数字平台等；读者可通过移动端访问其中的 24 个数据库。

① 此部分以深圳图书馆为例。

## （一）多渠道快捷访问数字资源，市民随时随地畅享云阅读

市民读者可通过 PC 端登录深圳图书馆网站，或通过移动端关注深圳图书馆微信订阅号、"深圳图书馆｜图书馆之城"微信服务号，点击"资源"菜单中的"手机阅读""数字图书馆""喜马拉雅·VIP 畅听"栏目，或直接微信搜索登录"深圳图书馆数字阅读馆"小程序，轻松便捷获取深圳图书馆数字资源，统统免费。

## （二）数字资源全文下载量达 3757.42 万次，同比增长 15.84%

2021 年，深圳图书馆数字资源全文下载量达 3757.42 万次，同比增长 15.84%。其中，通过 PC 端下载浏览量为 2186.06 万次，同比增长 21.55%；通过移动端下载浏览量为 1571.36 万次，同比增长 8.74%。

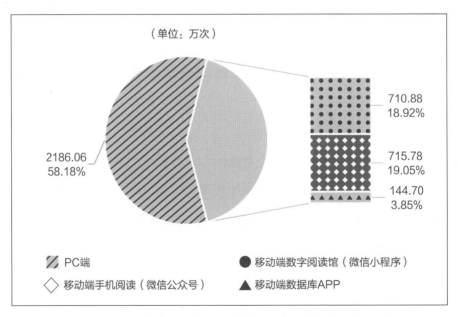

图 5-12  2021 年深圳图书馆数字资源全文下载量各平台构成

从各类型数据库占比来看，电子书数据库全文下载量占比为33.89%，居第一。

表5- 7 2021年深圳图书馆各类型数据库全文下载量分析

| 数据库类型 | 全文下载量 / 万次 | 占比 |
|---|---|---|
| 电子书数据库 | 1273.34 | 33.89% |
| 期刊论文数据库 | 1059.87 | 28.21% |
| 多媒体数据库 | 753.11 | 20.04% |
| 事实型数据库 | 297.80 | 7.93% |
| 其他 | 373.30 | 9.93% |
| 总计 | 3757.42 | 100.00% |

表5-8 2021年深圳图书馆各类型数据库最受读者欢迎排行榜

| 排名 | 电子书数据库 | 期刊论文数据库 | 事实型数据库 | 多媒体数据库 |
|---|---|---|---|---|
| 1 | QQ阅读 | 中国知网 | 不列颠百科全书 | 云图数字有声图书馆 |
| 2 | "书香深圳"互联网数字图书馆 | 龙源电子期刊阅览室数据库 | 中经网行业报告库 | 库客（KUKE）数字音乐图书馆 |
| 3 | 云图数字有声图书馆 | 博看期刊数据库 | 中经专网 | 天天·微学习中心 |
| 4 | 超星书世界 | 万方知识服务平台 | 国研网 | 职业全能培训库 |
| 5 | 歌德电子书 | 维普中文科技期刊数据库 | EMIS全球新兴市场商业资讯数据库 | MET英语学习资源库 |
| 6 | 哪吒看书 | 慧科信息搜索 | 中宏产业数据库 | 网上报告厅 |
| 7 | 雅昌艺术图书数据库 | 万方医学网 | 北大法宝 | 新东方多媒体学习库 |
| 8 | 易阅通电子书 | 人大复印报刊资料 | 皮书数据库 | 设计师之家 |
| 9 | 中国基本古籍库 | 华艺台湾学术文献数据库 | 搜数网 | 超星名师讲坛 |
| 10 | OverDrive赛阅数字图书馆 | 晚清/民国期刊全文数据库 | 列国志 | 智课教育英语学练改管在线学习平台 |

（备注：根据全文下载量排名）

表 5-9  2021 年深圳图书馆 "QQ 阅读" 阅读排行榜

| 排名 | 图书名称 | 点击量 / 册次 |
|---|---|---|
| 1 | 许我向你看 / 辛夷坞 著 | 18934 |
| 2 | 格局 / 月夜生凉 著 | 18871 |
| 3 | 围炉夜话详解 / （清）王永彬 著；桑楚 主编 | 18358 |
| 4 | 国内四大言情天后精选作品集（全 4 册）/ 晴空蓝兮，苏静初，莲沐初光，盈风 著 | 17945 |
| 5 | 后来时间都与你有关 / 张皓宸 著 | 17455 |
| 6 | 浮生寄流年 / 晴空蓝兮 著 | 17296 |
| 7 | 云边有个小卖部 / 张嘉佳 著 | 16992 |
| 8 | 长安十二时辰 / 马伯庸 著 | 16991 |
| 9 | 伪装者 / 张勇 著 | 16975 |
| 10 | 古董局中局（大全集）/ 马伯庸 著 | 16832 |

表 5-10  2021 年深圳图书馆 "书香深圳" 互联网数字图书馆阅读排行榜

| 排名 | 图书名称 | 点击量 / 册次 |
|---|---|---|
| 1 | 白鹿原 / 陈忠实 著 | 9585 |
| 2 | 天路归程 / （英）C.S. 路易斯 著；邓军海 译注；王春 校；林放 插图 | 8642 |
| 3 | 行政职业能力测验 / 任治忠 主编 | 7709 |
| 4 | 乡土中国 / 费孝通 著 | 6369 |
| 5 | 物理·电工学基础 / 宋延良，李波 主编 | 5095 |
| 6 | 韩非子全鉴（珍藏版）/（战国）韩非子 著；任娟霞 解译 | 4343 |
| 7 | 瓦尔登湖 / （美）亨利·戴维·梭罗 著；潘庆舲 译 | 3975 |
| 8 | 了不起的盖茨比 / （美）弗朗西斯·司各特·菲兹杰拉德 著；李继宏 译 | 3901 |
| 9 | 尘埃落定 / 阿来 著 | 3548 |
| 10 | 万般滋味，都是生活：丰子恺散文漫画精选集 / 丰子恺 著 | 3328 |

表 5-11 2021 年深圳图书馆"超星书世界"阅读排行榜

| 排名 | 图书名称 | 点击量 / 册次 |
|---|---|---|
| 1 | 聊斋志异 / （清）蒲松龄 著；高崖子 译注 | 5369 |
| 2 | 鲁迅杂文精选拿来主义 / 鲁迅 著 | 5069 |
| 3 | 妈妈是最好的心理咨询师 / 江兵 著 | 4836 |
| 4 | 潜能：寻找未知的自己 / 子墨 著 | 4649 |
| 5 | 唤醒心灵：青春期不可缺少的好课 / 徐开颜，魏振康 主编 | 4318 |
| 6 | 管理是个技术活 / （美）芭芭拉·米切尔，科妮莉亚·甘伦 著；胡晓红，张翔译 | 4197 |
| 7 | 海昏侯日记 / 袁礼华，孙菁婵 著 | 3846 |
| 8 | 给孩子讲点历史典故 / 宿磊 主编 | 3664 |
| 9 | 新型冠状病毒肺炎·医用防护装备所致皮肤问题及皮肤病防治原则 / 邹先彪 主编 | 3483 |
| 10 | 世界社会主义与马克思主义中国化 / 汪青松 著 | 3168 |

表 5-12 2021 年深圳图书馆"云图数字有声图书馆"阅读排行榜

| 排名 | 图书名称 | 点击量 / 册次 |
|---|---|---|
| 1 | 易经的智慧 / 曾仕强 著 | 4546 |
| 2 | 西游记 / （明）吴承恩 著 | 4007 |
| 3 | 品读《资治通鉴》：看权力游戏 / 孙继东 著 | 3647 |
| 4 | 假如给我三天光明：海伦·凯勒自传 / （美）海伦·凯勒 著；徐杰译 | 3116 |
| 5 | 风火小哪吒：闹海篇 / 二梦，谢春晓 著 | 2793 |
| 6 | 爱的教育 / （意）德·亚米契斯著；夏丏尊译 | 2359 |
| 7 | 曹雪芹家族兴衰史：大清织造 / 冯精志 著 | 2212 |
| 8 | 海底两万里 / （法）儒勒·凡尔纳著；陈筱卿 译 | 2157 |
| 9 | 绿野仙踪 / （美）弗兰克·鲍姆著；童天遥译 | 2001 |
| 10 | 简·爱 / （英）夏洛蒂·勃朗特著；宋兆霖译 | 1972 |

表 5-13  2021 年深圳图书馆 "博看期刊数据库" 阅读排行榜

| 排名 | 期刊名称 | 点击量 / 册次 |
|---|---|---|
| 1 | 幽默与笑话 | 21186 |
| 2 | 南风窗 | 20395 |
| 3 | 中国经济周刊 | 16180 |
| 4 | 中国新闻周刊 | 15275 |
| 5 | 环球人物 | 11664 |
| 6 | VISTA 看天下 | 10627 |
| 7 | 读报参考 | 9303 |
| 8 | 环球人物 | 8913 |
| 9 | 财经 | 8865 |
| 10 | 新民周刊 | 8851 |

表 5-14  2021 年深圳图书馆 "龙源电子期刊阅览室数据库" 阅读排行榜

| 排名 | 期刊名称 | 点击量 / 册次 |
|---|---|---|
| 1 | 科学与财富 | 8329 |
| 2 | 课程教育研究 | 8285 |
| 3 | 财经界 | 7930 |
| 4 | 中国经济周刊 | 7614 |
| 5 | 译林 | 7485 |
| 6 | 舰船知识 | 7331 |
| 7 | 读者 | 6820 |
| 8 | 汽车之友 | 6447 |
| 9 | 城市管理与研究 | 6109 |
| 10 | 环球地理杂志 | 5792 |

## （三）融合发展全媒体服务平台，关注用户数超过 170 万人

近年来，深圳图书馆利用新技术优势，推进新媒体与传统媒体融合，拓宽服务渠道，通过网站、微信、微博、B 站、支付宝等平台，创新服务内容，贯通线上线下，打造多层次、全方位的全媒体服务平台，切实保障市民信息查询和获取的平等性、便捷性和有效性，不断满足社会公众日益增长的文化需求。

截至 2021 年底，深圳图书馆微信公众号累计关注用户达 117.46 万人，其中深圳图书馆微信订阅号关注用户为 68.62 万人，"深圳图书馆｜图书馆之城"微信服务号关注用户为 48.84 万人，同比分别增长 28.33% 和 24.85%。微信公众号基本涵盖了图书馆的主要服务内容，2021 年读者通过微信利用图书馆服务达 912.33 万人次、4564.19 万页次，同比分别增长 44.15% 和 21.67%。

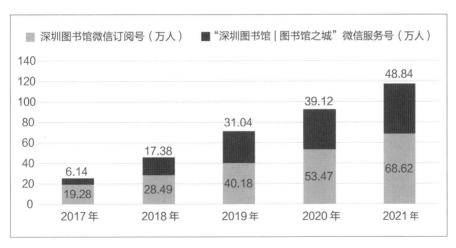

图 5-13　2017—2021 年深圳图书馆微信公众号关注用户数对比

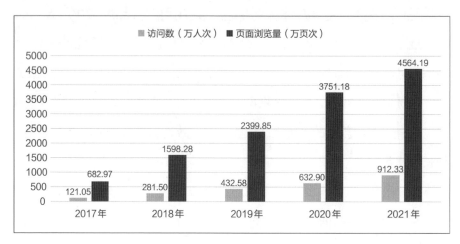

图 5-14  2017—2021 年深圳图书馆移动版网站微信公众号访问量对比

2021 年，深圳图书馆新浪官方微博粉丝数为 54.82 万人，阅读量达 1.24 亿人次，同比分别增长 11.81% 和 62%。深圳图书馆微博被人民网舆情数据中心评为 2021 年度"全国十大图书馆微博"和 2021 年度"广东十大文旅系统微博"，均位列榜首；被新浪官方微博评为 2021 年"政务服务优秀微博"，微博服务团队获评 2021 年度"金牌政务主编"；短视频《我是朗读者——三月的温暖，三月的风》阅读数达 76.8 万人次，视频播放数达 6.4 万人次，创微博原创短视频播放数新纪录。

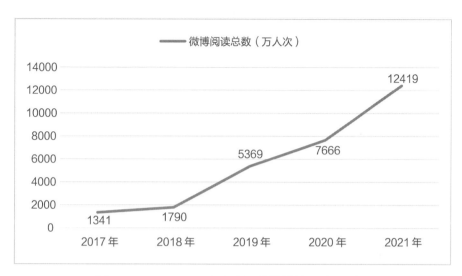

图 5-15　2017—2021 年深圳图书馆微博阅读量对比

### （四）推出新媒体 IP 形象"深图布克家族（BOOK FAMILY）"，吸引读者亲近图书馆

2021 年深圳读书月期间，深圳图书馆为增强图书馆新媒体阅读推广的吸引力、传播力和影响力，创新推出新媒体 IP 形象——深图布克家族（BOOK FAMILY），共由六位成员组成，包含家族守护者、门面担当、阅读推广人布 Sir，信息使者、"云上图书馆"馆长布 Lady，活泼可爱、喜欢看书的小小图书管理员布灵儿 Alita，智慧、有求必应的超级 AI 馆员布小智，热爱研究的老学者布叨叨，智能问答机器人小图丁。同时，一套 32 款"深图布克家族"主题表情包在微信平台上线，并陆续推出衍生文创产品。通过新颖有趣的方式，吸引读者走近图书馆、了解图书馆、利用图书馆，提升了市民图书馆意识。

# 三、阅读推广联动多方，品牌活动创意升级，市民读者尽享
## 文化盛宴

（一）年度举办 1.95 万场读者活动，参与市民 1201 万人次，同比分别增长 52.62%、79.4%

2021 年受疫情影响，"图书馆之城"统一服务平台各成员馆大力推广线上阅读，加强线上服务能力，效果显著，影响广泛。全年共举办各类阅读活动 1.95 万场，同比增长 52.62%；共吸引 1201 万人次参与，同比增长 79.4%。

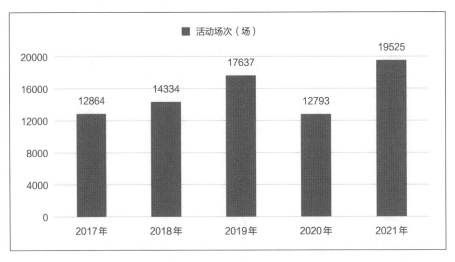

图 5-16  2017—2021 年深圳"图书馆之城"统一服务平台读者活动场次对比

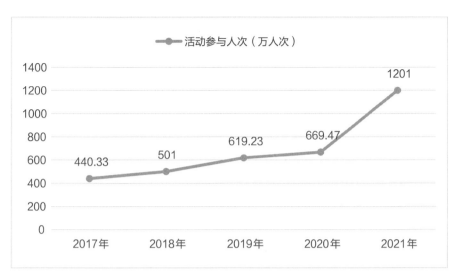

图 5-17  2017—2021 年深圳"图书馆之城"统一服务平台
读者活动参与人次对比

## （二）湾区联动，文脉相亲，粤港澳"共读半小时"活动品牌效应进一步提升

2021 年 4 月 23 日，第六届"共读半小时"活动由深圳发起，粤港澳三地公共图书馆、高校图书馆以"100 年里的中国"为主题，以经典内容为载体，以共读为形式，聚焦重大主题，引导学习"四史"，传承发展中华优秀传统文化，继承革命文化，发展社会主义先进文化。

活动在遍布粤港澳大湾区的"4+N"会场同时举行，其中，广州、深圳、东莞、澳门为共读主会场，图书馆、学校、企业、社区、医院、工业园、餐馆、家庭等为共读点，以"自发自主，共同阅读，不限形式，读出精彩"为口号，呼吁市民于 4 月 23 日"世界读书日"打开书本，品味书香，享阅读之乐。粤港澳大湾区近 200 家图书馆或单位，1272 个共读点，约 35 万人次共同参与线下活动，各类媒体报道累计 182 篇次。

深圳主会场设在深圳图书馆，活动分为红色经典、人文经典、科技主题三个篇章，由领读人带领现场市民共读《以"赶考"的清醒和坚定答好新时代的答卷》《春》《献给共和国的科学家们》。广州图书馆青年馆员代表通过朗读共读宣言《我愿》，拉开"共读半小时"广州主会场的帷幕，全场共读《鸟语花香中的"本土化"》《看不见的森林：林中自然笔记》《中国共产党简史》选段。2021 年首次亮相主会场的东莞在共读活动组织上得到了社会各界鼎力支持，领读人以视频、图文形式分享阅读感悟，现场还发布了"书香东莞"共读地图。澳门地区共有约 50 个单位、1.5 万多人次报名参与活动，营造了浓厚的阅读氛围。受疫情影响，香港地区尽管暂不具备开展线下活动的条件，仍然通过线上方式鼓励市民参与共读。

### （三）全城协力，共襄盛举，"阅在深秋"公共读书活动展现智慧服务新生态

2021 年 11 月 27 日，第五届"阅在深秋"公共读书活动如约而至，深圳市 13 家图书馆再次携全新创意与特色馆藏惊喜亮相，打造鹏城金秋文化盛宴。活动围绕"打开新视界：面向未来的图书馆"主题，从"智慧空间""智慧服务"等角度，公共图书馆和高校图书馆充分创意，搭建智慧场景，以文献展示、资源推介、沉浸式体验、阅读交流、科技呈现等方式，展现图书馆智慧服务新生态。

活动现场，广大市民读者可尽览全城图书馆的特色资源、主题活动与创新技术。深圳图书馆围绕"智慧互联 阅见未来"主题，精心设置智慧图书馆展示区、智慧阅读服务体验区、阅读星互动体验区和"约绘神笔"活动区，推出 2 个主题展览，举办 3 场智慧体验活动；同时针对未成年人专门开展 1 项阅读积分奖励活动、1 场独家电影展播并设置 6 个现场互

动环节。福田区图书馆打造"艺术小站"，向读者传递先进的文化创意设计和未来生活的时尚美学观念；罗湖区图书馆的"VR 打卡图书馆"，让读者以第一视角览尽 25 家"悠·图书馆"的风采，体会智慧图书馆设施；盐田区图书馆以"你好灯塔，我和盐图有个'阅'会"为主题，重点展示盐田区第四批国家公共文化服务体系示范项目创建成果，凸显"阅游"新形态；南山区图书馆以南山书房为纽带，展示全民阅读新阵地，传承人文阅读新概念；宝安区图书馆布置智、创、爱、福 4 个互动展区，体现宝图作为面向未来的图书馆"智慧、创新、关爱、幸福"的宗旨与各项服务；龙岗区图书馆设计"智慧森林"主题系列活动，让读者在互动中发现知识的价值，感受自然与人文的完美融合；龙华区图书馆围绕"生态龙华·秋日悠阅"，通过趣味阅读与自然手作让市民读者留下关于秋日的美好回忆；坪山区图书馆将绿色发展理念、绿色材料、绿色活动等融入阅读区的创设及实施中，打造"文化坪山，绿色先行"特色鲜明的主题区域；光明区图书馆以"阅见光明·智创未来"为主题，开展丰富多样的智慧阅读文化活动，让读者尽享"阅读＋科技"的魅力。

此外，深圳几所高校图书馆也结合自身特色，打造了独特的阅读展区，带领读者们感受不一样的图书馆风采。深圳大学城图书馆以"穿越时光隧道 致敬阅读之光"为主题，通过原创插画设计，讲述阅读载体的发展演变之旅，通过"书写的艺术""阅读的艺术""体验的艺术"主题场景带领市民读者感受不同阅读时期的特色；深圳技术大学图书馆将太空、科技、未来元素融入场景设计中，布置"未来奇幻漂流"主题活动，设计沉浸式互动科普展，让市民读者在游戏中体会阅读的乐趣；深圳职业技术学院图书馆以中国共产党成立百年为契机，将阅读区打造为一片爱党爱国的红色天地，开展党史知识竞答、"我心中的共产党"主题手绘和优秀微党课展播等一系列红色活动。

　　据不完全统计，活动累计吸引参与活动读者超 74 万人次，其中现场参与人次 3 万余，图片直播观看人次近 16 万，深圳图书馆微信微博平台相关话题阅读量达 55 万，官方微博荣登当日政务微博文化榜榜首。

### （四）致敬百年风华，深圳图书馆以"100 年里的中国"为主题，举办"庆祝中国共产党成立 100 周年"系列活动

　　2021 年是中国共产党成立 100 周年，是"十四五"规划谋篇开局之年，开启了全面建设社会主义现代化国家的新征程。深圳图书馆以"100年里的中国"为主题，策划开展"庆祝中国共产党成立 100 周年"系列活动 20 余项，通过区域共读、主题展览、文化走读、艺术表演、竞赛答题、影片展映、书目推荐、征集评选等形式致敬百年风华。

　　深圳"图书馆之城"各成员馆在粤港澳大湾区和中国特色社会主义先行示范区的"双区驱动"时代背景下，紧紧把握历史机遇，聚焦高质量、可持续发展，团结一切可以团结的力量，以市民精神文化需求为导向，构建普惠均等服务体系，创新提升品质效能，保障市民阅读权利，涵养城市文化风尚。未来，全市图书馆将继续同心协力、携手共进，助力深圳早日成为民生幸福标杆和城市文明典范。

# 以"少儿智慧银行"为抓手，
# 市区公共图书馆未成年人服务效能提升与探索

王冰 冯睿 许精仪 冯华倩

未成年人是新时代学习型社会的中坚力量，他们的阅读水平关系着个人、国家和人类的未来。公共图书馆是全民阅读的重要基地，在未成年人阅读推广中承担着资源提供者与教育实施者的双重任务，促进并推动未成年人阅读是图书馆义不容辞的责任与义务。

深圳是一座年轻的城市。根据深圳市统计局 2021 年 5 月公布的《深圳市第七次全国人口普查公报》显示，截至 2020 年 11 月 1 日，深圳市 11 个区常住人口 1756 万人中，0—14 岁人口为 265.34 万人，占 15.11%。与 2010 年比，深圳人口比重呈"两头增加、中间减少"态势。随着国家"三孩"政策的实施，可以预见，未来深圳地区图书馆未成年人服务需求将进一步加大。

深圳是一座"图书馆之城"，截至 2021 年底，全市共有 462 家公共图书馆（室）和 306 台自助图书馆加入"图书馆之城"统一服务体系。除深圳少年儿童图书馆外，深圳图书馆和各区图书馆均纳入统一服务，均设有未成年人服务区域。

近年来，未成年人服务已成为市、区公共图书馆的重要服务项目之一，各馆依托深圳"图书馆之城"统一服务平台，通过创设未成年人阅读空间、配置丰富的文献资源、举办形式多样的阅读活动、联动推进"少儿智慧银行"项目、开展家长阅读指导、加强社会力量合作等举措，积极推动未成年人阅读，未成年人服务效能显著提升。

本文的研究对象未成年人，是指《中华人民共和国民法典》第十七条规定的不满十八周岁的自然人。本文将从全市联动项目"少儿智慧银行"入手，在分析深圳"图书馆之城"统一服务平台未成年人服务现状的基础上，总结公共图书馆未成年人服务的特点及未来发展策略。

# 一、市、区联动，依托"少儿智慧银行"联合推动未成年人服务

2015 年，深圳图书馆联合区图书馆、街道图书馆、社区图书馆推出"少儿智慧银行"项目，面向全市 14 周岁以下少年儿童，以"阅读储蓄、收获知识、增长智慧、快乐成长"为宗旨，基于深圳"图书馆之城"统一服务平台，通过挖掘借阅数据与分析借阅行为、表彰未成年人阅读榜样、开展分龄分众的阅读推广活动、举办统一服务未成年人服务研讨会等方式，鼓励少儿读者通过阅读行为累积自己的智慧财富，提升全市公共图书馆未成年人服务的水平和效能。截至 2021 年底，"少儿智慧银行"项目已为超 35 万少儿读者提供服务，媒体报道累计 112 篇，获 2017 年广东公共文化服务优秀案例、中国图书馆学会 2020 年阅读推广示范项目。

## （一）办证开户，累积积分

全市 14 周岁以下未成年人办理读者证即自动免费加入"少儿智慧银

行",通过借阅图书累积阅读积分,每借阅 1 册图书即可累积借阅积分 1 分。项目实现了从读者角度输出阅读成长积分、图书馆之旅(各服务馆)阅读积分等个人阅读账单,帮助未成年人记录阅读成长轨迹,建立阅读历史档案。

### (二)数据挖掘,了解需求

每年"图书馆服务宣传周"期间,项目对统一服务平台未成年人读者上一年的借阅数据进行挖掘分析并对外发布,内容包括年度新增注册读者数量、文献外借总量、各年龄段借阅图书类型对比、读者最喜爱图书及作家等。通过这些数据分析展示全市未成年人读者的阅读需求、借阅行为、阅读现状和发展趋势,为统一服务各馆优化馆藏配置,拓展、深化未成年人阅读服务提供参考依据。

### (三)阅读表彰,树立榜样

为进一步鼓励未成年人使用公共图书馆,激发阅读兴趣,展现积分存储的意义,"少儿智慧银行"自启动以来,通过多种方式进行积分奖励,为全市未成年人树立阅读标杆。项目根据上一年度阅读积分排名和阅读行为综合评估,由每馆评选出 5 名"智慧星",每年"六一国际儿童节"对统一服务各馆"智慧星"进行表彰。2020 年和 2021 年创新奖励形式,在深圳"读书月"期间新增"积分兑换"活动和全市年度"阅读星"表彰活动。通过多样化的积分奖励制度,展示"少儿智慧银行"积分存储的魅力。

### （四）举办活动，播撒阅读种子

开展"小博士百科知识挑战赛"活动：自 2017 年起，每年 4—6 月面向全市 8—12 岁少年儿童举行百科知识竞赛，通过初赛、复活赛、决赛等多种竞赛方式，鼓励未成年人探索知识、探索世界，活动累计参与 1156 人次。开展"21 天亲子阅读挑战"活动：自 2017 年起，每年 4 月 23 日世界读书日暨深圳未成年人读书日启动，发起亲子阅读的倡导，通过线上（微信）的活动方式，鼓励和表彰儿童和家长坚持阅读 21 天，形成良好的阅读习惯，播撒阅读种子，活动累计参与 15846 人次。

### （五）阅读排行，实时查询

2019 年，"少儿智慧银行"新增积分类型，除了原有的阅读积分外，读者通过志愿服务、参与活动、捐赠换书等行为也可累积积分，实现积分获取形式的多样化；同时，读者可通过手机移动端、网站随时查询个人实时积分和积分排行榜，全面展示读者的阅读行为与阅读数据。另外，"少儿智慧银行"积分管理模式逐步向全体读者覆盖，积分对象由 14 周岁以下读者延伸至全体读者。

### （六）服务研讨，共谋未来

2020 年起，每年以深圳"图书馆之城"统一服务平台未成年人服务研讨会暨"少儿智慧银行"专题会为契机，图书馆馆员共聚一堂，总结"少儿智慧银行"项目的工作成果，分享交流各馆未成年人服务情况及经验，共谋新一年公共图书馆未成年人服务方向与路径。

经过 7 年的实践与探索，"少儿智慧银行"项目依托统一服务平台，形成较为完善的未成年人服务与业务管理平台，将图书馆的优质资源惠及全市未成年人。

## 二、"图书馆之城"统一服务平台未成年人服务现状

"少儿智慧银行"项目每年发布的阅读数据报告显示了深圳"图书馆之城"统一服务平台未成年人服务的现状。

### （一）新增注册少儿读者数量逐年攀升

自 2013 年起，深圳"图书馆之城"统一服务平台新增注册少儿读者数量[①]逐年增长，2017 年起增幅较之前有明显提高，其中 2019 年同比增长率最高，达到了 75.76%；2021 年同比增长量最高，较 2020 年增长 28298 人，详见图 5-18。

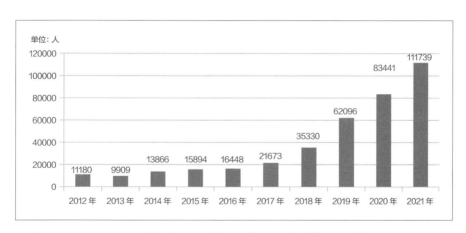

图 5-18　2012—2021 年深圳"图书馆之城"统一服务平台新增注册少儿读者

---

① "新增注册少儿读者"选用的是注册时年龄在 14 周岁以下的读者。

## （二）2020 年起学龄儿童成办证主力军

据"少儿智慧银行"数据报告显示，统一服务各馆 2018、2019 年 6 岁以下少儿读者办证量增幅最高，平均每年增幅达 63.50%，2020 年起，学龄儿童成办证主力军。2020 年 6—9 岁低年级小学生办证 38392 张，占新增注册少儿读者总人数的 46.01%，其中 8 岁小学生办证最多，达 11323 张。2021 年 6—12 岁小学生办证量达 73985 张，占新增注册少儿读者总人数的 66.21%，其中 6—8 岁低年级小学生办证 37894 张，占新增注册少儿读者总人数的 33.91%，9—12 岁高年级小学生办证 36091 张，占新增注册少儿读者总人数的 32.30%，详见图 5-19。

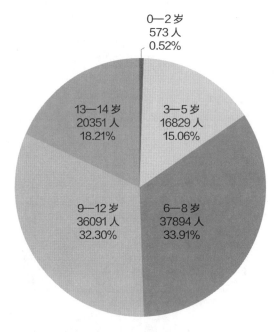

图 5-19 2021 年统一服务平台各年龄段新增注册少儿读者人数对比

### （三）少儿文献外借量逐年增长

近 5 年来，除 2020 年受新冠肺炎疫情影响外，少儿文献外借量始终保持增长态势。2021 年 5 月 26 日统一服务平台"倍增计划"[①]实施，2021年少儿文献外借量较 2019 年有大幅提升，同比增长 35.71%，详见图5-20[②]。

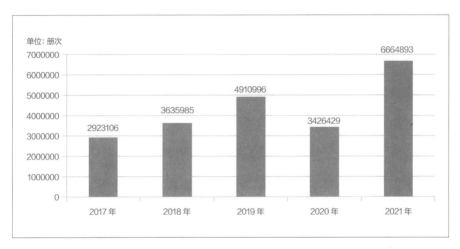

单位：册次

图 5-20 2017—2021 年深圳"图书馆之城"统一服务各馆少儿文献外借量

### （四）文学类图书最受少儿欢迎

据"少儿智慧银行"阅读数据显示，2017—2021 年 I 类（文学）是深圳"图书馆之城"统一服务平台少儿文献外借量最多的图书种类，G类（文化、科学、教育、体育）和 J 类（艺术）图书的外借量紧随其后。以 2021 年为例，文学类图书外借 4543539 册次，占少儿文献外借总量的

---

① 倍增计划：免押金励读证可外借图书册数由 5 册增加为 10 册，100 元押金读者证可外借图书册数由 10 册增加为 20 册。
② 数据来源：历年"少儿智慧银行"阅读报告。

68.28%，详见表 5–15。①

表 5–15　2021 年深圳"图书馆之城"统一服务平台
少儿文献外借类型占比 ②

| 文献类型 | 占比 | 文献类型 | 占比 | 文献类型 | 占比 |
|---|---|---|---|---|---|
| I 类 | 68.28% | G 类 | 6.96% | J 类 | 6.88% |
| K 类 | 3.45% | Q 类 | 2.95% | H 类 | 2.58% |
| Z 类 | 1.93% | P 类 | 1.38% | N 类 | 0.62% |
| R 类 | 0.54% | U 类 | 0.36% | E 类 | 0.31% |
| A 类 | 0.01% | 其他 | 3.75% | | |

## （五）少儿读者活动呈增长态势

2020 年深圳"图书馆之城"统一服务平台举办未成年人读者活动
4971 场，占全市读者活动总量的 38.86%，较 2019 年的 3335 场同比增长
49.06%；参与读者 163.16 万人次，占全市参与读者总量的 24.37%，相当
于每 4 个参与"图书馆之城"活动的人中就有 1 人参与了未成年人活动，
详见表 5–16。

① 数据来源：2020 年"少儿智慧银行"阅读报告。
② 本表以《中国图书馆图书分类法》中的大类进行统计，22 个大类分别为 A 马克思主义、列宁
主义、毛泽东思想、邓小平理论；B 哲学、宗教；C 社会科学总论；D 政治、法律；E 军事；
F 经济；G 文化、科学、教育、体育；H 语言、文字；I 文学；J 艺术；K 历史、地理；N 自然
科学总论；O 数理科学和化学；P 天文学、地球科学；Q 生物科学；R 医药、卫生；S 农业科
学；T 工业技术；U 交通运输；V 航空、航天；X 环境科学、安全科学；Z 综合性图书。

表 5-16 2020 年统一服务平台各区公共图书馆少儿读者活动[①]

| 名称 | 活动场次 / 场 | 参与人次 / 万人次 |
|---|---|---|
| 深圳图书馆 | 156 | 15.59 |
| 宝安区图书馆 | 1789 | 99.08 |
| 龙岗区图书馆 | 1033 | 5.41 |
| 光明区图书馆 | 645 | 7.3 |
| 盐田区图书馆 | 518 | 5.14 |
| 罗湖区图书馆 | 315 | 20.2 |
| 福田区图书馆 | 234 | 0.91 |
| 南山区图书馆 | 111 | 8.35 |
| 龙华区图书馆 | 114 | 0.93 |
| 坪山区图书馆 | 56 | 0.25 |
| 合计 | 4971 | 163.16 |

## 三、深圳"图书馆之城"统一服务平台未成年人服务的特点

### （一）互通互联，综合性公共图书馆成为地区未成年人服务主阵地

"十三五"期间，深圳"图书馆之城"建设取得了长足进展，图书馆服务网络基本覆盖全城，"中心馆＋区级总分馆"建设模式基本形成。

---

① 数据来源：《深圳"图书馆之城"2020 年度事业发展报告》。

2021 年 7 月，深圳"图书馆之城"入选国家发展改革委公布的《深圳经济特区创新举措和经验做法清单》，这是对"图书馆之城"近二十年创新探索和实践的肯定。

近年来，在"图书馆之城"统一服务体系下，各成员馆对未成年人阅读服务愈发重视，深圳图书馆联合区图书馆、街道图书馆、社区图书馆，全域规划、全城联动，通过优化空间、文献、服务、活动等举措不断提升未成年人服务质量与效能。据统计，2020 年统一服务市、区图书馆新增注册少儿读者量、少儿文献外借量均占全城未成年人服务总量九成以上，可以说，依托深圳"图书馆之城"统一服务平台，综合性公共图书馆已经成为深圳地区未成年人阅读服务主阵地。

## （二）优化拓展，未成年人"悦"读空间整体焕新

为满足深圳地区未成年人对公共文化空间日益增长的服务需求，深圳图书馆及区图书馆打造了独具特色的未成年人阅读空间：2021 年深圳图书馆对原少儿服务区空间进行拓展，根据不同年龄段需求设置 0—3 岁婴幼儿"妙趣屋"、4—6 岁学龄前儿童"七巧板绘本区"和 7—12 岁儿童阅览区；2020 年宝安区图书馆将原玩具馆改建为婴幼儿图书馆；盐田区图书馆新馆为少年儿童建设"海洋"智慧性阅览空间；坪山区图书馆新馆设立少儿服务区和绘本馆；龙岗区图书馆以多彩大自然为主题，为少儿读者设计布局充满童趣、温馨的馆舍；光明区图书馆和龙华区图书馆新馆在 2021 年落成开放，除了设置适合低幼的阅览区外，还专设适合青少年的阅览区，多个公共图书馆设立第三卫生间和母婴室，为家庭阅读提供更多的便利。

除此之外，各馆也在积极筹建、扩建新的未成年人服务空间。如正

在建设中的深圳图书馆北馆，将设立的未成年人服务空间含玩具馆、儿童馆、少年馆，建筑面积不少于 2500 平方米，提供座位 400 个，配备文献 10 万册。龙岗区、坪山区、南山区等都在计划或有意向筹建区级少年儿童图书馆。

### （三）分龄指导，丰富文献资源研发推荐

统一服务各馆不断加强少儿文献的保障力度，根据未成年人不同年龄段身心发育特点与需求，配置契合各个年龄段未成年人阅读的文献资源。数据[①]显示，2021 年统一服务各馆新增可统计的少儿图书 327830 册，占全部新增馆藏文献的 15.6%。

深圳图书馆配备适合 0—6 岁少儿读者阅读的绘本类图书占全部少儿图书总数的近三成，包括适合各年龄段阅读的中外文绘本、音乐书、洞洞书、立体书等。另外，深圳图书馆于 2021 年 5 月 29 日发布了首期由馆员编制的"家庭与图书馆（室）少儿推荐书目"，为 0—18 岁未成年人读者推荐图书 300 种，其中幼儿推荐图书 100 种，小学生推荐图书 100 种，中学生推荐图书 100 种。宝安区图书馆婴幼儿图书馆设置家庭儿童阅读指导专架、发声书专架；罗湖区图书馆增购少儿绘本阅读机，为少儿读者提供数字化、多元化阅读体验；盐田区图书馆为 06 岁低龄儿童开设玩具图书馆，配有适合儿童娱乐、学习的各种玩具和教材。

除了纸质文献外，统一服务各馆还配备了适合未成年人使用的数字资源，如赛阅数字图书馆、哪吒看书、易趣少儿数字图书馆等，未成年人及其家长在家即可利用图书馆的数字资源。

---

① 数据来源：https://statistics.szlib.org.cn/easylod/frame/Frame.action。

### （四）多方协作，推动未成年人阅读深入社会

近年来，统一服务各馆不断加强馆馆联动，以"少儿智慧银行"、深圳"图书馆之城"少儿科普月、少儿"阅经典"等活动为抓手，协同合作开展阅读推广活动，拓展未成年人阅读推广的辐射范围。

同时，统一服务各馆不断延伸服务内容，推动馆、校、家合作，彼此赋能，合力推广未成年人阅读。深圳图书馆 2018 年启动"青少年阅读基地"，截至 2021 年已经走进 5 所高中，2021 年更是首次走进义务教育阶段学校，在天健小学、中科实验学校、大鹏中心小学建设三个（座）"青少年阅读基地"，办理读者证 3696 张，建立种子书屋 83 个，提供免费借阅图书 6849 册，建立换书驿站 2 个，提供用于交换的图书 2300 册。宝安区图书馆"励读计划"进校园、"阅读角领读人"活动，福田区图书馆"图书馆＋学校"阅读阶梯计划，南山区图书馆"小书虫成长计划"等未成年人阅读推广活动，推动公共图书馆与学校、家庭之间的联合，有效延伸阅读的空间，延长阅读的时间，实现 1+1+1>3 的效果。

除此之外，统一服务各馆积极推动与社会机构合作，如盐田区图书馆联合全区幼儿园、学校、社区、民间阅读推广机构、阅读推广人共同发起"岁阅计划"，该计划以阅读素养培育为核心，以"阅读＋教育"深度融合为策略，以养成终身学习习惯为愿景，以"岁"即年龄为依据，整合空间、馆藏、活动三种资源，分龄、分级、科学设计不同儿童成长发展阶段阅读教育的内容与目标。

### （五）分龄分众，丰富阅读活动培养阅读兴趣

深圳图书馆及区图书馆积极探索，根据未成年人读者的身心发展情况和喜好特点，开展分龄分众、形式多样的阅读推广活动，不断创新和丰富

活动内容和形式，打造未成年人活动品牌，培养未成年人的阅读兴趣。

1. 举办适合低龄儿童的讲故事活动。对于幼儿的成长和发展来说，故事的重要性不言而喻。统一服务各馆基本都拥有自己的"故事时间"：深圳图书馆"绘本半小时"，南山区图书馆"馆员讲故事"，宝安区图书馆"图图姐姐讲故事"，福田区图书馆"绘本工厂"围绕绘本举办绘讲述、绘自造、绘剧场、绘分享系列活动，罗湖区图书馆"涂涂故事列车"，光明区图书馆的"小奶牛故事绘"，坪山区图书馆"欢欢姐姐讲故事"，龙华区图书馆"馆员姐姐讲故事"，都用讲故事的方式搭建起婴幼儿和图书之间的桥梁。

2. 加强对学龄儿童主题活动引领。深圳图书馆打造少儿"阅经典"系列活动，依托"南书房家庭经典阅读书目"，融合打卡"读"、导师"讲"、自由"创"、信箱"答"等多种立体阅读形式，引导未成年人培养阅读兴趣，阅读经典名著，提高阅读质量，品悟文化历史；南山区图书馆举办"跟名师读名著"的经典名著主题阅读品牌活动，助力中小学生品读名著，体会内涵，提高人文素养；深圳图书馆联合各区馆连续两年在9月举办深圳"图书馆之城"少儿科普月，面向全市未成年人举办科普公开课、科普补给站、科普小探秘、科普大挑战等活动，营造浓厚科普氛围，提升少儿读者科学素质。

3. 关心关爱特殊儿童群体。深圳图书馆每年定期开展关爱读写困难儿童活动和"小候鸟悦读关爱计划"活动，关注读写困难儿童和外来务工子女的健康成长，营造平等、融洽的阅读氛围；南山区图书馆定期举办"星星点灯"孤独症儿童悦读系列活动，为孤独症儿童讲故事，和他们一起做游戏、做手工，开展家长交流活动，帮助孤独症儿童阅读绘本、融入集体生活；宝安区图书馆举办面向孤独症儿童的"融合教育"专业技术培训和绘本讲读活动，让特殊儿童及家长更好地进行家庭阅读，感受阅读的快乐。

## 四、深圳"图书馆之城"统一服务平台未成年人服务发展策略

### （一）推动深圳少年儿童图书馆加入统一服务体系

深圳少年儿童图书馆未加入深圳"图书馆之城"统一服务体系，在一定程度上限制了未成年人阅读资源的共建共享。目前，深圳少年儿童图书馆加入"图书馆之城"统一服务体系已提上日程，相信在其加入统一服务体系后，依托高质量、标准化、全方位的统一服务技术平台和馆际合作，深圳市公共图书馆未成年人阅读服务在未来定会实现全方位资源共建共享，构建多元化、便捷的未成年人服务平台和高质量的未成年人服务标准化体系，以更好地满足日益增长的深圳地区未成年人阅读需求。

### （二）优化空间和文献资源配置，满足青少年群体阅读需求

《第十八次全国国民阅读调查成果》显示，2020年全国14—17周岁青少年图书阅读率为89.7%，较2019年的89.1%提高了0.6个百分点，人均阅读量在0—8岁、9—13岁、14—17岁三个年龄段中最大，为13.07本，

高于 2019 年的 12.79 本。[①]青少年群体的阅读需求逐年增长，但统一服务各馆未成年人服务面积相对有限，部分图书馆并无专门的青少年阅读和自习的空间，专供青少年群体阅读的文献资源也相对较少。

随着全市公共图书馆未成年人服务区域面积的扩大，深圳地区公共图书馆未成年人文献资源保障和支持能力会进一步加强。各馆可依据不同年龄群体的阅读水平和兴趣，丰富未成年人文献类型，增加文献数量，不断完善馆藏资源体系建设，充分利用新媒体平台，加大文献推荐与指导力度，依托优质、多元、载体丰富的文献资源，提高深圳市未成年人阅读量和阅读水平。

### （三）加大婴幼儿服务力度，进一步推广家庭阅读

根据《深圳市统计年鉴 2021》数据显示，深圳市幼儿园在校学生（3—6 岁）数量呈逐年上升态势，2020 年为 55.97 万人，二孩、三孩率达 50.8%。[②]为满足深圳地区日益增长的少儿早期阅读需求，深圳图书馆及区图书馆在空间、文献、活动和服务等方面积极推动儿童早期阅读和家庭阅读的发展。

着眼未来，深圳地区公共图书馆不仅要加强未成年人服务，更要加大婴幼儿服务力度，提升图书馆早期阅读服务质量与效能，以进一步推广家庭阅读，将阅读的种子早早地种在孩子们心中。

---

① 第十八次全国国民阅读调查成果 [EB/OL].[2021-4-26]. https://www.nppa.gov.cn/nppa/contents/280/75981. shtml.

② 深圳市统计年鉴 2021 [EB/OL].[2021-12-30]. http://www.sz.gov.cn/cn/xxgk/zfxxgj/tjsj/tjnj/content/ post_9491392.html.

### （四）注重品牌建设，扩大阅读推广影响力

阅读推广活动是公共图书馆为未成年人服务的重要方式，联动效应、品牌化是扩大阅读服务影响力的重要举措。实践证明，"少儿智慧银行"项目作为深圳"图书馆之城"联动服务品牌之一，对提升深圳"图书馆之城"的整体社会影响力，推进深圳市、区公共图书馆少儿服务创新起到了有效促进作用。近几年来，深圳图书馆及区图书馆不断丰富未成年人服务和活动内容，打造众多品牌，推动了全市未成年人阅读蓬勃发展。

随着未成年人阅读需求的不断增长，未成年人对阅读活动的要求也将不断改变和提高。未来，统一服务各馆未成年人阅读推广活动应加强顶层设计，在深圳"图书馆之城"统一框架下，依托统一服务平台，发挥联动优势，稳步推进、评估调整，并不断拓展宣传渠道和手段，充分利用新媒体技术，提高音视频制作水平，将更加丰富的内容通过微信、微博、B站等平台传播出去，拓展活动传播渠道，提升未成年人阅读活动的影响力。

### （五）提升馆员专业素养，加强志愿者管理

国际图联前主席克劳迪亚·卢克斯曾说："应该让最优秀的馆员从事少儿工作。"公共图书馆在招聘未成年人阅读服务馆员时，设置相应门槛，对招聘对象的专业背景做出具体要求，重点招聘具有早期教育、儿童心理学背景的人员，与现有图书馆学专业背景的馆员知识互补，增强未成年人阅读服务软实力。同时，图书馆将儿童服务岗位设置为图书馆的核心专业岗位，定期举办相关专业培训或交流会，让服务人员在实践的同时，不断提升理论知识。

同时，加强对阅读推广人的培训，如讲故事技巧、朗诵培训等，提高"故事妈妈"的专业水准；加强对志愿者的服务技能培训，使其更有效地引导读者正确使用公共图书馆等，进一步发挥志愿者在阅读推广中的力量。通过这一系列举措，提升馆员和志愿者服务的专业性、针对性，不断提高公共图书馆未成年人服务的质量。

### （六）加强社会合作，发挥图书馆行业价值

加强与社会力量的合作，汇聚大湾区资源，积极拓展未成年人活动的形式，进一步提高公共图书馆未成年人服务的水平和阅读推广成效。探索不同年龄段未成年人阅读兴趣和习惯，跟进未成年人阅读需求和特点变化，联合社区、教育界、文化界和科普类协会或机构等，打造立体、多层次的阅读推广服务体系；发挥"图书馆＋互联网"的作用，通过多方协作，打造丰富多样的阅读推广活动与线上线下相结合的宣传渠道，扩大阅读推广活动的受众范围，增加读者黏性，拓宽图书馆与社会的连接方式，发挥图书馆的行业价值；依托垂直管理的紧密型总分馆制建设，将未成年人阅读服务及活动拓展到社区，以基层图书馆为阅读辐射点，对未成年人家庭进行全方位服务覆盖；同时，将文献资源和活动"送出去"，加强与妇幼保健医院、社区医疗中心、幼儿园等机构的合作，不断拓展服务辐射范围。

在粤港澳大湾区、中国特色社会主义先行示范区"双区"驱动背景下，公共图书馆未成年人服务应紧跟时代发展潮流，大胆创新，积极实践，运用新思维、新技术、新方法不断拓展服务内容，提升服务质量，依托深圳"图书馆之城"统一服务平台，以"少儿智慧银行"为抓手，全城

联动，打造具有示范性的深圳公共图书馆未成年人服务体系，为深圳市未成年人提供更高质量、全方位、有特色的阅读服务。

王冰，深圳图书馆副馆长

冯睿，深圳图书馆书刊借阅部副主任

许精仪，深圳图书馆馆员

冯华倩，深圳图书馆馆员

# 公共图书馆：促进终身学习的社会大学

## ——以深圳图书馆社会教育实践为例

肖容梅 黄凯

教育是全社会共同的责任。置身于教育生态系统环境之下，家庭、学校与社会构成三大教育主体力量。从古今中外图书馆事业的发展与实践来看，作为传承人类文明、促进知识传播的文化机构，图书馆具有天然的教育使命。正如中国近代教育家蔡元培先生所说："教育并不专在学校，学校以外，还有许多的机关，第一是图书馆。"[1] 2018 年颁布的《中华人民共和国公共图书馆法》亦明确指出公共图书馆具有开展社会教育的职能。

随着终身学习理念逐渐深入人心，以及信息技术的快速变革与发展，传统教育模式迎来新的挑战，公共图书馆社会教育的创新发展成为图书馆界的重要热点问题。从文献调研可知，图书馆界关于社会教育的研究主要聚焦在两个方面：一是对图书馆社会教育职能的理论探讨，以图书馆教育使命、图书馆社会教育的作用与地位、图书馆社会教育的前缘后续、重振

---

① 张久珍. 重振图书馆社会教育职能，充分释放图书馆全民信息素养教育的作用 [J]. 图书馆研究与工作，2020（11）：6—14, 85.

图书馆社会教育职能为切入点进行辨析阐释①；二是关于图书馆社会教育的实践探讨，多从具体案例出发，从图书馆教育功能拓展、社会教育模式创新、未成年人信息素养教育、青少年数字媒体教育等角度对图书馆的具体社会教育实践进行深度分析②。本文阐明图书馆与教育的关系，从分众服务、品牌体系、资源服务、空间场域、社会合作、宣传平台六个维度，较为系统地梳理了深圳图书馆（以下简称"深图"）的社会教育实践，并从理论研究、统筹规划、教育协同、评估机制、技术应用五个方面提出公共图书馆在开展社会教育方面存在的不足及优化思路，以期为图书馆社会教育事业发展提供参考。

## 一、图书馆具有天然的教育使命

纵览古今中外，图书馆与教育的关系密不可分。古代苏美尔神庙图书馆、希腊化时代的亚历山大图书馆、欧洲中世纪修道院图书馆，都有教人识字、提供学习读物之职，中国唐朝的宫廷图书馆弘文馆，也招收

---

① 张久珍. 重振图书馆社会教育职能，充分释放图书馆全民信息素养教育的作用 [J]. 图书馆研究与工作，2020（11）：6—14，85；于良芝. 公共图书馆存在的理由：来自图书馆使命的注解 [J]. 图书与情报，2007（1）：1—9；柯平. 从"读者留言东莞图书馆"看公共图书馆的社会教育作用与地位 [J]. 图书馆论坛，2020，40（7）：7—8；王子舟. 专栏导语：图书馆社会教育职能的前缘后续 [J]. 图书馆研究与工作，2020（11）：5—6.
② 徐琳. 关于基层公共图书馆拓展教育功能的探索与研究——以上海市嘉定区图书馆"馆校结合"项目为例 [J]. 图书馆理论与实践，2019（10）：97—99；陶琳，吴一舟. 社会教育在公共图书馆的创新实践——以"U.I.E. 社会教育创新团队"为例 [J]. 图书馆理论与实践，2017（3）：84—87；郑昀，许大文，胡萍，等. 建设公共图书馆"馆本课程"提升未成年人信息素养——以嘉兴市图书馆"图书馆第一课"项目为例 [J]. 图书馆杂志，2019，38（11）：56—60；周佳贵. 公共图书馆数字媒体教育的实践探索——美国 YOUmedia 剖析 [J]. 图书情报工作，2019，63（14）：131—140.

朝官子弟念书习字①。

　　近代意义上的公共图书馆发端于 19 世纪中叶的欧洲，是伴随着思想启蒙运动、宗教改革和工业革命的进程而诞生，源起于为广大平民提供免费的学习与受教育机会。世界性的图书馆纲领文件，对图书馆的教育使命做了充分阐述：1949 年联合国教科文组织和国际图联发布的公共图书馆宣言《公共图书馆：大众教育的生力军》，将公共图书馆定位为"民主的教育机构""重要的社区力量""人民的大学"②。1972 年、1994 年修订本均强调图书馆的教育职能③。1975 年国际图联将公共图书馆的社会职能概括为：保存人类文化遗产、开展社会教育、传递科学信息、开发智力资源④。

　　随着西学东渐之风日盛，梁启超等有识之士将创办图书馆视为开启民智、培育新人的重要途径，中国从古代藏书楼走向近代公共图书馆。1904年，湖南图书馆建立，这是国内首家以"图书馆"命名的省级公共图书馆；1909 年，清政府批准兴建京师图书馆，即中国国家图书馆前身。1912年蔡元培出任民国教育总长，设立社会教育司，鲁迅作为教育部佥事兼第一科科长主管图书馆工作。老一辈图书馆学家沈祖荣、杜定友、刘国钧等也纷纷指出，"图书馆乃终身之教育机关""图书馆几为社会教育之中心，有改良社会、指导社会之天职""图书馆在今日不惟为研究学术所必需，

---

① 王子舟 . 图书馆学是什么 [M]. 北京：北京大学出版社，2008.

② 王子舟 . 专栏导语：图书馆社会教育职能的前缘后续 [J]. 图书馆研究与工作，2020（11）：5—6.

③ 柯平 . 公共图书馆的使命——《公共图书馆宣言》在公共图书馆事业发展中的价值 [J]. 图书馆建设，2019（6）：13—19；程焕文 . 21 世纪城市公共图书馆的使命 [J]. 图书馆，2013（6）：1—5.

④ 张久珍 . 重振图书馆社会教育职能，充分释放图书馆全民信息素养教育的作用 [J]. 图书馆研究与工作，2020（11）：6—14，85.

且为社会教育之利器"①。

在实践层面，国内外公共图书馆积极发挥社会教育职能。大英图书馆关注人文历史教育资源建设，创立濒危档案库、声音库和手稿库；美国公共图书馆通过开展技术连接、夏季学习挑战、社区计划等系列阅读推广项目，欢迎并支持所有人阅读以及追求终身学习；德国发起包含每个年龄段孩子最佳阅读和语言提高信息的"阅读测量尺"活动，为家庭提供阅读指导帮助等。美国"钢铁大王"安德鲁·卡内基的故事亦能从一个侧影体现图书馆的社会教育作用。卡内基自幼贫穷，因为喜爱读书，从小受益于免费的公共图书馆，所以在事业有成取得巨额财富后，立志回报图书馆，在世界范围内捐建 2500 余座图书馆，他希望像他那样的穷人家孩子可以到免费的公共图书馆去读书、学习。

在中国，国家图书馆为传承和发展优秀文化，开展中华古籍保护计划、中国记忆、国家数字图书馆工程等项目；上海图书馆为支持文化寻根，打造家谱知识服务与数字人文平台；中国图书馆学会为推广经典教育，组织开展"让经典走向大众——《中华传统文化百部经典》推介全国行"活动。为普及社会教育，全国各地各级公共图书馆积极开展丰富多彩的阅读推广活动，覆盖不同年龄读者，尤其注重激发孩子们的想象力与创造力。根据《中国文化文物统计年鉴》，近年来，全国公共图书馆年均组织各类讲座约 8 万次，举办展览约 3 万个，举办培训班约 6 万个，受益人群约 1 千万人次②。

---

① 张久珍 . 重振图书馆社会教育职能，充分释放图书馆全民信息素养教育的作用 [J]. 图书馆研究与工作，2020（11）：6—14，85；王子舟 . 图书馆学是什么 [M]. 北京：北京大学出版社，2008.

② 数据来源：2016—2020 年《中国文化文物统计年鉴》。

综上所述，从古今中外图书馆的使命论述与实践发展看，均体现公共图书馆教育使命之先天性与重要性。长期以来，图书馆以润物细无声的高贵坚守，丰富并滋养着人们的心灵。

## 二、深圳图书馆社会教育实践

相对于国家图书馆、湖南图书馆等百年老馆，深图可谓是"后浪"。但作为改革开放前沿城市的大型现代公益文化设施，深图带着与生俱来的创新基因，秉持"开放、平等、免费"的公共图书馆精神，通过丰富共享的馆藏资源、智慧多元的文化空间、多层次高品质的阅读活动，与一切有意愿的机构和人士开展广泛合作，践行社会教育职能，保障市民文化权利，推动学习型社会建设。

### （一）开展分众化社会教育服务

为实现全覆盖式、精准化服务，深图注重细分读者人群。从广度上，根据儿童、青少年、高校学生、老年读者、残障人士、来深建设者等不同群体需求，量身定制服务项目。比如，策划开展"少儿智慧银行"项目，鼓励少儿读者通过借阅图书累积智慧财富，培养阅读习惯；针对青少年开展创客培养计划，推动城市创客创新教育；面向大学生开展思辨大赛，激发青年学子对社会重点热点问题的关注；面向老年读者实施"银发阅读"计划，助力老有所学、老有所乐；为保障困难群体、特殊群体的阅读需求，开展盲人电脑培训班，促进信息无障碍；将来深建设者及其子女纳入全民阅读服务体系，举办全市性来深青工文体节知识竞赛，体现阅读关爱。

从深度上，深图注重加强与社会教育对象的黏合，打造不同"学习社群"，提供长期、稳定、专业学习路径。比如，面向社会开设古籍修复技术培训班，组建"传统文化学习社群"，从理论与实践方面加强读者对古籍的认识；举办英语研习社、英语星期天等活动，凝聚"英语学习社群"，满足读者语言需求，助力英语技能提升；依托微信、微博、B站、抖音等平台，构建"新媒体社群"，与新一代数字公民建立深度联结。深图还建立了计算机、智能手机、摄影、书画等多类学习社群，满足不同市民读者的文化需求。

### （二）创建标识性社会教育品牌

作为全民阅读的重要阵地，深图专注于文明传承与文化耕耘，注重打造具有标签性和辨识度的社会教育品牌。目前，已构建起深图讲座、深图展览、深图艺苑、深图活动四大类别，形成学术文化、经典阅读、创意思维、艺术阅读、传统文化、公益培训、公益法律、未成年人阅读、银发阅读、阅读关爱、现代生活和数字阅读 12 个系列。

在多年实践发展中，深图逐渐创建了一些具有标识性的社会教育品牌。一是加强区域联动，形成规模效应。2016 年深圳市图书馆界发起 4·23"共读半小时"活动，倡议社会各行各业各年龄层在同一时间，在图书馆、学校、企业、社区、医院、工业园、餐馆、家等不同地点，共同参与具有仪式感的共读活动。至今已连续举办六届，2019 年成为粤港澳文化交流合作项目，共读点从最初的 23 个跃升至近 1300 个，累计参加市民读者超过 100 万人次，成为大湾区具有影响力的阅读品牌。此外还有"阅在深秋"公共读书活动、"深圳—敦煌"两地图书馆城际交流项目等。二是推广经典阅读，弘扬优秀文化。2014 年，深图推出"南书房家庭经典阅读书目"十年推荐推广计划，向广大读者推荐适合当今中国家庭阅读与收藏的经典著作，计划用 10 年时间，每年推荐 30 种经典图书，从而形成一般家庭经典书架的基本容量，同时围绕书目举办导读、征文、诵读等系列活动，编印《行走南书房》公益阅读刊物，为读者创造全方位、立体化的经典阅读体验。此外还有"深圳学人·南书房夜话"文化沙龙、"人文讲坛"儒家文化研习社与道家文化研习社、"青少年阅读基地"等品牌项目。三是挖掘地方文化，传承城市记忆。开展"深圳记忆"大型地方文献建设项目，通过文献研究、田野调查、影视记录等方式，探访深圳现存古村落、古建筑，寻访非遗传承人，拍摄"深圳古墟寻踪"等系列专题片，并在此基础上策划开发凤凰古村、大鹏所城等多条文化走读路线，增进市民对城市的文化认同感与归属感。四是提升信息素养，弥合数字鸿沟。组织开展云上数字资源大闯关、主题 e 书单、"码上阅读"进社区、深图网络公开课、数字资源培训月、市民信息素养公益课堂、e 读·读书会等各类形式新颖的阅读推广活动，激发市民读者阅读热情，乐享数字阅读新生活。五是聚焦艺术鉴赏，提高公众审美。举办"知美学堂——中国艺术之美"系列讲座，聚焦中国绘画、书法、园林、陶瓷、文博考古等中华古典美学文化，邀请清华大学、北京大学、中央美院、敦煌研究院等相关艺术领域顶级大咖亲临主讲。此外，还举办"阅读 深圳"经典诗文朗诵会、"对话影像"第一季——影视作品中的人文世界、"音乐之声"系列活动、"深圳图书馆 室内设计第一现场"等艺术品牌活动。

## （三）实现数字化资源整合推荐

在社会教育环境中，资源是重要且基础的一环，通过对资源的挖掘、揭示、整合、加工与推荐，能够为读者提供有效指引。除官方门户网站之外，深图还依托微信端，打造移动式资源聚合服务，读者通过微信公众号即可实现一站式信息检索。当前深图采购及自建数据库 90 余种，涵盖人文、经济、科学、法律、医学等领域，其中支持馆外访问的数据库达 98%。自建资源如"深圳记忆"专题数据库、"深图视听"读者活动库等，内容丰富、特色鲜明。"数字阅读馆"基于微信小程序，以"智慧化""个性化""社交化"为特点，整合海量数字资源，提升了市民读者的线上阅读与学习效率。

为提供专业化、便捷化阅读指导，深图特别打造"深图书单"栏目，根据不同主题与需求进行书目推荐，下设新书来了、E 书单、童书同阅、漫读时光、南书房家庭经典阅读书目、深圳记忆、异域撷珍、书海拾遗、家庭与图书馆（室）少儿推荐书目九大类别。同时，通过读者借阅数据分析，整合生成资源排行榜。根据中国图书馆分类法，制作每类图书与期刊的月度借阅排行榜，按照百科、电影、电视剧三个类别制作影像资料的月度借阅排行榜，形成资源导航，提供借阅参考。

## （四）营造多功能社会学习场域

近年，为满足不同市民读者的文化需要，深图倾力打造 14 个功能各异的新型文化空间，构建多元社会教育场景。

1. 综合文化空间。报告厅作为全民阅读典范城市的大讲坛，每年举办讲座、论坛、朗诵、民族音乐等各类文化活动数百场。讲读厅是集公众教育与自修学习为一体的文化空间，实行自助服务，定期开办培训、公开课、小型演讲、辩论等各类公益文化活动。

2. 经典阅读空间。南书房集阅读、活动与展示功能于一体，围绕文化典籍开展讲座、论坛、鉴赏、展览等活动。

3. 艺术教育空间。艺术设计区致力于打造深圳服装设计及平面设计行业的交流、展示与传播平台。影音馆是集影音专业研究、多媒体视听体验、经典特色影音作品推广、公众艺术素养培养于一体的城市公共文化空间。

4. 资源共享空间。深圳捐赠换书中心是全民阅读资源公益平台，为市民进行图书交换提供便利，同时接受社会各界和个人捐赠图书，倡导阅读分享理念。

5. 跨文化交流空间。世界文化区作为国际多元文化交流平台，集宣传发布、阅读推广、交流分享等功能于一体。两岸四地法律区是大陆及港澳台地区法律信息资源、法治文化成果的展示与交流空间。

6. 地方及传统文化学习空间。深圳学派文献专区是深圳地方学术资源展示与交流空间，致力于搜集、保存、推介和展示深圳学人的学术成果。古籍保护中心肩负深圳地区古籍普查、修复保护、宣传推广等多项职能，致力于提升古籍保护与文献服务水平。

7. 未成年人教育空间。少儿服务区是为 3—13 岁少年儿童提供服务的阅读与学习体验空间，内设 V-care 公益空间、儿童服务区、幼儿服务区、多功能活动区。作为创意交流与创新教育实践平台，创客空间引进一整套创客文化体系，包括 3D 打印、手工机床、机器人实训等，并融合最新的 STEAM 课程内容，开展"青少年创客成长培养计划"。

8. 新媒体空间。爱来吧（iLib）是为市民读者打造的数字阅读与新媒体乐享体验空间。2021 年全新推出的全媒体工作室，是一个集视频拍摄、音频录制、活动直播、高清数字媒体编辑等功能于一体的新型内容生产创作与线上阅读推广空间，依托新媒体矩阵推出一系列内容丰富、形式多样的线上活动及创意视频。

## （五）推进多元化社会教育合作

为推动全民阅读，促进社会教育，深图秉持开放、包容的理念，充分利用自身优势，吸引社会力量参与公共文化服务建设。目前已与 200 余家机关企事业单位、社会团体、民间组织、新闻媒体等开展合作，深入合作的机构达 80 余家。从合作领域来看，集中在阅读推广、图书捐赠、分馆建设和志愿服务等方面。

1. 阅读推广。从阅读推广合作的主题分类来看，现代生活、地方文化、学术文化、数字服务、经典及传统文化较受关注，合作机构数量排名前列，具体分布如图 5-21 所示。

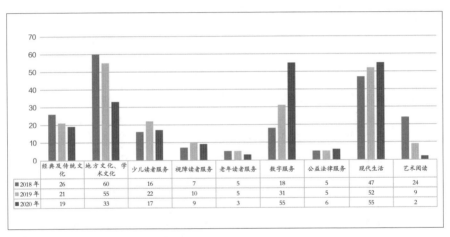

图 5-21   2018—2020 年深圳图书馆阅读推广社会合作主题分类图

2. 图书捐赠。深图常年接受社会各界与个人捐赠，近 10 年接受捐赠图书 12 万余册。持续开展地方文献征集，推出"深圳写作人作品典藏计划"，发布"深圳人著作征集令"，陆续整理出版《深圳文献·深圳著作人目录》系列丛书，以展现深圳人在城市文化发展中发挥的重要作用和取得的斐然成绩。2020 年开展"深圳记疫"文献收集工作，广泛征集抗击疫情相关文献资料，共征集文献与文艺作品 3000 余件。

3. 分馆建设。作为"图书馆之城"的龙头馆和中心馆，深图积极与大型企业、社区以及市级党政机关、事业单位合作，先后建立创维分馆、富士康分馆、新百丽分馆、法律分馆、健康分馆，不断丰富城市图书馆服务体系。

4. 志愿服务。深图志愿服务始于 2002 年，经过近 20 年发展，日渐形成规范的组织管理体系，从文献整理、服务导览等基础性服务发展成为专业化、特色化、多样化的志愿服务体系。大致分为十大类志愿服务项目：图书整理与秩序导引、爱心助残、同心童阅、银发关爱、公益法律、古籍保护、信息素养培训、创客教育、阅读推广和自助图书馆志愿服务。2020年在册个人和团队志愿者共计 7141 人，服务总时长达 7882 小时，开展活动 1690 场，受益近 56 万人次。

### （六）搭建矩阵式教育宣传平台

随着信息社会发展，公共图书馆积极探索"互联网+"模式，新媒体融合成为趋势。为适应新环境下社会教育的特点与要求，深图在战略上构建新媒体矩阵，从内部来看，注重平台化联动运营，依托官方网站、微信、微博、B 站、抖音合力宣传推广，通过资源推介、信息发布、活动推广、咨询互动等形式促进社会教育，社会效果显著，深受读者喜爱，当前新媒体平台粉丝数累计超过 160 万。深图微信公众号 2017 年被中国出版传媒集团评为"大众最喜爱的 50 个微信阅读公众号"，微博自 2017 年起连续四年被人民网评为年度"十大图书馆微博"，并获评新浪"2020 年度创新应用与传播优秀微博"。

从外部来看，深图与各类媒体开展广泛合作，合作对象包含纸质媒体、影视媒体、网络媒体及新媒体等，与《人民日报》《中国文化报》《深圳特区报》《南方都市报》《香港商报》、凤凰网、@深圳、新浪微博等建立长期联系，2017—2020 年各类媒体报道量分别达 1112、1356、1406、1373 篇（次）。通过大众传媒对图书馆行业价值、资源与服务、阅读推广活动的全方位宣传报道，不断扩大影响力和辐射力，吸引更多的人了解图书馆，利用图书馆。

## 三、推进图书馆社会教育的思考

纵观整个公共图书馆行业，重视社会教育已成共识，各馆亦积极开展相关实践活动，呈现出百花齐放、各具特色的局面。在理念方面，随着图书馆事业发展，越来越多的公共图书馆对于社会教育的认识不断提高，将其作为重要职责与使命，指导推动服务创新，为市民阅读素养、文化素养、信息素养的提升提供支持。如广州图书馆的使命之一就是充分发挥图书馆的社会教育职能，为公众自主学习提供文献信息、空间、设备和服务等支撑，使图书馆成为公众的终身学习平台。在实践方面，图书馆注重结合自身优势，从不同层面推广社会教育。从服务对象上，以读者需求为导向，关注核心要素"人"，按照不同群体特征建立分众指导体系，满足不同层次、不同文化的读者需要。从服务内容上，注重品牌意识，不断丰富活动类别，完善品牌体系，增强读者黏性。从文献资源上，通过聚合优质资源，推送精品内容，节省读者搜寻成本。如浙江图书馆融合地方资源，打造浙江人文数字地图资源总库、杭州西湖龙井茶文化资源库、地方戏曲多媒体资源库等。积极寻求社会合作，并布局新媒体平台，拓展服务边界。如上海图书馆与"一带一路"沿线 50 个国家的 94 家图书馆建立合作关系，且在新媒体上表现亮眼，进驻微信、微博、抖音、B 站，采取差异化营销策略，按照平台特性推送不同主题服务，服务触角不断延伸。

然而，从总体上看，公共图书馆在开展社会教育上亦尚存在一些问题，仍有较大提升空间。一是重实践、轻研究，理论与学术研究需与实践同步发展。目前，公共图书馆更多关注行动层面的社会教育活动普及，基础理论研究、教育模式研究、用户研究、效益研究等相对欠缺，亟需更为成熟、更体系化的理论来指导与支撑图书馆社会教育事业科学化发展。鉴于此，应当围绕社会教育的基本问题、重大课题以及前沿热点主题，通过举办年度峰会、学术论坛、学术征文、案例征集等方式，深入开展社会教育理念、生态、机制、技术等研究，为图书馆社会教育创新发展提供重要指导。同时，在业务上，应当加强实践经验总结提升，通过推进学科馆员建设、开展业务分析、强化业务培训、打造"讲师团"等，促进研究习惯养成，着力提升研究水平。

二是顶层设计不足，统筹规划有待加强。公共图书馆在社会教育上的顶层设计与规划意识较为薄弱，尚未形成完整、全面社会教育推广机制与工作链条。应当将社会教育提升至战略高度，进行总体布局，分析社会教育所处的社会环境与政策环境，厘清自身发展现状与问题，设定发展目标并制定分阶段发展策略，有重点、有层次地推进图书馆社会教育。

三是行业性跨界融合不够紧密，教育协同需创新发展。教育协同是指在由家庭教育、学校教育与社会教育构成的教育生态系统中，其中一个教育体系的要素与其他教育体系的要素相互联系、产生作用，从而引发协同效应。公共图书馆已有意识地通过家校合作、馆校合作来促进社会教育，但未能与其他重要教育体系之间建立起行业性的跨界合作长效机制。因此，建议由中国图书馆学会或地方性图书馆行业协会、学会组织，与其他教育力量如中国教育学会及其家庭教育专业委员会、妇联等组织建立合作联盟，促进资源共建共享，推动教育协同创新发展。

四是缺乏健全的评估机制，需完善评估标准，丰富评估内容与方式。当前公共图书馆存在评估维度较为单一、评估方法的科学性与规范性不强等问题，从而影响评价的客观性与真实性。从评估的标准来看，应当遵循科学性、有效性以及定性与定量相结合的原则。科学性是指构建合理的指标体系，按照服务对象、活动品牌、社会合作等不同方面设置针对性评价指标；有效性是指评估方法应当经过实证，且具备复制与推广的可行性；定性与定量相结合是指评价体系构建应当同时参照实践经验与客观量化数据。从评估的内容与方式来看，应当范围更加广泛、方法更为多元。如面向读者，丰富评价手段，采取问卷调查、数据分析、用户访谈、焦点小组等方式获取用户反馈；开展宣传平台的影响力评估，可从内容分布、用户关注、社会辐射等方面设置影响因子。

五是技术应用不够深入，需加强智慧与科技赋能。随着信息社会发展，大数据、云计算、5G、人工智能等技术应用至各行各业，"互联网+"重塑中国教育生态，学习者的学习方式与社会教育推广者的服务模式都在发生深刻变化。针对公共图书馆在开展社会教育中的技术融合问题，应当加强数据化、平台化、移动化建设，打造集智慧空间、智慧服务与智慧展示于一体的智慧化场馆。同时，提升大数据挖掘与分析能力，如面向读者开展深度行为分析，根据借阅数据、活动数据、参访数据、评价数据等打造用户画像，构建用户数据仓储，实现动态信息资源管理，并进行定制化推荐，满足读者个性化需求。

肖容梅，深圳图书馆副馆长

黄凯，深圳图书馆员工

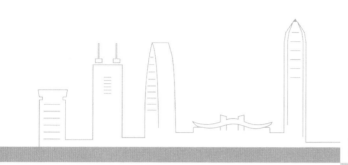

QUANMINYUEDU FAZHANBAOGAO **2022**

阅读文化研究

# 打造全国阅读文化的资源高地

## ——以全国新书首发中心为例

丘千

2021 年 4 月 21 日，全国新书首发中心在深圳正式揭牌成立，引发阅读文化行业与各路媒体的高度关注和热烈讨论，首场活动的宣传浏览量突破 8000 万人次。

在深圳奋力建设粤港澳大湾区和中国特色社会主义先行示范区"双区驱动"的历史新阶段，全国新书首发中心作为引领文化建设先行示范、加强粤港澳大湾区文化交流、打造文化领域综合改革试点工程的创新之举，自诞生之初便被社会各界寄予厚望。在深圳成立全国新书首发中心，既是对长期以来北京作为全国出版发行唯一中心的积极突破，有利于在我国南方建构资源高地，推进南北平衡的出版发行发展格局，又是对这座"全球全民阅读典范城市"全年化、常态化开展新书首发和阅读活动的重要引导，有利于制造文化热点事件，营造书香满城的阅读氛围，掀起常年不断的阅读狂欢，集聚深圳出版发行跨越式发展的资源和动力。全国新书首发中心，正逐渐成为领风气之先、立时代潮头的文化标杆。

秉持"深圳声音，国际视野，人文精神"的基本宗旨，全国新书首发中心以品质、品位、品格为导向，聚焦关注优质新书及其背后所反映的文化生态与社会动向，整合出版资源、打通行业链路、推进跨界融合。从首发刘擎、陶勇、郝景芳、星球研究所等热门作者与热门话题，到张笑宇等深圳本土青年学者的挖掘打造，再到日本导演竹内亮港版新书内地首发的全新探索，全国新书首发中心创新性、立体式、多元化地策划开展图书发行与全民阅读活动，持续打造立足深圳、联动港澳、辐射全国的阅读文化热点，为构建全国阅读文化资源高地提供了引领先行的范例与模板。

# 一、以城市文化软实力为出发点，深化内驱动力

（一）建设全国新书首发中心，是加快建设区域文化中心城市和彰显国家文化软实力的现代文明之城的重要举措。随着深圳进入"双区"驱动、"双区"叠加的黄金发展期，大力推进"城市文明典范"建设的重要意义日益凸显。在"全球视野、国家战略、广东大局、深圳特色"四维空间里，形成与中国特色社会主义先行示范区相匹配的文化软实力，是深圳文化创新发展的使命担当。其中，以搭建平台、培育精品为宗旨的高水平城市文化品牌，是撬动文化创新创造活力、塑造城市文化精神形象的关键所在。沿此思路，全国新书首发中心应运而生，旨在创新构建全国文化资源的聚合平台、培育打造城市阅读生活的精品工程，率先形成引领全国、云集名家、覆盖大众的文化新标杆、新名片，为加快建设区域文化中心城市和彰显国家文化软实力的现代文明之城注入新动能、新活力。

（二）建设全国新书首发中心，是发挥"全球全民阅读典范城市"标杆作用，引领全民阅读纵深发展的重要途径。深圳是全国全民阅读活动开展最早、效果最好、影响力最大的代表性城市，被联合国教科文组织授予"全球全民阅读典范城市"称号，书香建设始终走在前列。经过二十余

载积累沉淀，以读书月为核心的深圳全民阅读品牌活动已形成规模、深入人心。全民阅读连续九年被写入国务院政府工作报告，日益成为国家战略与社会共识，"爱阅之城"深圳要在更高起点、更高层次、更好目标上引领全民阅读纵深发展，持续为全国全民阅读先行示范、树立标杆。全国新书首发中心，作为深圳读书月之后又一开创先河、引领风潮的全民阅读品牌和城市文化名片，以联动全国的优质阅读文化资源为基础，以贯穿全年的新书首发分享活动为主线，与大型读书节庆活动相辅相成，是深圳全民阅读坚持全年化、常态化、普及化发展的重要标志，是深圳全民阅读突出"全域、全景、全民、全媒"特征的重要载体，更是深圳全民阅读走出本土、走向全国，进一步发挥典范效应的重要途径。

（三）建设全国新书首发中心，是培育深圳出版发行与阅读文化核心竞争优势，促进产业高质量发展的重要抓手。深圳是全国最早建设大型书城的城市之一，早在 1996 年就建成运营全国首座以书城命名的"深圳书城"。在"一区一书城，一街道一书吧"战略指导下，深圳迄今已拥有 700 余家大大小小的实体书店，并在"新时代十大文化设施"中规划建设全国最大的深圳书城湾区城，是名副其实的书城之城、书店之城。以深圳书城为代表，深圳也是全国最早推动实体书业转型升级、跨界融合的城市之一。围绕"图书 +""文化 +"文化综合体概念，深圳书城模式不断迭代升级，引领了全国实体书业的创新发展。新时代改革开放再出发，深圳积极实施综合改革试点，现代文化产业体系要向高质量发展转型。全国新书首发中心以深圳实体书业的先发优势为依托，开放平台、联动各方，通过对作品、作者、出版机构的大力宣传，提升知名度，加强出版资源与深圳城市的交流互动，从出版上游开始便吸引更多名家名稿、重磅选题汇聚深圳，进一步打破资源壁垒、区域限制和时空制约，是推动深圳出版发行乃至全国实体书业从线下向线上、从区域向全国、从单一链条向复合生态转型升级的重要抓手，也是促进全市文化创意产业高质量发展的重要一招。

## 二、以资源整合与集聚为着力点，创新运作机制

（一）面向全国，放眼国际，构建引领风向的选品交流机制。全国新书首发中心积极打造业界开放平台，在中国出版协会的指导支持下，与50余家头部出版机构建立深度合作的战略关系，第一时间征集掌握全国新书出版动向，形成体量庞大的阅读文化资源库，为扎实推选具有代表性和影响力的优质新书奠定基础。重点组建专家智库团队，邀请来自全国、业界知名的出版人、书评人、媒体专栏主编合作交流，为新书选品提供广泛而深刻的文化洞察，真正树立代表深圳眼光和先锋水准的阅读风向标。探索推进国际交流合作，拓展选品范围，拓宽合作目光，进一步联动粤港澳大湾区，与港澳较大的出版机构建立特别联系，与深港澳20余家实体书店形成互动合作，促进新书首发的同步展销与文化议题的表达交流，以新书为小切口涵养同宗同源的文化认同，用文化讲好深圳故事、中国故事；同时加强与中国图书进出口（集团）总公司、中华商务贸易公司的战略合作，进一步推动国版新书走出去与外版新书引进来，在国际视野中促进优秀新书资源的交流互动。

（二）完善矩阵，个性传播，构建全媒聚焦的宣传推广机制。全国新书首发中心重点打造媒体宣传矩阵，与人民网、新华网、光明日报等中央媒体，中华读书报、中国新闻出版广电报等行业媒体，深圳"四报两台一网"等传统主流媒体和深圳发布、深圳微时光、ShenZhenLOOK等线上新

媒体建立战略合作关系,立体式、多元化地为首发新书宣传造势。一方面着力推进与中央级媒体的策划合作,打造年度榜单、文化盛典等事件级活动;另一方面不断深化与新媒体平台的互动交流,探索在地化、网络化的传播项目,提高在互联网领域的影响力,进而覆盖更多人群,制造阅读热点。不断加强自有媒体建设,通过微博、微信、B 站、抖音、小红书等社交平台,组织策划图文预告、快问快答、知识分享等传播内容,组织邀请知名作家、文化学者以"飞行嘉宾"的身份参与创作宣传、开展社群互动,营造有趣热络的网络传播生态。积极探索达人资源合作,与相关机构建立信息通联机制,依托达人矩阵进行同步宣传,提升全网流量。持续鼓励互动创作传播,通过话题引导、场景设计、有奖互动等形式刺激大众读者创作分享,铺设良性循环、自发增长的传播链路。

(三)立足城市,贴近大众,构建形式创新的首发活动机制。全国新书首发中心以重磅新书首发活动为呈现形式,力求与城市生活和大众读者产生更加深层的互动与更加广泛的共鸣。一方面,创新线下活动形式,基于深圳鲜明的城市特质与读者关注的热点话题,关联深圳个体故事与城市发展的案例分享,盘活新书预售、福利折扣、定制服务、名家支持等独家资源,通过体验展、冷餐会、访谈间等仪式感、互动性、话题度更高的特色营销活动,策划打造全城热议的新书首发大事件。另一方面,开拓线上活动阵地,顺应电商网络平台发展趋势和疫情防控常态化形势,结合大众喜爱、当下流行的互联网互动机制,利用自媒体矩阵探索推出音频播客、视频剧场、网络互动等线上活动栏目,为新书首发赋予更加鲜明的互联网标签与品牌印记。

## 三、以阅读文化新发展为落脚点，勾勒多维愿景

（一）依托全国新书首发中心，营造"重磅新书，首看深圳"的文化生态。依托全国新书首发中心，面向全国整合集聚宣传平台与发行渠道，进一步吸引优质出版资源和文化内容向深圳倾斜，打破名家名作京沪首发的传统模式，形成"重磅新书，首看深圳"的全新文化生态。2021 年，全国新书首发中心推动刘擎《做一个清醒的现代人》、竹内亮团队《我住在这里的 N 个理由》、星球研究所《这里是中国 2》、郝景芳《宇宙跃迁者》等重磅新书在深圳率先发售。特别是《我住在这里的 N 个理由》，首次实现"港版新书，内地先发"，首发当周仅在深圳现货供应，充分彰显了深圳在粤港澳大湾区文化建设领域的核心引擎作用。重磅新书深圳首发的成功尝试，引发了阅读文化界高度关注，吸引中国出版集团、中信出版集团、磨铁图书公司、中南博集天卷等头部出版机构持续接洽、倾斜资源，期望更多重磅新书落地深圳首发。生活·读书·新知三联书店执行董事、总编辑肖启明直接表示，希望更多三联出版的书通过深圳的首发中心，更快地走向全国、走向读者心中。以全国新书首发中心为平台，深圳将进一步凝聚出版资源、名家资源、文化资源，为营造与先行示范区相匹配的文化生态奠定基础。

（二）依托全国新书首发中心，树立"书香先行，引领风尚"的文化标杆。依托全国新书首发中心，充分彰显深圳选书的优秀品质与先锋主张，策划打造兼具热度与温度的新书首发大事件，掀起铺天盖地的宣传报道，带动全网热议的超常销量，进而树立对出版业界与社会大众都有引领性和影响力的新书风向标。2021 年，全国新书首发中心持续开展新书首发活动，吸引人民网、新华社、中新社、《中青报》《光明日报》《南方

日报》《羊城晚报》《深圳特区报》《深圳商报》《深圳晚报》《晶报》、深圳新闻网、深圳卫视、新闻频率等各级媒体重点报道，被腾讯、新浪、深视频、今日头条、一点资讯、学习强国等新媒体平台全网转发，累计阅读量超过 1.5 亿人次。其中，刘擎的《做一个清醒的现代人》首发活动实现销售转化 1200 余本，带动全网热销，首印 7 万册当周售罄，出版机构中南博集天卷紧急加印，并称赞"全国新书首发中心组织和宣传能力太出色了，是图书爆品孵化器"。竹内亮团队的《我住在这里的 N 个理由》首发活动实现销售转化 600 余本，为新书的全国推广奠定了良好基础，迄今销售近万册，创下近年来港版图书内地销售佳绩。杨红樱的《淘气包马小跳29：七天七夜》通过抖音、壹深圳、天威视讯等多平台并机直播，将优质童书线上分享内容送进千家万户，覆盖全国读者。星球研究所的《这里是中国 2》紧紧围绕庆祝建党百年的主题主线，组织发起主题共读活动，吸引深圳中学、华侨城集团、创新智慧港、深圳市阅读联合会等学校、企业、阅读组织积极参与，掀起阅读热潮，促使出版社补货加印，目前全国总印数已达 21 万册。以全国新书首发中心为平台，深圳将进一步提升在实体书业和阅读文化领域的市场号召力与全国影响力，发挥示范效应与标杆作用。

（三）依托全国新书首发中心，丰富"名家互动，全民参与"的阅读生活。依托全国新书首发中心，为我所用地盘活各类名家资源与文化资源，通过知识分享、快问快答、视频剧场、线上互动等适合微信、微博、抖音等新媒体传播的趣味形式，为新书资源与市民读者、与深圳城市的深情互动贡献丰富素材。通过新书首发活动，刘擎在媒体群访时称赞深圳是一座充满创新精神、有朝气的城市，文化设施和文化气息给他留下了深刻印象；竹内亮在短视频问答中表示自己所认识的最优秀的日本年轻人全都聚集在深圳，这让人能直接感受到深圳的特别；星球研究所创始人耿华军用活力、干净、明亮来形容深圳，盛赞近年来深圳的文化氛围越来越浓。同时，通过限时折扣、定制周边、图文分享、视频导读等多重文化组合形式，引领全民参与，读者粉丝群气氛活跃。读者"清风明月"感叹："我茶颜悦色抢到号了，在这里的活动报名竟然抢不到了。"读者 Wendy 为了参加新书首发活动，专程从东莞清溪镇驱车来深。首发活动期间，亦有许多读者表达了加入志愿者队伍的心声，希望为阅读推广贡献光和热。以全国新书首发中心为平台，深圳将进一步激发全民阅读活力，以名家互动、全民参与的丰富生活形态，引领全民阅读迈向纵深发展的新阶段。

丘干，深圳出版集团有限公司党委委员、副总经理，

深圳读书月组委会办公室专职副主任

# 青年群体的数字阅读特征及其社会共识建构

张晗 卢嘉杰

2020 年 10 月，中宣部印发《关于促进全民阅读工作的意见》，对新时期全民阅读工作的目标理念、指导思想、具体措施和重点任务进行了部署，并强调要制定完善全面的评价指标体系，定期开展国民阅读调查，评估全民阅读发展水平。麦克卢汉曾指出，传播最大的效果在于影响了理解和思考的习惯，改变人们对世界的观念。阅读不仅决定着个体的现代化和学习型社会的建设进程，更关系着中华民族的伟大复兴。数字阅读碎片化、低俗化、浅薄化等负面影响颇受诟病，在国家鼓励优质内容供给、推动阅读便利化、加强阅读推广的同时，研究读者在数字媒介上"谁在读""读什么""如何读"等一系列暗含的行为动因和社会效果是提升阅读推广效能、促进公共文化服务的理论基础。

## 一、多元社会的共识建设

当今社会，制度发展转型、思想观念碰撞、文化价值交融构成了一幅前所未有的图景。全球化浪潮伴随着新技术的发明和扩展，以空前的力量冲击着人类社会的意识形态壁垒。加拿大知名学者莫斯可指出，"新一代互联网可能比它以前的几代家族成员对世界造成更大的破坏"，我们走进了一个价值观念日益分化、个性差异愈发鲜明的时代。

共识的功能主要用于维护公共秩序，减少使用暴力解决分歧的机会，限制产生分歧的情感和动机的强度，在存在亲密关系或有认同感的人之间培养一种接受和平方式裁定分歧的意愿，增加社会成员合作的可能性。阿伦特认为，"生活只有在不同的、充满差异性的观点和方面同时在场的条件下才会呈现自身。它是以差异性和多样性为前提，因而无法被还原到同一性的前定本质或先验原理"[1]。任何一个国家和社会的存在与发展都离不开建立在共同利益、公共价值等公共理性基础上的社会认同与价值共识。

以凯伊为代表的经验取向的研究者从理论层面上全面思考了共识各维度的经验性关联，在仔细评估了共识的各种变种在具体政策决定上的可能性后，将其划分为支持性共识（supportive consensus）、许可性共识（permissive consensus）和决定的共识（consensus of decision），三者分别指公众对已经存在的政策的一致同意，公众一致同意接受由政府提出的政策和公众对一项行动的共识[2]。格雷汉姆则将共识概念的规范性和经验性重新整合，认为共识是包含社会目标、决策程序和具体政策三个维度上的历时性现象，随着不同时期适用与不同条件的社会规范而变化，共识结构的改变与目标规范和程序规范的一致同意程度有关，共识程度和强度取决于社会对共同规范信奉的程度和强度。

寻求共识是人类认识与改造世界，构建和谐社会的共同需要，集中体现在人们利益相关性基础上的公共政治、价值观念和文化领域。主流层面

---

① 汪晖，陈燕谷. 文化与公共性 [M]. 上海：生活·读书·新知三联书店，1998.

② C.J. Friedrich. Man and His Government: An Empirical Theory of Politics[M]. New York: McGraw-Hil, 1963.

的社会共识可以分为社会的价值共识、政治共识和道德共识。价值共识指人们对国家意识形态层面的核心价值体系与社会基本价值的理解与认同，政治共识指对社会基本制度、法律、国家政策等的理解与认同，道德共识指对社会习俗、伦理、规范等的理解与认同，三者构成防止由社会分歧引发社会冲突的最后防线①。

社会共识是建立在共同利益、长远利益或根本利益基础上的公共理性精神的表现，以多元价值存在为达成共识的前提，以公共规范性为达成共识的基础，以合理性交往为达成共识的途径，以具体历史性为理解和达成社会共识的背景，以复杂性和多样性的统一为理解不同共识的层次和结构性特征，只有不同社会价值观念之间的多元竞争和理性对话，才能使不同主体在理解对方或他者的社会价值观念立场中扩展理解、加强认同，从而找到某种共享的价值理念。

## 二、青年群体的数字阅读特征

本文采用由世界社会科学网络共同执行的第六次"世界价值观调查（World Values Survey）"作为蓝本，根据我国国情和数字阅读的研究需要，设计了一份包含 40 个问题的《青年数字阅读与社会共识调查问卷》，将数字阅读定义为"在电脑、手机、电子阅读器或平板电脑等数字媒介上阅读书、报、文章等"。其中第 1 题至第 3 题用于样本筛选；第 4 题至第

---

① 苏颖. 中国互联网公共讨论中的多元共识——基于政治文明发展进程里的讨论 [J]. 国际新闻界，2012（10）.

7 题为性别、教育程度、工作行业和月收入等人口学因素；第 8 题至第 22 题为数字阅读习惯和行为调查；第 23 题至第 40 题为有关社会政治、经济、文化等方面的认知内容。在城市选择上，结合中国新闻出版研究院的年度城市阅读指数排名和中国数字阅读大会公布的年度十佳数字阅读城市，综合考虑文化传统、行业实力、公共服务和地域分布，选择北京、上海、深圳、杭州四个城市为问卷投放城市。样本量的计算公式为：

$$n = \frac{Z^2 \sigma^2}{d^2}$$

其中，$Z$ 为置信区间，$n$ 为样本容量，$d$ 为抽样误差范围，$\sigma$ 为标准差。本研究选取置信度为 95%，$Z=1.96$，抽样误差为 5%，标准差取 0.5，则总体样本量达到 384 个便具有统计学意义。为了获得更科学的样本数量，共投放样本总量为 1100 份，按照各城市统计部门发布的青年常住人口年龄构成，计算各城市样本量，如表 6-1 所示。

表 6-1  调查问卷样本分布

| 投放城市 | 年龄 / 岁 | 青年人口数量 / 万人 | 样本量 |
|---|---|---|---|
| 北京[1] | 20—24 | 141.3 | 410 |
| | 25—29 | 247.7 | |
| | 30—34 | 235.0 | |
| | 35—39 | 210.8 | |
| 上海[2] | 18—34 | 247.43 | 190 |
| | 35—59 | 536.42 | |
| 深圳[3] | 20—24 | 196.90 | 360 |

---

[1] 数据来源：《北京统计年鉴 2019》，2020 年 8 月 22 日发布。
[2] 数据来源：《上海统计年鉴 2019》，2020 年 8 月 22 日发布。
[3] 数据来源：《深圳市 2010 年第六次全国人口普查数据》，2021 年 5 月 12 日发布。

续表

| 投放城市 | 年龄 / 岁 | 青年人口数量 / 万人 | 样本量 |
|---|---|---|---|
| | 25—29 | 181.41 | |
| | 30—34 | 134.26 | |
| | 35—39 | 118.64 | |
| 杭州① | 18—34 | 170.07 | 140 |
| | 35—59 | 296.76 | |

在 2020 年 7 月至 10 月期间，采用线上与线下结合的方式进行抽样，线下选取北京、上海、深圳、杭州四个城市的公共图书馆、大型书城、知名书店等地点进行偶遇抽样，线上采用微信滚雪球的方式向四个城市的目标人群发送问卷。通过问卷中 Q1—Q3 的问题，筛选居住在上述四个城市、具有一年以上数字阅读经验、年龄介于 20 至 40 岁之间的调查对象，男女各占一半。绝大部分受访者使用手机答题，平均答题时长为 4 分 24 秒。

本次调查按照各城市配额收集到的 1100 份数据中，男女性别比例持平，各占 50%。从受访者的年龄分布来看，参与此次调查的受访者以 21—30 周岁的青年为主，其中 21—25 周岁占总人数的 44.7%，占比最大；26—30 周岁的占 29.7%，其余为 31—35 周岁、36—40 周岁的人群。在受教育程度方面，大学本科占一半以上，为 55.2%，硕士研究生占 19.4%，博士研究生占 2.2%，高中 / 大专学历为 19.4%，其余 3.8% 为初中或中专水平。在职业方面，除 21.2% 为未参加工作的大学生外，办公室职员占比最高，为 24.1%；其次为专业技术人士，占 17%，高层管理者为 8.5%；其他职业分布依次为销售人员、自由职业、技术工人、服务人员、体力工作者。

① 数据来源：《杭州统计年鉴 2019》，2020 年 8 月 22 日发布。

### 1. 开始数字阅读的时间低龄化

在被问及于哪个年龄阶段开始数字阅读，有 10% 的受访者表示学前阶段已开始接触，近五分之一（19.8%）的受访者从小学开始接触数字阅读，占比最高的是初中开始（29.2%），其次为高中，占比 20.3%，大学阶段为 17.7%，占比最少的为工作以后，为 3.1%。青年群体最早开始数字阅读年龄阶段的代际差异明显。"80 后"人群最为集中的是初中阶段，小学阶段开始数字阅读的受访者占 20% 以上，而七成的"90 后"在大学以前已接触过数字阅读，"95 后"有 85% 的受访者在大学以前开始了数字阅读。男性在学前和小学接触数字阅读的比例高于女性，而初中之后两者接触数字阅读的比例相当，二者在日常使用的数字阅读设备、每日数字阅读时长、喜爱的数字阅读内容、对数字阅读重要性的认知等方面差异不显著。

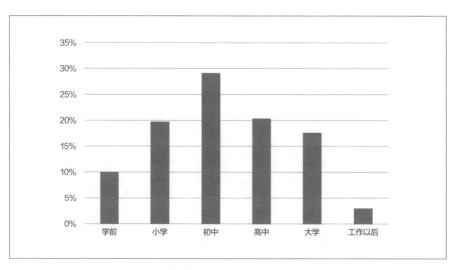

图 6-1　青年群体开始数字阅读的年龄段

## 2. 数字阅读平台使用的代际差异

青年群体日常使用最多的数字阅读设备是手机，有超过 68% 的受访者最常使用手机进行数字阅读，其次为电子阅读器，占比 14.2%，最常使用电脑的有 9.8%，日常使用平板电脑进行数字阅读的最少，为 8%，这与新闻出版研究院的国民阅读调查分布基本一致。但在数字阅读平台选择方面，"95 后"更多使用微信、微博等社交媒体（71.4%），阅读类 App 和小程序在"80 后"（61.4%）和"85 后"（64.5%）中更受欢迎。专业领域网站最受 1980—1984 年出生的群体欢迎。

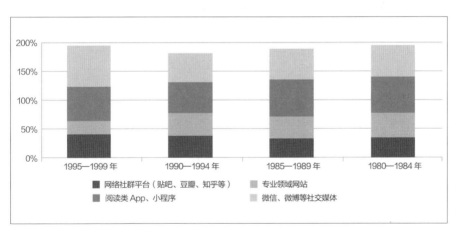

图 6-2　青年群体的数字阅读平台使用

## 3. 内容为王与社交影响并存

内容是数字阅读吸引读者的重要因素，从青年群体喜爱的内容来看，知识学习最受欢迎，占比 66%，其次是休闲娱乐，为 61.9%，排名第三的是新闻资讯，有 52.1% 的人选择，生活常识也有 46.4% 的青年群体喜欢，最后是社群交流，为 23.7%。若详细调查不同受访者的受教育程度，新闻资讯在受教育程度较高的青年群体中更受欢迎，休闲娱乐受到更多大学本科毕业生的欢迎，知识学习的需求随着受教育程度的增加而增加，高学历背景的青年群体更多喜爱数字阅读相关的社群交流。

调查发现，35.3% 的人读过 3—6 本，其次为 7—10 本，占 20.9%，阅读 11—15 本的占 9.8%，整体显示出较高的阅读量。约两成的青年群体过去一年阅读少于 3 本电子书，5.6% 的受访者阅读 16—20 本，2.9% 的受访者阅读 21—25 本，阅读 30 本以上的达到 4.8%。数字阅读付费主要考虑的因素为内容质量（66.4%），其次是价格（50.4%），此外，还有版式设计、作者名气、支付方式和媒体宣传等。在被问及选择电子书主要受到哪些外在因素影响时，青年群体表示最多的影响来自朋友推荐，占 60.9%，其次为各类书评和榜单（50.9%），专业人士的推荐也有影响（41.6%），作者签售（23.3%）和网红带货（10.5%）的影响力有限。

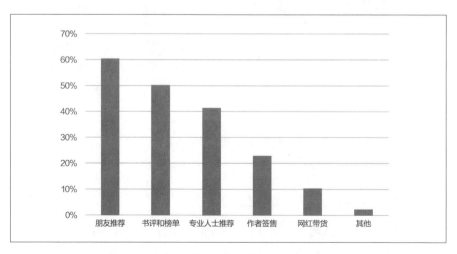

图 6-3　青年群体选择电子书的外在影响因素

# 三、数字阅读与社会共识的建构路径

对青年群体数字阅读的习惯进行分析发现，数字阅读成为青年群体获取知识的重要途径之一，随着移动互联网的发展和智能手机的兴起，数字阅读逐渐融入人们日常生活中，85%以上的受访者表示每天至少花一个小时用于数字阅读。更多的青年群体通过数字阅读获取知识和信息，并影响着关于客观世界的认知，特别是互联网时代，青年群体占据社会经济的主力，是政治和文化传播的主体，青年群体关于政治、经济与文化的认知基本代表了社会主流的政治、经济与文化发展的整体状态，是形成社会共识必不可缺的要素。

## 1. 数字阅读影响政治参与意愿

公民有序的政治参与是现代社会民主政治发展的基本标志，是中国特色社会主义民主政治建设的重要特征。在1000名受访者中，85%以上的人表示对政治感兴趣，只是程度有所不同，其中19.3%的人表示对政治有强烈兴趣，青年群体对政治的兴趣度均值为3.56，标准差1.02，方差1.04。对性别与政治兴趣度进行交叉分析表明，男性相比女性对政治表现出更高的兴趣。此外，收入也是影响受访者政治兴趣高低的原因，中等收入群体（月收入5000—10000元）对政治的兴趣高于其他收入的群体。这些群体不仅会从相关渠道了解相应的政治信息，也会和周围的人一起讨论相关的政治议题。95%以上的人表示会与朋友一起讨论政治议题，29.1%的人经常与朋友讨论相关的政治议题，性别、教育程度影响了受访者与朋友在一起时讨论政治议题的频率，男性相比女性、高学历者相比低学历者更愿意与朋友一起参加相应政治话题的讨论。

碎片化浅阅读与低政治兴趣相关。经常使用手机进行数字阅读的政治兴趣度处于均值的比例为 68.5%，且只有 15.6% 的人表示对政治十分感兴趣。而经常使用电脑、电子阅读器、平板电脑的人中表示对政治十分感兴趣的远超经常使用手机的青年群体，分别占比 26%、28%、29%。阅读电子书数量与政治兴趣的相关关系显示，一年阅读量为 21—25 本电子图书的受访者中有 31% 的人表示对政治十分感兴趣，在各种阅读方式中占比最高。每年阅读电子书数量在 11—15 本的受访者中有 28.6% 的人表示对政治十分感兴趣。总体而言，一年阅读电子书数量为 11—25 本之间的人政治兴趣度最高，10 本以下的受访者中只有 17% 左右的人表示对政治十分感兴趣。与此同时，过去一年数字阅读付费金额与政治兴趣的交叉分析显示，随着受访者数字阅读付费金额的升高，政治兴趣度升高。一年电子书付费金额 800 元以上的受访者中有 35.3% 的人表示对政治十分感兴趣，一年电子书付费金额为 200—500 元的受访者中有 28% 的人表示对政治十分感兴趣。

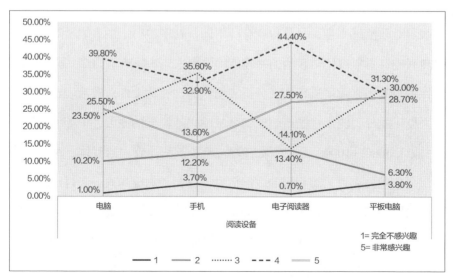

图 6-4 青年群体数字阅读设备使用与政治兴趣的交叉分析

## 2. 数字阅读促进政府信任度提升

青年群体是互联网时代主要的信息生产者和传播者，新生代的青年群体有着多元化的价值观念，能够通过多样化的媒体渠道表达对社会和政治的态度，进而影响社会政治观念、政治氛围。因此获取青年群体的信任是政府治理社会的重要途径，是政治系统有效运转的基础，是政策有效性和政权合法性的保障[1]。本部分研究关于政府信任度的调查主要考察青年群体对于以下六个观点的赞同度：政府是精干高效的、政府能很好地履行职责、政府十分关心民众、政府尽力效忠国家、政府没有腐败、政府运作公开透明。调查采用李克特5点评分法，1分表示非常不赞同，5分表示非常赞同。结果显示，对于政府是精干高效的观点，68%左右的人持认同的态度（M=3.90，SD=0.90），对于政府能很好地履行职责这一观点，68%左右的人持认同的态度（M=3.92，SD=0.88），有69%以上的人认同政府是十分关心民众的（M=3.92，SD=0.91），74%以上的人认同政府是尽力效忠国家的（M=4.06，SD=0.86），对于政府没有腐败这一观点的认同度较其他观点的认同度较低，占52%（M=3.53，SD=1.08），对于政府运作公开透明的认同度相对较低，占54%（M=3.63，SD=0.99）。总体而言，青年群体对我国政府秉持较高的信任度。

67.8%的受访者每天通过手机接收政治信息，其次是网络和社交媒体，分别占比64.6%和58.1%。除互联网之外，小部分人每天会通过报纸、广播、电视、与家人朋友或同事聊天等传统方式来获取政治信息，占比分别是26.6%、15%、20.5%、36.1%。调查数据说明，手机是人们获取政治信息的主要渠道，99%以上的用户或多或少曾通过手机获取相

---

① 王志红. 差异性社会共识理论研究 [M]. 北京：社会科学文献出版社，2016.

应的政治信息，但这并不代表人们舍弃了通过传统媒体获取政治信息的方式，特别是报纸，每天通过报纸获取政治信息的人群占比 26.6%，高于电视（20.5%）、广播（15%）。在纸媒消亡论的时代成为一个特例，这可能源于报纸作为党的喉舌，具有严肃性和可信性，在宣传党的方针政策上发挥重要作用。

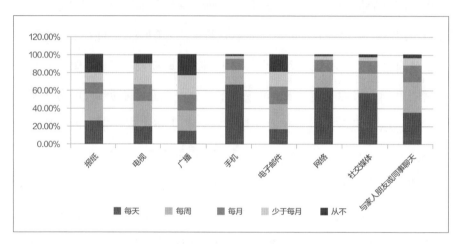

图 6-5　青年群体的政治信息获取渠道

　　对经常使用的数字阅读设备与政治信任度之间的交叉分析结果表明，数字阅读设备使用影响了人们对政府运作公开透明的认知，每日使用电脑最多的人倾向于认为政府运作公开透明，占比 28.6%，使用手机和平板电脑的次之，占比 22%。使用手机阅读的人更倾向于认为政府精干高效、政府能很好地履行职责、政府基本没有腐败。过去一年电子书阅读量 30 本以上的人对政府尽力效忠国家认可度最高，占比 43.8%，电子书阅读量少于 3 本的次之，占比 40%。

### 3. 深度数字阅读促进经济和文化共识

经济是社会发展的基本动力，正确的经济认知是社会和谐发展的基本条件之一。在相关经济观念的分析中，本文调查了青年群体关于收入应该更加均等化和个人努力应该获得更多鼓励的态度，采用李克特 5 点评分法，分数越高表明受访者更加同意个人努力应该获得更多鼓励。调查结果显示，95% 以上的青年群体比较认可个人努力应该获得更多鼓励（M=3.90，SD=0.94），说明了在快速发展的现代社会，社会矛盾频发，贫富差距愈发凸显的当下，人们还是愿意相信个人努力的重要性。越经常在手机上进行数字阅读的人越倾向于认为个人努力应该获得更多鼓励，占比 33.7%，高于经常使用其他阅读方式的人，电脑（23.7%）、电子阅读器和平板电脑（24.7%）、纸质图书（27.3%）。过去一年数字阅读消费越高的人越认可努力工作应该得到更多鼓励，占比 47%。

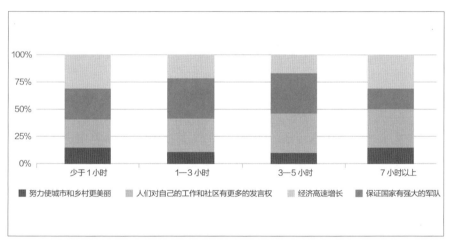

图 6-6　青年群体数字阅读与经济观念的交叉分析

青年群体关于日常生活中的休闲时间、新观点和新创意及传统文化的重要性的认知有较高程度的一致性。77% 的受访者倾向于认为新观点和新创意非常重要（M=4.12，SD=0.86）。但这并不妨碍人们对于传统文化的认可（M=3.91，SD=0.90）。85% 以上的受访者认为自己有选择和控制自己的生活的自由（M=3.83，SD=0.83）。对日常经常使用的数字阅读设备与新观点的重要性交叉分析发现，日常使用手机越多的人越倾向于认可新观念，占比 43.8%，使用电脑的人次之，占比 36%，使用电子阅读器、平板电脑的人分别占比 24%、33%。电子书阅读数量越多的人越倾向于认可传统文化的重要性。使用电脑阅读的人较使用其他阅读方式的人更倾向于认为日常生活中可以选择和控制自己的生活，占比 27%，使用手机、电子阅读器、平板电脑的人分别占比 20%、19%、14%，数字阅读消费越高的人越倾向于认为生活控制度高。

公民的政治参与度是衡量社会民主的重要因素，经济和文化观念的统一是国家稳定发展的前提。在手机、平板电脑等电子阅读设备日益普及的当下，如何规范数字阅读的内容，引导青年群体形成正确的世界观、人生观、价值观是数字阅读常态化后的一个难题。

本次调查发现，微信、微博等社交性媒体成为青年群体开展数字化阅读的主要平台，人际传播、两级传播以及名人效应在影响用户选择电子书阅读上发挥着重要作用，社交阅读发挥了不可取代的作用。阅读类 App 也选择社交类媒体进行捆绑登录、分享等模式赢得更多用户，网络社区性平台如贴吧、豆瓣、知乎等，以及专业领域网站也是读者开展数字化阅读的平台之一。对于网络文章，选择从头到尾仔细阅读的人会更加愿意参加相关的政治活动，电子书的阅读和消费在一定程度上有利于社会政治、经济、文化观念的统一。政治、经济、文化的传播应放弃以往长篇大论的信息传播方式，需以精简、有趣、实用的信息争夺用户的注意力资源，采取多平台、多渠道化的传播方式，促进社会共识的形成。

张晗，深圳大学传播学院副教授

卢嘉杰，东莞理工学院文学与传媒学院特聘副教授

# 深圳"阅芽计划"儿童亲子阅读教育干预项目的效果和建议

*深圳市爱阅公益基金会*

　　阅芽计划是由深圳市爱阅公益基金会联合深圳市妇女联合会、深圳市读书月组委会办公室、深圳市卫生健康委员会、深圳图书情报学会、深圳市阅读联合会、深圳市教育科学研究院共同发起的早期阅读公益项目，于2016 年 4 月 23 日在深圳正式启动。阅芽计划集执行、赋能和倡导三种方式于一体，为 0—6 岁儿童及其家庭提供科学的早期阅读资源、理念和方法，鼓励家庭积极开展科学的早期阅读实践，以高品质的早期阅读促进儿童的早期发展。

　　为了验证项目的有效性，哈佛大学教育学院研究团队对阅芽计划的实施进行了跟踪调研。本文主要介绍阅芽计划的有效性研究，并以此提出进一步促进学龄前儿童亲子阅读的两点政策建议。

## 一、阅芽计划的背景和实施

　　大量研究证实，亲子阅读对学龄前儿童的语言表达、认知能力、社会心理发展具有非常积极的促进作用，是家庭科学育儿的重要一环，亲子阅读的频率和质量甚至可以预测孩子未来的教育表现。因此，倡导亲子阅读尤其学龄前儿童的亲子阅读已成为全社会的共识，并得到国家法律层面的鼓励和支持。2016 年深圳发布实施的《深圳经济特区全民阅读促进条例》和 2017 年国家发布实施的《全民阅读促进条例》，都提出了鼓励学龄前儿童的父母或者其他监护人积极开展家庭阅读、亲子阅读等，甚至要求政府对于"为有需要的新生儿家庭赠送婴幼儿读物、育儿指导用书等阅读资源的"全民阅读促进活动予以经费补贴。阅芽计划作为深圳建设儿童友好型城市行动的一部分，从儿童友好理念出发，以儿童的发展需求为导向，探索如何鼓励和支持学龄前儿童家庭进行亲子阅读实践。

阅芽计划项目实施的主要内容包括：

## （一）执行——"阅芽包"的研制和发放

阅芽计划最重要的环节就是为 0—6 岁儿童及其家庭免费发放一个适龄"阅芽包"，鼓励和支持家长积极开展亲子阅读实践。阅芽包分为 0—6 个月、6—12 个月、1—2 岁、2—3 岁、3—4 岁、4—5 岁、5—6 岁等 7 个年龄阶段，每个包内有两本孩子看的适龄图画书、一份亲子阅读手册、一套家庭阅读工具（阅读测量尺、共读存折、贴纸）。两本适合孩子看的图画书，不仅仅强调适龄，也给家长示范了高质量图书，从而影响家庭对高品质读物的认知。亲子阅读手册指导家长如何进行亲子阅读，家庭阅读工具为亲子阅读增添更多乐趣，并形成记录。

## （二）赋能——线上平台和课程

"阅芽计划"微信小程序，打破了地域的限制，针对"读什么"和"怎么读"的问题，面向全国的家庭提供分龄选书、故事收听等早期阅读资源，为家长在面对不同年龄孩子共读时遇到的问题提供科学的早期阅读观念、方法和指导。2017 年，阅芽计划增设了儿童早期阅读推广人课程，培育了一批又一批懂儿童、懂阅读、懂教育的儿童早期阅读推广人，助力他们进入社区、公共空间或者商业空间开展亲子故事会、家长讲座、阅读咨询指导等早期阅读公益活动。

### （三）倡导——峰会和"亲子共读日"

从 2017 年开始，深圳市爱阅公益基金会还通过举办"全国儿童早期阅读发展与教育峰会"和发起 12 月 28 日"亲子共读日"，联合超过百家阅读相关社会组织和机构共同倡导亲子阅读，扩大亲子阅读这个话题的社会声量，不断地普及亲子阅读的理念。截至 2021 年，"亲子共读日"在微博上的相关话题阅读量超过 7000 万人次。

## 二、阅芽计划有效性研究

世界上第一个免费向学龄前儿童赠书的公益项目是英国图书信托基金会（Book Trust）发起的"阅读起跑线"（Book Start）。相关研究证实该项目能够增加家庭的阅读兴趣、亲子阅读的频次以及家庭对公共阅读资源的利用，受益的孩子在之后的学校教育中也表现出色，因此该项目得到英国政府的资助和大力支持，并为德国、美国等十多个国家所借鉴。"阅芽计划"在深圳是否具有同样的积极效果呢？

从 2016 年起，由哈佛大学教育学院凯瑟琳·斯诺教授和陈思博士领衔的课题组，对阅芽计划的有效性进行了跟踪评估研究。

## （一）研究问题

课题组对阅芽计划有效性评估主要关注以下两个问题：

1. 参与阅芽计划，是否对家长的亲子阅读行为和观念产生了积极的改变？

2. 参与阅芽计划，是否对儿童的早期词汇发展产生了积极的影响？

课题组使用随机鼓励的研究设计，通过家长问卷调查和儿童一对一汉语接受性词汇和表达性词汇测试，对比参加阅芽计划对家长的亲子阅读行为和观念、儿童的发展是否产生了积极的影响。

## （二）研究方法

### 1. 抽样

根据阅芽计划项目设计，所有在 2013 年 1 月 1 日之后出生，生活在深圳的儿童及其家庭都可以免费领取"阅芽包"。课题组据此在深圳 6 个行政区的 42 所幼儿园和早教机构中，招募了 1044 个 0—3 岁儿童家庭（儿童平均年龄 32.06 个月）和 1196 个 3—6 岁儿童家庭（儿童平均年龄 49.63 个月）自愿参加评估。

### 2. 前测

阅芽计划于 2016 年和 2017 年分别向深圳市民全面开放领取 0—3 岁和 3—6 岁阶段儿童"阅芽包"。课题组分别在两个阶段"阅芽包"开放领取之前，完成了前测的工作。前测内容分为家长调查问卷和儿童词汇测试两个部分。家长问卷包括：家长知情同意书、家庭和儿童的基本信息、家庭阅读环境调查等。儿童词汇测试包括：汉语接受性词汇测试、汉语表达性词汇测试。通过测试，课题组掌握了样本家庭和儿童在参与阅芽计划前的基本信息。

3. 随机鼓励设计

阅芽计划是一项大型普惠性公益项目，所有符合条件的深圳家庭都可以参与。如果使用传统的随机抽样控制方法，会有部分样本家庭需要作为对照而无法参与阅芽计划，这会违背阅芽计划的公益性和普惠性。因此，课题组采用了随机鼓励设计，即部分样本家庭会收到课题组的电话和短信通知作为"随机鼓励"而直接收到阅芽包，另一部分样本家庭未收到"随机鼓励"，但拥有自行领取阅芽包的机会。这一设计既保证了阅芽计划的公益性和普惠性，全深圳所有符合申领条件的家庭都有机会领取阅芽包，又能符合严格、科学的实证研究设计，探讨阅芽计划对家庭和儿童产生的因果性影响。

4. 后测

0—3 岁和 3—6 岁阶段儿童参与前测的样本家庭分别于 2016 年 12 月和 2018 年 6 月完成了后测。后测内容为家长调查问卷和儿童词汇测试两个部分。家长需要在问卷中报告家庭的阅读环境，作为与前测的对比。儿童词汇测试和前测一致，包括汉语接受性词汇测试、汉语表达性词汇测试。

5. 评估内容

评估内容主要分为三个方面：

第一，家长亲子阅读行为和观念。通过总结和综述大量的文献，从以下维度来分别考察阅芽计划 0—3 岁和 3—6 岁阶段儿童家长是否在亲子阅读行为和观念上有进步：

0—3 岁阶段儿童家长的高质量亲子阅读观念：

（1）更多图画书资源：家长应该提供更多阅读材料，丰富儿童的语言学习环境；

（2）更高的教育效能感：亲子阅读中，父母是最重要的老师；

（3）充分的表达：家长主动给孩子更多口语表达的机会；

（4）口语是学习的重点：口语的发展大于识字、认字；

（5）更多互动的时间：家长应该保证有充足的时间和孩子一起阅读；

（6）阅读的目标：喜爱阅读大于单纯的积累知识；

（7）父母自己的阅读习惯：父母自己也应该保持多阅读的好习惯。

3—6 岁阶段儿童家长的亲子阅读行为和观念：

（1）图画书资源：汉语图画书数量、英语图画书数量；

（2）儿童看电视时间、儿童用电子屏幕（如平板电脑等）的时间；

（3）成人与孩子阅读的频率；

（4）孩子独立阅读的频率；

（5）除了读图画书，成人给孩子讲故事的频率；

（6）带孩子去图书馆或书店的频率；

（7）家长的亲子阅读观念：

·应不应该让孩子用平板电脑阅读？

·阅读是为了识字吗？

·大人应该给孩子选书吗？

第二，理解性词汇。儿童的理解性词汇是指儿童能够"听懂"的词汇。课题组分别使用经调整和修订后的《汉语沟通发展量表》中的词汇表和汉语版 Peabody Picture Vocabulary Test（PPVT）来测试 0—3 岁和 3—6 岁阶段儿童的汉语理解性词汇。

第三，表达性词汇。儿童的表达性词汇是指儿童能够"说出"的词汇。课题组分别基于标准化的《汉语沟通发展量表》和翻译版本的 Expressive Vocabulary Test（EVT）来调查和测试 0—3 岁和 3—6 岁阶段儿童的汉语理解性词汇。

6. 研究结果

（1）样本家庭的基本信息

样本家庭的经济收入较高，0—3 岁儿童家庭平均月收入约为 3 万元，3—6 岁儿童家庭平均月收入约为 4 万元。样本家庭中母亲的受教育水平较高，0—3 岁儿童家庭中，约 64% 的母亲受教育水平为本科及以上，3—6 岁儿童家庭中，约 83% 的母亲受教育水平为大专及以上。之所以关注母亲受教育水平，是因为很多研究显示，母亲的学历相比于父亲，对家庭阅读意识和学习环境的影响更大，甚至与家庭亲子阅读的比例呈正相关。样本家庭的图画书拥有量比较高，0—3 岁儿童家庭平均拥有图画书约 58 本（汉语图画书 47 本、英文图画书 11 本），3—6 岁儿童家庭平均拥有图画书约 54 本。

然而，样本家庭的"高收入、高学历、图书多"似乎没有导向高频的亲子阅读行为。样本中的 0—3 岁儿童家庭，每天和孩子亲子阅读的家长比例仅为 9%，不到 25% 的家长每周和孩子读一次图画书。样本中的 3—6 岁儿童家庭，每天亲子阅读的比例约为 37%。这样的亲子阅读频率远低于一些发达国家和地区，甚至低于美国低收入同龄儿童家庭的亲子阅读频率。根据美国国家儿童健康普查（NSCH）数据，2016 年至 2018 年，美国超过 60% 的 6 岁以下儿童家庭，每周进行 4 次或以上的亲子阅读。根据英国图书信托基金会（Book Trust）2009 年对英国 26 个郡 0—5 岁儿童家庭的调查，74% 的家庭每天和孩子读书 1 次或以上，41% 的家庭拥有超过 40 本童书。这样的对比说明，即使是深圳的"高收入、高学历、图书多"家庭，依然严重缺乏亲子阅读实践，非常需要提升家长的亲子阅读教育观念。

（2）研究问题

第一，阅芽计划对家长亲子阅读行为和观念产生的影响。

通过调查实验的联合分析，加入工具变量去除误差，研究发现了阅芽计划对深圳 0—6 岁阶段儿童家长亲子阅读行为和观念产生的具有因果推论效应的影响。

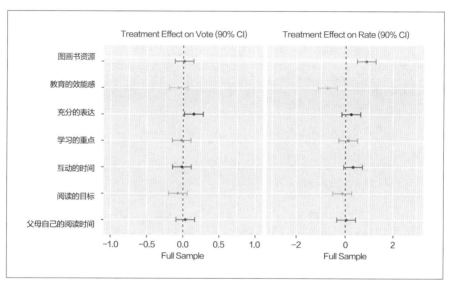

图 6-7　阅芽计划对 0—3 岁阶段儿童家长亲子阅读观念的影响

图 6-7 从高质量亲子阅读观念的七个维度，展示了阅芽计划对 0—3 岁阶段儿童家长观念产生的影响。从整体看，参加阅芽计划的 0—3 岁阶段儿童家长，更认同应该为儿童提供丰富的图画书资源；在早期的亲子阅读中有更高的教育效能感（和老师相比，家长在亲子阅读中发挥的作用更大），更认同应该让儿童有充分的表达。

表 6-2 阅芽计划对 3—6 岁阶段儿童家长亲子阅读行为和观念的影响

| | | 新增平均 | 标准差 | 实验组、控制组是否有显著性差异 |
|---|---|---|---|---|
| 图画书资源 | 汉语图画书 / 本 | 2.35 | 4.77 | 无 |
| | 英语图画书 / 本 | 0.26 | 2.41 | 无 |
| 电子资源 | 儿童看电视时间 / 小时 | 0.008 | 0.43 | 无 |
| | 儿童用平板电脑时间 / 小时 | −0.04 | 0.08 | 无 |
| 亲子互动 | 亲子阅读频率 | 29% | | 极其显著 |
| | 讲故事频率 | 28% | | 极其显著 |
| 其他活动 | 孩子独立阅读频率 | 18% | | 极其显著 |
| | 去图书馆或书店频率 | 13% | | 极其显著 |
| 观念 | 孩子应该少用平板电脑 | 16% | | 极其显著 |
| | 反对读书为了识字 | 9% | | 边缘显著 |
| | 家长不应该干涉孩子选书 | 8% | | 边缘显著 |

表 6-2 从家庭阅读环境的多个维度，展示了阅芽计划对 3—6 岁阶段儿童家长行为和观念产生的影响。从整体看，参加阅芽计划的 3—6 岁阶段儿童家长，并没有在物质投入上为儿童增加更多的图画书资源，让孩子接触电子屏幕的时长也与对照组没有区别，但参与了阅芽计划后，与没有参与阅芽计划的家长相比，显著地花更多时间开展亲子阅读、给孩子讲故事、让孩子自主阅读、带孩子到图书馆或书店。同时，参与阅芽计划的家长，与没有参与的家长相比，更认同应该少给孩子使用电子设备阅读，更认同阅读不是为了识字的观点，并且更倾向于不干涉孩子的兴趣，让孩子自由选择喜欢阅读的图画书。以上的结果都控制了家长的受教育水平、家庭收入、是否独生子女家庭等背景信息。

第二，阅芽计划对儿童词汇发展产生的影响。

通过比较儿童在前测和后测的词汇发展水平，利用工具变量减小误差之后，2SLS 模型拟合的结果显示，阅芽计划对 0—6 岁阶段儿童的理解性词汇和表达性词汇的发展都产生了具有因果推论效应的、显著的促进效果。

表 6-3　阅芽计划对 0—3 岁阶段儿童词汇发展产生的影响

| | 模型 1：理解性词汇 | | | 模型 2：表达性词汇 | | |
|---|---|---|---|---|---|---|
| | 系数 / β | 标准误差 | 效应大小 | 系数 / β | 标准误差 | 效应大小 |
| 阅芽计划（实验组） | 26.90★★★ | 5.60 | 0.22 | 17.64★★★ | 4.41 | 0.18 |
| 母亲受教育水平 | 2.53 | 2.98 | | 2.00 | 2.35 | |
| 家庭月收入 | 0.00001 | 0.000007 | | 0.00006 | 0.00005 | |
| 儿童年龄 | 2.12 | 1.84 | | 4.14 | 1.45 | |

在控制了母亲受教育水平、家庭月收入和儿童年龄之后，两阶段最小二乘法（2SLS）拟合的结果显示，参加阅芽计划对 0—3 岁阶段儿童理解性词汇和表达性词汇的发展都产生了显著的促进效果。参加阅芽计划的 0—3 岁阶段儿童，在半年之后，理解性词汇的发展比未参加的儿童平均得分高出 26.90 分，效应大小为 0.22 个标准差；表达性词汇的发展比未参加的儿童平均得分高出 17.64 分，效应大小为 0.18 个标准差。

表 6-4　阅芽计划对 3—6 岁阶段儿童词汇发展产生的影响

| | 模型 1：理解性词汇 | | | 模型 2：表达性词汇 | | |
|---|---|---|---|---|---|---|
| | 系数 / β | 标准误差 | 效应大小 | 系数 / β | 标准误差 | 效应大小 |
| 阅芽计划（实验组） | 2.76★ | 1.19 | 0.17 | 3.58★★★ | 0.91 | 0.23 |

续表

| | 模型 1: 理解性词汇 | | | 模型 2: 表达性词汇 | | |
|---|---|---|---|---|---|---|
| | 系数 / β | 标准误差 | 效应大小 | 系数 / β | 标准误差 | 效应大小 |
| 母亲受教育水平 | 2.14 | 2.77 | | 2.07 | 2.15 | |
| 家庭月收入 | 0.00004 | 0.000008 | | 0.00009 | 0.00003 | |
| 儿童年龄 | 7.31 | 3.87 | | 6.87 | 4.45 | |

　　在控制了母亲受教育水平、家庭月收入和儿童年龄之后，两阶段最小二乘法（2SLS）拟合的结果显示，参加阅芽计划对 3—6 岁阶段儿童理解性词汇和表达性词汇的发展都产生了显著的促进效果。参加阅芽计划的 3—6 岁阶段儿童，在半年之后，理解性词汇的发展比未参加的儿童平均得分高出 2.76 分，具有统计显著性，效应大小为 0.17 个标准差；表达性词汇的发展比未参加的儿童平均得分高出 3.58 分，差异极其显著，效应大小为 0.18 个标准差。

　　阅芽计划 0—6 岁阶段的有效性研究，采用具有因果推论效应的随机鼓励设计，平衡了项目的公益性与科学性，减少了由家长自主选择带来的误差，以严谨可靠的实验设计证实了参与阅芽计划对 0—6 岁阶段儿童家长的亲子阅读行为、观念和 0—6 岁阶段儿童的词汇发展都产生了积极的影响。和同类型的大规模实证研究相比，阅芽计划产生的效应相对较为理想，这个结果为阅芽计划在深圳的继续实施以及未来在其他地区的复制提供了初步的科学依据。

## 三、进一步促进学龄前儿童亲子阅读的两点政策建议

截至 2021 年 12 月底,阅芽计划已在深圳发放 185345 个"阅芽包","爱阅公益"微信公众号用户达 299145 人,"爱阅公益"微信小程序用户达 535081 人,爱阅阅读推广人累计开展公益亲子阅读活动 1135 场,累计服务家长和孩子 63498 人次。从受益人数看,阅芽计划目前已是全世界最大的汉语亲子阅读教育干预计划。

能够在深圳顺利开展如此大规模的公益阅读计划,得益于政府与民间对阅读的高度重视。深圳是"全民阅读活动开展最早、活动影响力最大、活动效果最好的代表性城市",在全民阅读水平和公共阅读资源建设上取得了不小的成绩,人均读书量、人均购书量以及每万人拥有的图书馆数量一直保持领先水平,被联合国教科文组织评为"全球全民阅读典范城市"。

随着阅芽计划及其有效性研究的开展,项目组发现了深圳学龄前儿童家庭仍严重缺乏亲子阅读实践。阅芽计划有效性研究的样本家庭虽然"高收入、高学历、图书多",但亲子阅读频率远低于发达国家水平。很多家庭对于科学的亲子阅读理念是不清楚的,不知道亲子阅读应该从什么时候开始、应该怎么开始;有的家庭依赖商业机构的服务而将阅读功利化,强调培养学前儿童的识字能力,忽视了亲子阅读其实是家庭科学育儿、家庭教育的重要手段;还有一些家庭可能因为种种原因完全没有亲子阅读的理念和资源,任由网络视频和手机游戏占领学龄前孩子的注意力。

基于阅芽计划有效性研究发现的这些问题以及项目实施的经验,项目组提出促进 0—6 岁儿童亲子阅读的两点建议:

### （一）免费发放亲子阅读包给新生儿家庭

建议深圳市政府通过医院持续向所有在深圳出生的新生儿家庭免费发放家庭亲子阅读包，让科学的亲子阅读理念从孩子出生伊始就扎根。

提出这个建议首先是因为其提升家庭亲子阅读水平和促进儿童语言发展的有效性，不仅在国际上得到证实并在多国推广，也通过阅芽计划的有效性研究在深圳得到证实。

其次，从经济效益和人力资本投资的角度看，向所有在深圳出生的新生儿家庭免费发放家庭亲子阅读包也是可行的，并且效益可观。家庭亲子阅读包一般包含数本适龄图画书和关于亲子阅读理念和方法的宣传页或书籍，根据阅芽计划的实施经验，每个包的制作和发放成本可控制在 50 元以内。以《中国卫生健康统计年鉴 2020》深圳新生儿数量 17.2 万人来估算，年度的阅读包发放成本约 900 万元。

英国"阅读起跑线"（Book Start）项目每投入 1 英镑社会经济回报达 25 英镑。如同诺贝尔经济学奖得主詹姆斯·赫克曼教授所说，"在生命的早期，人力资本的积累发生在家庭中，而不是学校，忽视儿童早期人力资本投资会侵蚀公共教育投资的成果"。0—6 岁是儿童早期人力资本形成的关键期，在这一阶段以支持家庭亲子阅读的方式进行人力资本投资，回报是相当可观的。

### （二）增加服务学龄前儿童的公共阅读资源

阅芽计划的初衷是让家庭意识到早期阅读对于儿童早期发展的重要性，让科学的亲子阅读观念进入家庭，并提醒、鼓励家长主动关注和尽早开始亲子阅读，但家庭亲子阅读要持续开展依然离不开公共阅读资源的支持。我们建议深圳市政府及儿童阅读相关组织机构，增加服务学龄前儿童的公共阅读资源。从阅芽计划的实施经验来看，服务学龄前儿童的公共阅读资源主要是适龄的优质图画书资源和早期阅读集体活动的场所。

适龄的优质图画书符合学龄前儿童的发展能力、学习需求和生活经验，一方面更能激发家庭对阅读的兴趣、促进儿童的早期发展，另一方面向家长传递了"以儿童为本"的教育理念，是学龄前儿童阅读的重要材料。要支持家庭持续开展亲子阅读，需要大量适龄的优质图画书公共资源，让家长们不仅可以从大的图书馆借到，也能从流动图书馆、社区图书馆以及书吧借到。如果学龄前儿童主要依赖于家长本身的经济条件来获得优质的图画书资源，这样很容易造成儿童早期发展的不平衡。

早期阅读集体活动指成人和学龄前孩子一起参与互动的集体阅读活动，主要的作用是向家长和孩子示范科学的早期阅读理念和实践方法，提升家庭亲子阅读的质量。对于学龄前的孩子来说，亲子阅读的互动质量比亲子阅读的频率更为重要，决定了亲子阅读促进儿童早期发展的效果，需要开展大量公益性的早期阅读集体活动来帮助家庭持续提升亲子阅读的效果。建议政府优化图书馆、社区图书馆、妇女儿童之家等公共设施，配置适宜学龄前儿童和家长一同参加的早期阅读活动场所，甚至让婴儿车都能停放其中，同时鼓励和支持民间的早期阅读公益推广组织，利用这些场所来开展公益的早期阅读集体活动，吸引学龄前儿童家庭参加。

在逐步增加和完善了服务学龄前儿童的公共阅读资源后，可以将面向新生儿的家庭亲子阅读包作为连接这些公共阅读资源的入口，形成支持和服务学龄前儿童家庭亲子阅读的资源体系。

利用公共资源倡导和服务家庭亲子阅读是支持儿童早期发展和增强家庭科学育儿能力的有效手段，也是优化儿童发展环境体现儿童友好发展理

念的举措。深圳作为建设中国特色社会主义先行示范区的代表城市和全球
全民阅读典范城市，既有需要也有条件向每个学龄前儿童家庭提供普惠的
阅读资源，支持他们尽早开展亲子阅读，让每个孩子从出生起就享有免费
的高品质阅读资源。

阅读空间研究

深圳全民阅读
发展报告
2022

# 建设新一代智慧型城市中心图书馆

张岩

作为城市文化发展水平的重要标志、市民广泛认可的公共文化主阵地，深圳图书馆始终坚守"传承文明、服务社会"的初心，秉持"服务立馆、技术强馆、文化新馆"办馆理念，践行"开放、平等、包容"的公共图书馆精神，在保障市民阅读权利、引领阅读风气、推广全民阅读、建设书香社会、培育人文精神方面起到了重要作用。

"十三五"期间，深圳图书馆充分发挥"图书馆之城"中心馆、龙头馆作用，努力构建"一个平台、二层架构、三级垂直、四方联动"的覆盖全市、互通互联、高效便捷、普惠共享的服务体系，并以创新理念引领顶层设计，以机制创新提升服务效能，以技术研发带动事业发展，以经典阅读弘扬优秀文化，以空间再造搭建交流平台，以"图书馆+"聚合社会资源，以品牌建设深化文化内涵，图书馆各项业务稳步增长，服务绩效不断提高。

尤其是 2020 年在面临新冠肺炎疫情突袭的情况下，深圳图书馆创新方式、勇毅担当，推出各类线上服务和阅读推广活动，在书香战"疫"、服务大局中展现了新作为，在守正创新、攻坚克难中焕发出新气象，网站、移动服务平台等线上服务和办证量呈现大幅上升趋势。虽受疫情影响，深圳图书馆依然高水平高质量地完成了"十三五"规划，交出了一份亮眼的成绩单。

"十三五"期间，深圳图书馆各项服务效能同比"十二五"得到稳步提升：新办读者证 49.82 万张，增长 19.51%；接待到馆读者 1846.61 万人次，文献外借总量 2133.43 万册次，增长 14.03%；举办各类读者活动 7200 场，比"十二五"时期翻一番，参与读者 1035.71 万人次，增长 33.57%；数据库访问 315.94 万人次，增长 67.6%；微信、微博累计用户达到 141.62 万人；新浪官方微博粉丝总数居全国公共图书馆第二，仅次于国家图书馆，并连续四年被人民网评为年度"十大图书馆微博"，图书馆多元服务的社会影响力和辐射力进一步提升。

百年恰是风华正茂。为庆祝中国共产党成立 100 周年，深圳图书馆 2021 年特别策划开展系列活动，为党的百年华诞献礼。2021 年 4 月 23 日，由深圳图书馆界与广东图书馆学会共同发起的粤港澳"共读半小时"活动，以"100 年里的中国"为主题，以经典内容为载体，聚焦重大主题，传承发展中华优秀传统文化，继承革命文化，发展社会主义先进文化。除广州、深圳、东莞、澳门 4 个主会场外，粤港澳地区近 200 家图书馆或单位，遍布社区、公园、餐馆、家庭等的 1272 个共读点，约 35 万人次共同参与线下活动，营造出多元、丰富的书香氛围，激发爱国情怀，推动城际共读，增强湾区城市凝聚力。

深圳图书馆还特别策划推出建党 100 周年暨"四史"主题图书展，重点展出反映中国共产党建党百年波澜壮阔历程的红色经典图书，通过"多维展示＋视听融合"的形式，让广大市民读者全面系统地了解和学习中国共产党党史、新中国史、改革开放史、社会主义发展史，引导读者再读红色经典，深入感悟党的光辉奋斗历程和伟大历史成就。同时，开展"深圳红色文献推荐书目"发布及读后感征文活动，立足深圳红色文献资料，展现深圳地区革命历史中重要事件、重要活动和人物，以征文、主题展览和学术对话等形式，倡导市民阅读红色文献，重温深圳革命故事，铭记光辉历史，传承红色基因。

此外，还精心组织策划"100年里的中国——喜迎新春 全城共读"线上线下活动、"我是朗读者——百年初心 百年复兴"线上朗读活动、"深圳红色文化·东纵足迹"走读活动、"百年路，忆峥嵘"庆祝中国共产党成立100周年中老年征文活动、红色电影和纪录片等经典影像播映、建党100周年党员知识竞赛等活动，呈现出区域联动、线上线下结合、形式多样等特点，献礼党的百年华诞。

党的十九届五中全会将"建成社会主义文化强国"作为2035年基本实现社会主义现代化远景目标之一，并提出"'十四五'时期社会文明程度得到新提高，公共文化服务的政策体系更加健全"。面向这一总体目标，置身世界百年未有之大变局，深圳图书馆将全面贯彻落实习近平总书记关于深圳工作的重要讲话和指示批示精神以及省、市相关实施方案，坚持"以满足人民日益增长的美好生活需要为根本目的""以改革创新为根本动力""为实现高质量发展提供根本保证"，主动把握粤港澳大湾区和中国特色社会主义先行示范区的"双区"驱动发展机遇，根据面向未来的目标导向和面对现实的问题导向，擘画新发展蓝图，谋篇布局"十四五"期间高质量发展。

"十四五"期间，深圳图书馆将继续秉承"服务立馆、技术强馆、文化新馆"的理念，以"城市文脉、文化客厅、知识引擎、智慧空间"作为发展愿景，承担文献保存、教育支持、信息保障、文化传承的使命，以效能提升、专业提升为关键抓手，围绕更规范、更专业、更智能、更大气、更开放、更自信等方面持续发力，力争建设国际一流、国内标杆，与深圳

"区域文化中心城市""彰显国家文化软实力的现代文明之城"和建设"中国特色社会主义先行示范区"定位相匹配的新一代智慧型城市中心图书馆，成为精神文明建设典范、公共文化服务标杆、区域文化交流中心。

作为公益性文化事业单位，深圳图书馆在"十四五"期间将进一步加强党的领导和党的建设，推进党建和业务深度融合，充分发挥基层党组织的战斗堡垒作用和共产党员的先锋模范作用。

作为城市公共文化服务主体，深圳图书馆在"十四五"期间将全面开启双馆模式，创新推动智慧引领，着力扩大服务范围，全面优化服务体验，重点实施馆校教育关联行动、全民信息素养培育行动、创新创造能力激活行动、空间服务提质行动、线上服务提质行动、阅读活动体系化专业化行动等计划，满足人民日益增长的美好生活需要。

作为深圳"图书馆之城"的体系中心，深圳图书馆在"十四五"期间将强化中心馆引领、实现体系联动，强健基层、实现服务下沉，重点开展城市图书馆一体化引领行动，基层图书馆高质量发展行动，街区自助图书馆优化提升行动等，打造以人民为中心、更加普惠均等的全球标杆"图书馆之城"。

作为现代公共文化服务体系建设骨干和主力的代表性公共图书馆，深圳图书馆在"十四五"期间将探索和实践以公共图书馆为主导的"图书馆+"公共文化内外融合发展模式和实现路径，凝聚社会力量，共同推动全民阅读高质量发展。

为深化文化内涵、彰显公共图书馆的社会价值，深圳图书馆在"十四五"期间将通过"深圳记忆"数字人文平台打造、"读吧！深圳"阅读推广平台构建、公共图书馆文化品牌建设等重点行动计划，致力于公共图书馆的社会形象提升乃至重塑；并通过"深图报告"研究发布、人才队伍优化、图书馆员职业提升、"深圳模式"研究推广等重点行动计划，强化公共图书馆专业能力，提高图书馆员职业声望，讲好公共图书馆、公共文化服务领域的深圳故事、中国故事。

张岩，深圳图书馆党委书记、馆长

# 漫游深圳书空间，走读一个新视界

## ——"深读·书空间"之旅是这样走出来的

谢晨星

阅读文化是深圳一张非常著名的文化名片，也是深圳最亮丽的风景线之一。在多年持续推进全民阅读的过程中，深圳已形成多维度的城市阅读空间体系。

最近一两年，坪山图书馆、坪山城市书房、盐田灯塔图书馆、南山书房、白鹭坡书吧等阅读空间在社交网络上爆红，成为全国知名的"网红阅读空间"。这些空间，有些依山傍水，坐拥山海景观资源；有些印刻着深圳独特的历史文化；有些承载了几代深圳人的阅读记忆；有些已成为"必到此一游"的文化地标。更有趣的是，这些阅读空间与周边景点相互加持、共生发展，呈现出城市与阅读交融的美妙景象。

"走读新视界——深读·书空间发现之旅"活动，便是以一条温暖而全新的走读路线，重新发现深圳阅读空间之美。走读，走过的不只是一个个点亮阅读地图的星光，更是在阅读深圳，这是一份"有灵魂"的阅读地图，或者说，是一条有故事可讲的阅读路线。在边走边读的过程中，串联起深圳的阅读成长史甚至是深圳记忆的成长史。

# 一、用"走读"串起深圳阅读空间与城市景点

"城市推崇阅读，阅读改变城市"。深圳是一个年轻的城市，有 6 座均超过 3 万平方米的书城文化综合体，其建设速度之快、建设规模之大世界罕见。此外，目前深圳还有 670 多座大大小小的公共图书馆，24 小时的街区图书馆，700 多家实体书店。深圳重视文化阅读，处处书香四溢，市民热爱读书，"以书筑城、以城筑梦"氛围浓厚。

深圳几乎每年都会绘制阅读地图，将深圳大大小小的书吧、书店、图书馆、街区图书馆进行标注，这份地图像一盏盏"城市之光"在地图上闪烁。然而上千盏微光太过庞杂，如何将这些散布在深圳各个区各个角落的阅读空间进行梳理并总结，如何用既有创意又有参与度的方式来讲述深圳阅读故事，"走读"这一大热的阅读形式成为第一选择。

在第二十二届深圳读书月期间，由深圳市委宣传部指导，深圳读书月组委会办公室、深圳市阅读联合会、晶报传媒有限公司策划主办了"走读新视界——深读·书空间发现之旅"活动，将阅读空间与城市景点相结合，评出 5 条"深读·书空间"路线，所选取的 40 多家阅读空间覆盖深圳全域，并开创了先河，作为全国首个边走边读边直播的阅读推广活动，邀请全国知名书评人绿茶带领市民走读深圳阅读空间。

首次尝试在深圳星辰大海般的阅读空间中选出具有深圳气质的空间并规划成走读路线，这是一项繁琐而富足的工作。自 2021 年 10 月启动以来，主办方先是对深圳全市各区的阅读空间进行了全面梳理，根据坐标标注出每一个阅读空间的位置。

什么样的阅读空间符合要求？主办方邀请出版界、阅读界、媒体界的多位专家评审制定了如下标准：深圳范围内，以阅读为主要功能，具有以

书为主题的视觉景观，以服务读者为宗旨，具有美学性、功能性、服务性的公共空间（书店、书吧、图书馆均含在内）。并且从评选最初，就要求所选取阅读空间必须能够体现深圳的城市特色，兼顾周边自然人文环境，让读者在逛阅读空间的同时，还可以打卡周边景点，将阅读和旅行进行创新型结合，让阅读空间与深圳景点相互辉映。

根据评选标准，入选阅读空间必须是具有功能性的实体空间，且具有服务性和公共性。因此，首轮评选以区为单位，将面积过小的图书馆、不是以阅读为主要功能的书吧、商业性过强的书店、所售或所借书籍质量不佳的书店等剔除，最终形成一个约 150 家的候选空间名单。

## 二、以行政区划为线，凸显各区自然与人文特色

深圳的阅读空间星罗棋布，如何规划走读路线，让市民沉浸式地体验深圳阅读之美和城市之美，是尤为关键的一步。

主办方实地走访后，在评审会上，专家对于空间评选及路线制定进行了更为细致而热烈的探讨。本次走读活动的领读人绿茶，不仅是读书界知名的作家、书评人，还是资深的书店观察者，曾走读国内外多个城市知名的阅读地标，并出版了《如果没有书店：中国书迷打卡计划》一书。他指出，走读路线不能只是简单地列举阅读空间，而是一定要为路线"注入灵魂"。绿茶根据自己走读多座城市阅读地标的经验，表示路线设计不仅要做到主题鲜明，还必须要让入选的"书空间"和周边人文景观相互映衬，从而凸显每一条路线都有不一样的个性。

为此，评委们根据各区的自然与人文特点，并考虑到市民实际走读的

远近需求，从东至西，进行了路线类别的划分：

因坪山区、大鹏新区、盐田区一路依山傍海，拥有丰富的山海资源，于是将这三个区的阅读空间合并为一条路线，选取其中具有自然历史风光的阅读空间。起名为"坪水相逢"线。

从罗湖区到福田区，有许多承载深圳读书记忆的阅读空间，选取深圳阅读40年中熠熠闪光的书店、图书馆，阅读地标串起深圳的过去、现在和未来，构筑阅读新时代的风景。起名为"时光穿越"线。

在深圳阅读空间最为密集的南山区，拥有形态各异且富有特色的书空间，如书吧、社区图书馆、旧书店、艺术书店、文字空间……从"阅见南山"线，可一窥深圳阅读生态。

跨越前海、宝安、光明，一路是深圳经济发展前沿，选取深圳兼具美学与设计的阅读空间，这条"书与港湾"线可尽览既具历史之美又具设计之美的书香湾区。

深圳是设计之都，也是科技之城。走过龙华、龙岗，当阅读遇上科技，就有了面向未来的美感。尤其是两区内有诸多高科技企业与知名大学，"书遇未来"线选取其中有科技感的图书馆与书吧，可谓是以阅读看未来。

活动评审、深圳知名出版人南兆旭认为，5条"深读·书空间"路线呈现了3个"多样化"特点：一是深圳作为设计之都，有大量设计师参与到阅读空间的设计之中，因此设计形态特别多样；二是深圳阅读空间地理形态多样，不仅建在海边和公园里，还有的建在古城和山林之中；三是藏书风格多样化，有的阅读空间专注于客家文化主题，有的则聚焦于海洋文化主题，特点非常鲜明，满足了不同阅读群体的需求。

## 三、"走读"让读书超越购买和借阅，打造沉浸式阅读

"走读"这一概念在写作者和学者的带动下越来越火，走读实际上是一种走进历史、走进现场的阅读方式。

在 2021 年 11 月 27 日的"走读新视界——深读·书空间发现之旅"开线仪式上，坪山图书馆馆长周国平说，走和读都是打开新视界的方式，缺一不可。"走是一个人思维最为活跃的时候，我很多的灵感都是在行走的过程中产生的。如果走和读能结合在一起，就能产生特别的创造力。"

既然是走读，那么在每条路线的"灵魂"定下之后，在具体阅读空间的选取上，就要考虑实际走读的距离和时长进行筛选。在评审中，主办方以"空间与空间之间最远驾车时长不超过一小时、步行距离不超过两公里、五公里内至少要有一个自然人文景点"为标准，将各个阅读空间进行地图标距与里程测算，经过专家讨论与评审，最终将 40 多个富有特色的阅读空间串联成线，策划了 5 条主题鲜明、内涵丰富的阅读走读路线，呈现一份独具深圳特色的阅读漫游地图。5 条阅读走读路线及所选阅读空间，基于深圳各区的地理、文化、旅游特点进行划分，分别有着各自的"个性"和故事。

以"坪水相逢"线为例：

坪山图书馆—坪山城市书房·大万世居—金龟自然书房—大鹏所城方知书院—大鹏自然童书馆（怡文楼）—大鹏半岛海洋图书馆—中英街图书馆—邂逅图书馆—灯塔图书馆

这条串起坪山、大鹏、盐田的走读路线，不仅可以一览深圳秀美的山海风光，更充满了深圳特有的历史文化氛围。2021 年 11 月 27 日的"走读新视界——深读·书空间发现之旅"开线仪式即从坪山图书馆开始走

读，在综合性图书馆体验过听说读写四位一体的沉浸式阅读；再到深圳现存最大的客家围屋、书房与古建筑相结合的大万世居城市书房，这是深圳历史景点与阅读空间结合的典范；此外，还有藏在金龟村里的全国首家以自然为主题的金龟自然书房；全国重点文物保护单位大鹏所城怡文楼活化改造而成的大鹏自然童书馆；以海洋类图书和标本为主题的大鹏半岛海洋图书馆；还有盐田海滨栈道旁已成为各社交平台网红打卡地的灯塔图书馆……这条路线可谓一空间一景，景中有书，书中有景。

在走读过程中，绿茶带着市民深度走读，了解书空间背后的故事，对市民和观众讲述自己的阅读体验，市民可以切身感受到书空间与周边景点的交汇相融。例如在坪山图书馆的大家书房，名家的书房特色都在大家书房中得以透彻地体现出来；而金龟自然书房、大鹏半岛海洋图书馆，这种专题图书馆形成一种非常完整的阅读谱系，在市民走读过程中，不再只是简单地借阅或购买一本书，而是通过在每个阅读空间的驻足与学习，沉浸式地感受每个阅读空间的主题。

其余的4条路线，也给深圳市民重新发现身边阅读之美提供了不同的路径，每一条路线，都是阅读深圳的一种方式。

"时光穿越"线：

> 东门（老博雅书店旧址）—深圳书城罗湖城—读者长廊书店、求知书店、黄金屋（深圳少年儿童图书馆周边）—八卦岭书刊批发市场—物质生活书吧（百花店）—深圳图书馆—言几又书店（平安大厦店）—联合书店·本来艺文馆—洪湖公园"荷美空间"

"阅见南山"线：

> 旧天堂书店—雅昌艺术中心—桃源之光书馆—博雅艺文

空间—前檐书店—白鹭坡书吧—大沙河生态长廊悠时光休闲书

吧—字在（南头古城店）—溪木素年书店

"书与港湾"线：

时间行者书店—绮云书苑—钟书阁（欢乐港湾店）—覔书

店（壹方城店）—宝安图书馆—光明图书馆（新馆）

"书遇未来"线：

深圳书城龙华城—书啡生活—中国版画博物馆周边阅读空

间—龙华解愠书馆—华为（坂田）图书馆—香港中文大学（深

圳）图书馆

可以说，这是一份"有灵魂"的阅读地图，或者说，是一条有故事可

讲的阅读路线。而深圳，正是因为有许多具有深耕精神以及接地气的阅读

空间，文化才真正在此落地生根。也因此，这也是一条"最深圳"的阅读

路线。

## 四、一份"永远未完成"的地图，一份绵延不绝的深圳阅读记忆

此次"深读·书空间发现之旅"更是开创了先河，作为全国首个边走

边读边看的阅读推广活动，实现全媒体多平台大直播。在第二十二届深圳

读书月收官的周末，即 2021 年 11 月 27 日上午，第二十二届深圳读书月

重点活动"走读新视界——深读·书空间发现之旅"在坪山图书馆举办开

线仪式。绿茶来到深圳，带领市民走读"坪水相逢"和"阅见南山"路

线。他认为，要对深圳的文化肌理有一种深入的了解，走读就是一种特别

好的阅读形式。而通过将特色阅读空间串联成一条路线去走读深圳，会让更多的信息和细节融会贯通，带来一种探寻深圳的新乐趣。

尤为特别的是，本次活动在线下走读的同时，还进行了全程不间断视频直播，从上午9点一直持续至下午6点，是"温馨阅读不眠夜"24小时全媒体大直播的节目之一，在"深圳发布"微信公众号、深圳广电集团都市频道《第一现场》、"壹深圳"客户端、"深圳读书月"微信小程序等平台直播，全方位展现专属于深圳人的读书嘉年华。市民通过线上观看，一同跟随绿茶走读了"坪水相逢"线，直观感受与书空间相遇的精彩瞬间。

通过此次"走读新视界——深读·书空间发现之旅"活动，既是对深圳城市阅读体系的一次梳理，也是深圳阅读版图的开端，这将是一份"永远未完成"的地图，在不断完善和补充中，成为绵延开放的深圳阅读记忆。而这个全方位、多层次、立体式的深圳阅读故事，还将继续讲下去。

通过阅读，我们打开一个新视界；通过漫游阅读空间，我们走读一个新视界。

谢晨星，《晶报》文化新闻部主任

附录

深圳全民阅读
发展报告
2022

# 2021年深圳全民阅读大事记

深圳市全民阅读研究与推广中心

## 1月

1月6日，深圳市阅读联合会"2020年全民阅读推广活动优秀组织奖、优秀项目奖"评审会在深圳书城罗湖城新新书吧召开。深圳市委宣传部出版和电影处处长谯进华，深圳出版集团党委书记、董事长，深圳读书月组委会办公室主任，深圳市阅读联合会会长尹昌龙，深圳市阅读联合会副会长张岩，深圳市阅读联合会阅读指导专家宋卫、马庆等人应邀出席会议。会上评选出深圳市宝安区图书馆、深圳书城中心城实业有限公司等10家优秀组织奖和书立方、"轻松学会发明创新"系列科普讲座等10个优秀项目奖。

1月8日，由深圳读书月组委会办公室、深圳出版集团、深圳市地铁集团有限公司主办，深圳地铁运营集团有限公司、深圳书城罗湖城实业有限公司、深圳图书馆、罗湖区图书馆承办，华侨城集团（花橙旅游）协办的"地铁阅读季"项目之"书香专列"正式启动。在深圳轨道交通1号、3号、5号线中，各有1列"书香专列"。该列车上配合6大主题区域，精心挑选出《蛇口，梦开始的地方》《啼笑因缘》等近百本精品图书，乘客可以扫描图书下方的二维码体验免费全本"看书"或"听书"。

1月19日，由深圳市人民政府外事办公室主办，深圳市艺术摄影学会、深圳书城中心城实业有限公司承办，在深圳书城中心城美学生活馆开展的"'畅想未来'——深圳市与德国纽伦堡地区友城人文主题摄影作品展"正式落下帷幕。该展览展示了 100 幅深圳市与德国纽伦堡地区的建设成就、社会风貌、人文景观和风土人情，吸引了众多市民读者前往打卡。

1月 31 日，深圳图书馆联合深圳市福田区飞越彩虹民族文化交流中心举办的课外公益教育课程"深图语文课"在深圳图书馆 5 楼报告厅开讲。活动邀请深圳本土教育一线语文名师、高校文化学者等社会力量，围绕中学语文教育重点内容，精选文章进行阐释讲解，帮助中学生提升语文学习技巧与人文素养。课程共举办 11 期，在哔哩哔哩（B 站）同步直播，每期观看人数逾千人。

1月，深圳出版集团在《图书馆报》主办的"2020 年度全国优秀馆配商评选"中荣获"省级优秀馆配商"称号。

## 2月

2月 1 日，深圳少年儿童图书馆参与的"坚持融合发展理念不断拓展阅读新空间"项目被深圳市文化广电旅游体育局评为"2020 年度深圳市文体旅游工作创新奖"。

2月 2 日，深圳市阅读联合会一届九次会长办公会和一届十次理事会在深圳书城罗湖城召开。深圳出版集团党委书记、董事长，深圳读书月组委会办公室主任，深圳市阅读联合会会长尹昌龙，深圳市阅读联合会副会长单位及理事单位代表等近 30 人参加了会议。深圳市阅读联合会一届九次会长办公会审议并通过了关于新增深圳市阅读联合会会员单位的提议，新增深圳市弘文传媒有限公司等 6 家单位为会员单位。深圳市阅读联合会一届十次理事会审议并通过了《深圳市阅读联合会 2020 年工作总结暨 2021 年工作计划》和《深圳市阅读联合会 2020 年财务收支情况报告》，与会领导为荣获"2020 年全民阅读推广活动优秀组织奖及优秀项目奖"的 20 家单位颁发了奖牌。

2 月 7 日，由深圳市新闻出版局指导，深圳报业集团与深圳市书刊发行行业协会主办、深圳晚报社承办的"40 年 40 家深圳最美书店"颁奖礼在福田区新城市广场南国影城举行。评选活动共有 87 家实体书店参加，经过专家初评、筛选，市民网络投票，上线 4.5 天访问人次超 30 万，累计投票数量 15.9 万，最终评选出 40 家深圳最美书店。

2 月 8 日至 21 日，深圳市委组织部联合深圳图书馆与深圳图书馆情报学会推出"100 年里的中国——喜迎新春，全城共读"全民阅读活动，其中线下阅读活动 684 场，直接参与市民超 5.8 万人次。此外，深圳图书馆还开展"留深过年贺新春"系列活动数十场，包括中国传统文化年系列活动、2021 年迎新春文化特展——辛丑话年、"金牛喜迎春·灯谜闹元宵"线上灯谜竞猜活动等，吸引线上线下 30 余万读者参与。

2 月 10 日，广东省委副书记、省政府党组书记、省长、深圳市委书记王伟中带队到访深圳图书馆，调研春节期间文化惠民活动和疫情防控工作，参观读者服务区、"熔古铸今——南庐书画与清源斋典藏古砖拓印作品联展"和新春福袋春联赠送活动，并慰问留深过年、坚守一线岗位的工作人员和志愿者。

2 月 23 日，深圳图书馆网站开启信息无障碍服务，提供字体放大、语音播报等功能，帮助老年人和视障读者获取网页信息。

## 3月

3 月 5 日，深圳卫视推出知识文化类节目《课间十分钟》第 3 季。节目以"重温古典文学之美 解读城市文化底蕴"为主题，每期遴选一部古典文学或一位人文大家，邀请深圳名师、文化学者、青年编辑等作为主讲人，与主持人一同走访城市文化古迹。同年 4 月，该节目获国家广电总局《监管日报》专题表彰，并荣获 2021 年度国家广播电视台总局"中华文化广播电视传播工程"重点项目、2021 年第二季度国家级广播电视创新创优节目、2021 年深圳市全民阅读示范项目等奖项。

3 月 9 日，由广东图书馆学会未成年人图书馆服务专业委员会主办，深圳图书馆承办的"广东少儿阅读之星""最美少儿阅读推广馆员"深圳推荐评选会在深圳图书馆 5 楼会议室举行。29 日，宝安区图书馆的徐梓萱被选为 2020 年度深圳地区"冠军之星"，深圳图书馆的林芯仪被选为"文学之星"，深圳少年儿童图书馆的罗豪被选为"科普之星"，盐田区图书馆的徐恺瞳被选为"绘本之星"，深圳图书馆的冯睿和龙岗区图书馆的黄于蓝被选为 2020 年度深圳地区"最美少儿阅读推广馆员"。

3 月 19 日，深圳图书馆联合中国图书馆学会阅读推广委员会召开"2021 南书房家庭经典阅读书目"专家评审会。由北京大学信息管理系博士生导师、教授王余光，南京大学信息管理学院博士生导师、教授徐雁等专家担任评审。与会专家审议并形成《2021 南书房家庭经典阅读书目（30种）》。该书目是深圳图书馆一项长期计划，定于每年"世界读书日"发布，旨在向广大读者推荐适合当今中国家庭阅读与收藏的经典著作。

3 月 23 日，由深圳市龙岗区文明办、龙岗区教育局、深圳市幸福慈善基金会共同主办，深圳市爱子乐阅读馆承办的"悦读童年"童书共读公益项目正式启动。该项目在 2021 年服务龙岗区 15 所来深建设者子女聚集学校，6 年来累计送出优质童书超 3 万册，阅读课程 947 场，受益孩子、家长及教师达 5.1 万人。

3月26日，由深圳市坪山区委宣传部主办、坪山区图书馆承办的"书话坪山"主题沙龙在坪山图书馆举办。活动由国务院参事、深圳读书月组委会总顾问王京生，坪山图书馆馆长周国平，复旦大学资深教授葛剑雄共谈《全民阅读：个人、城市、民族》。三位名家从各自的研究领域及经验出发，就阅读与个人、城市、民族之间的相互关系进行探讨，对全民阅读的发展发表观察与见解。

3月27日，由深圳市龙华区文化广电旅游体育局主办，龙华区文化发展中心、深圳读书会承办的"奋斗百年路·童心向党"龙华区小小演说家演讲大赛初赛在龙华区知行小学顺利举行。经过层层选拔，共有10位选手入围决赛。活动自3月发布以来得到了社会各界的关注和支持，报名人数达300余人，活动点击量达2万次，浏览量累计超过5万人次。

3月30日，由深圳市委宣传部主办、深圳市阅读联合会负责组织实施的2021年"全民阅读典范城市推广计划"申报工作正式启动，经过项目申报、专家评审、社会公示，最终有36家单位的39个项目获得资助。

## 4月

4月1日，由海天出版社主办、深圳市华文国际传媒有限公司承办的"弘扬村落文化，助力乡村振兴"《中国传统村落文化抢救与研究》新书首发式在北京举行。文化和旅游部、国家文物局、国家出版基金规划管理办公室等相关领导，中国科学院地理资源研究所区域农业与农村发展研究中心主任刘彦随，北京大学考古文博学院教授、公众考古与艺术中心主任徐天进，北京大学教授、盘古智库学术委员会委员吴必虎，中国人民大学教授、文化振兴乡村研究中心主任许云飞，复旦大学教授、中国历史地理研究所所长张晓虹，中国农业大学教授、中国农业大学农民问题研究所所长朱启臻，清华大学建筑学院副教授罗德胤等领导嘉宾出席了首发式。

4月9日，海天出版社出版发行的《为什么是深圳》《日出东江》入选国家新闻出版署发布的《2021年农家书屋重点出版物推荐目录》。

4月10日，由深圳市委宣传部主办，深圳市弘文传媒有限公司、益文进出口图书有限公司承办的系列外国人读书会活动在益文书局举办第1期"向深圳学习"活动，该活动共计3期。每期选取一本与深圳有关的书，由特邀嘉宾向外国友人分享，并和他们一起交流在深圳的经历与故事。活动搭建起了沟通世界人民内心的桥梁纽带，助力深圳城市国际化。

4月11日，"深圳先行示范丛书·科技创新卷"图书发布会暨主题分享会在深圳书城中心城北区大台阶举行。中共中央党校经济学部副主任、主编王小广，中国科学院深圳先进技术研究院院长、中国科学院深圳理工大学筹备办主任樊建平等嘉宾进行了主题分享。

4月19日，深圳市阅读联合会策划推出以"阅启新程·读揽春光"为主题的深圳全民阅读宣传推广系列短片，邀请国务院参事、深圳读书月组委会总顾问王京生，深圳读书月组委会总顾问李小甘，深圳出版集团党委书记、董事长，深圳读书月组委会办公室主任，深圳市阅读联合会会长尹昌龙，深圳报业集团社委会委员、编辑委员会副总编辑兼《晶报》总编辑胡洪侠，深圳图书馆馆长张岩为市民读者介绍他们眼中读书的意义。该系列短片连续5天在读特App、"深圳全民阅读"微信公众号等各类新媒体推送。

4月20日，由深圳市宝安区委宣传部、宝安区教育局联合主办，深圳书城宝安城实业有限公司承办，宝安小学协办的"悦读经典·书香满园"——宝安区全民阅读名家校园行活动启动暨首场名家领读活动在宝安小学报告厅举办。深圳市宝安区委宣传部常务副部长王妍霞等领导出席了活动。活动邀请了著名儿童文学作家陈诗哥以"宇宙那么大，我带你去看看"为主题开展首场讲座，并陆续走进弘雅小学、新安中学第一实验学校开展讲座，每场活动参与人数约500人次。

4月21日，在深圳市委宣传部的指导和支持下，联动全国头部出版机构和全网媒体宣传平台，深圳出版集团创新打造的首个整合出版发行上下游资源的"全国新书首发中心"正式揭牌，并首发重磅新书《做一个清醒的现代人》，邀请华东师范大学政治学系教授、《奇葩说》第七季人气导师刘擎展开新书首发"第一讲"。首发活动引全城热议、全国关注，全网阅读量单场最高达8000万人次，被称赞为深圳全民阅读又一张文化名片。之后陆续发布日本导演竹内亮团队首部图书作品——《我住在这里的N个理由》港版繁体、杨红樱线上童书会——《淘气包马小跳29：七天七夜》、以打造典藏级国民地理书为目标的《这里是中国2》、雨果奖得主郝景芳科幻新作《宇宙跃迁者》、第一届亚洲图书奖得主张笑宇"文明三部曲"系列的最新力作——《商贸与文明：现代世界的诞生》、周国平主编《书话坪山》和知名眼科医生陶勇新书《自造》等。

4月22日，世界读书日特别直播——周国平馆长"带你走进坪山图书馆"在"周国平视频号"开播。活动中，周国平带领线上读者依次参观了坪山图书馆一楼星光书屋、二楼公共阅读文化体验馆、六楼大家书房、八楼音阅空间等特色阅读空间，详细介绍了空间打造的意义及使用功能。同时还分享了馆藏经典书籍及自己的阅读习惯，为全国读者呈现了"到图书馆去！"这一文化生活新方式的坪山阅读新风貌。

4月22日，由深圳读书月组委会办公室、深圳市阅读联合会、深圳图书馆、深圳市弘文传媒有限公司联合举办的2021"世界读书日高端对话"在深圳图书馆南书房举行。国务院参事、深圳读书月组委会总顾问王京生和国务院参事樊希安担任对话嘉宾，以"全民阅读：点亮城市之光"为主题，围绕全民阅读与城市开展了深入分享和交流。

4月23日，由深圳市阅读联合会、深圳市美术家协会美术教育委员会、深圳童艺趣文化科技有限公司联合主办的"第三届深圳儿童绘本创作大赛"正式启动。活动面向海内外3—15岁少年儿童征集作品，赛事主题为"未来"。经过4个多月的作品征集，共收到2177件绘本，超过25000幅作品。经过多轮评选，226位小朋友获得评委会大奖、金奖、银奖、铜奖及最佳故事奖。

4月23日，由深圳市委宣传部主办、深圳出版集团承办、深圳市弘文传媒有限公司执行承办的第26个"世界读书日"暨第6个"深圳未成年人读书日"系列活动启动仪式在深圳书城中心城举办。国务院参事、深圳读书月组委会总顾问王京生，国务院参事樊希安，深圳市委常委、宣传部部长王强等领导应邀出席。周国平、麦家、刘擎等知名文化学者发来视频为深圳点赞，并寄语第6个深圳未成年人读书日。活动以"播撒阅读种子，创造民族未来"为主题，在深圳图书馆举办了2021年粤港澳"共读半小时"深圳主会场活动、"百年恰是风华正茂"——庆祝中国共产党成立100周年暨四史主题图书展和"大美敦煌"人文摄影与壁画临摹作品展。此外，还发布了"2021南书房家庭经典阅读书目"。在世界读书日期间，深圳各大图书馆、书城书店及阅读推广机构为广大市民带来750余场阅读活动，让市民在书香里漫步。

4月23日，由深圳市全民阅读研究与推广中心策划，海天出版社出版的《深圳全民阅读发展报告2021》正式首发。自2016年4月发布迄今，已连续出版至第6本。全书以"读书让生活更加精彩，阅读让城市更有温度"为年度主题，除"附录"外，主要分八大板块：特稿、总报告、阅读综合研究、"深圳读书月"研究、"图书馆之城"研究、数字阅读研究、阅读活动研究、阅读空间研究。

4月23日，深圳图书馆联合中国图书馆学会阅读推广委员会发布《2021南书房家庭经典阅读书目（30种）》。此书单为第8期，涵盖《韩非子》《清诗三百首》《白鹿原》《枕草子》《柳林风声》《邓小平时代》等30种古今中外经典著作，同时配套组织系列相关活动，以更好指导家庭藏书，推广经典阅读。

4月23日，深圳图书馆联合深圳图书情报学会发布《2020年深圳"图书馆之城"阅读报告》，从"图书馆之城"统一服务读者文献外借量、群体特征、阅读喜好、关注热点、数字资源利用、移动阅读整体趋势等维度分析2020年度深圳市民阅读状况。数据显示，2020年全市各馆进馆1247万人次，实体文献外借量965万册次，达到新冠肺炎疫情前2019年全市文献外借量的62%；举办线上线下各类读者活动1.28万场次，达到2019年活动场次的73%。

4月23日，深圳图书馆发布《深圳图书馆"十四五"发展规划（2021—2025）》，该规划由五个角色定位、两个关键抓手、七个用力方向、九大具体目标、二十五个重点行动计划构成。"十四五"期间，深圳图书馆将坚守"传承文明、服务社会"的初心，以建设与深圳"区域文化中心城市""彰显国家文化软实力的现代文明之城""中国特色社会主义先行示范区"定位相匹配的新一代智慧型城市中心图书馆为总目标，引领公共图书馆事业发展。

4月23日，由海天出版社出版的长篇报告文学作品《潮卷南海——深圳风雨一百年》新书首发式在深圳书城中心城举行。新书作者张雄文与深圳市委组织部副部长、市两新组织党工委书记曾雪莲等领导为新书揭幕。本书是首部以报告文学形式书写中国共产党百年来在深圳奋斗历史的作品。该书由市委组织部精心策划，海天出版社携手知名作家张雄文倾力打造，是庆祝中国共产党百年华诞的献礼之作。该书入选首届深圳干部读书周向全市党员干部推荐精读的 10 本中国共产党党史好书。

4 月 23 日，海天出版社出版的《为什么是深圳》入围 2020 年度"中国好书"，这是深圳出版首次获得此项殊荣。获奖消息被新华网广东频道、中国新闻出版广电网、"学习强国"学习平台、中国文化传媒网、《深圳特区报》《深圳晚报》《深圳商报》《晶报》、腾讯网等 38 家媒体争相报道。

4 月 24 日，深圳图书馆与深圳市疾病预防控制中心合作创办的健康分馆正式建成。这是全国首家以预防医学科普为基础，具有展示、宣传、教育等功能的特色图书馆，面积约 1053 平方米，由预防医学历史展厅（叙事医学中心）和标本展厅组成，藏书 4300 余册，以医药、卫生类为主。

4 月 25 日，由深圳市龙岗区总工会主办，龙岗区服务职工社会组织联合会指导，深圳市书刊发行业协会承办的"学史力行·千场百万龙工惠"系列活动——龙岗区"爱阅一生"阅读师公益培训开班仪式暨"读书不觉已春深——漫谈读书的意义与方法"专题讲座在深圳书城龙岗城 4 楼大台阶活动区举行。培训班吸引了 76 家企业近 150 名学员报名，培训近 1000 人次，辐射读者逾 5000 人。经严格筛选，共有 100 名"阅读师"学员达到合格条件，11 名学员获得"优秀学员"称号。

4 月 25 日，由深圳市龙岗区文化广电旅游体育局主办、深圳书城龙岗城实业有限公司承办的"社区公共文化空间——振业天峦书吧"启动仪式在龙岗区宝龙社区振业天峦二期一栋二层举行。深圳市龙岗区人民政府副区长黄惠波，深圳出版集团党委书记、董事长唐汉隆，深圳市龙岗区委宣传部副部长陈振良，深圳市龙岗区文化广电旅游体育局副局长张有菊等领导出席。此书吧首创图书馆、文化馆、书吧"三馆合一"，探索"政企联合、市区联动、馆店合一"模式。

4月，深圳市龙华区"读者之家"进社区系列活动依托各街道、社区开展，围绕传统文化、红色故事、儿童写作、党史课堂、亲子诵读等主题开展亲子互动、阅读推广课程，全年累计100期，1830组亲子家庭参与，线上线下辐射近2万人次。

4月，深圳少年儿童图书馆荣获由深圳市委教育工委颁布的"深圳市中小学思想政治教育基地"称号。

## 5月

5月5日，由深圳市委组织部主办，深圳市委宣传部协办，深圳书城新华书业连锁总部有限公司、深圳书城中心城实业有限公司具体承办的2021"深圳干部读书周"干部读书沙龙启动仪式暨首场读书沙龙在深圳书城中心城北区台阶举行。特别邀请到国务院参事、深圳读书月组委会总顾问王京生担任主讲嘉宾，与深圳干部、市民读者分享阅读的力量。

5月12日，深圳市妇联联合市文明办在龙华区大浪街道党群服务中心举办文明家庭创建系列活动之"红色家风润万家"——好家教好家风进基层主题活动，发布《好家教好家风亲子阅读服务指引》，为广大儿童家庭提供专业的亲子阅读指导服务。

5月20日，由深圳市委宣传部、深圳市社会科学联合会主办，深圳市社会科学联合会、深圳市坪山区委宣传部和深圳图书馆承办的第十九届深圳社会科学普及周在坪山东江纵队纪念馆开幕。广东省社科联党组成员、专职副主席曾赠，深圳市委宣传部常务副部长陈金海，深圳市社科院（社科联）党组书记、院长吴定海等领导出席开幕式。本届社会科学普及周以"兴起党史学习教育热潮 迎接党的百年华诞"为主题，面向全体市民开展 8 项活动，带领广大市民深入学习深圳及周边地区的红色历史，跟随先烈的脚步，传承红色基因，激扬奋斗精神，共庆建党百年。深圳社会科学普及周从 2003 年举办以来，到 2021 年已经走过第 18 个年头，是深圳市知名的公共文化品牌。

5 月 20 日，由深圳市宝安区委宣传部、区直机关工委联合主办，深圳书城宝安城实业有限公司承办的宝安区全民阅读之党史学习教育阅读周启动暨首场名家讲座活动在宝安区委区政府 3 楼宝安厅举办。深圳市宝安区委常委、宣传部部长周学良，深圳市宝安区直机关工委下属各党组织干部代表参加活动。活动当天邀请到知名报告文学作家张雄文以"百年深圳，赤潮澎湃的赞歌"为主题开展首场名家讲座，为机关党员干部深入讲授中国共产党百年来在深圳的奋斗历程。该系列活动通过举办名家讲座、开展主题读书会等方式，引导广大党员做到学史明理、学史增信、学史崇德、学史力行。

5 月 27 日，由深圳图书馆和广东省古籍保护中心联合举办的"深圳图书馆古籍数字平台"上线发布会暨古籍文献保护专题讲座在深圳图书馆 5 楼报告厅举行。平台首批发布约 230 部、2700 册数字化古籍，是深圳图书馆古籍保护和开发工作的重要成果，市民足不出户即可浏览深圳图书馆古籍资源。

5 月，深圳图书馆推出公益讲座类视频品牌——"深图品书"，依托优质馆藏资源，由资深馆员以品读鉴赏等形式推介经典图书，打开全新阅读视界。每期视频在深圳图书馆微博、哔哩哔哩（B 站）、微信和抖音等平台发布。本年度共推出 8 期视频，相关微博、微信阅读量超 58.54 万人次，视频观看量超 6.32 万人次。

## 6月

6月1日，深圳少年儿童图书馆"三一讲读"项目入围深圳市 2021 年度"我为孩子办实事"十大项目。"三一讲读"计划，即一天一人一本书。本计划联合了国内优秀的童书出版社，邀请优秀的全民阅读推广人、童书作家、童书编辑等录制精彩的讲读视频，为广大的中小学生、教师、家长、图书馆员提供优质的阅读推广服务。

6月至10月，深圳市宝安区图书馆举办"师者说——名校长谈面向未来的教育"主题讲座。该活动邀请具有社会影响力的 10 位名校长到宝安图书馆开讲，名校长们从家庭教育、学校教育的不同角度与层面，为读者分享他们的经历、思想与教书育人的宝贵经验。活动共开展 10 场，线上参与人数达 34 万人次。

## 7月

7月15日，第三十届全国图书交易博览会在济南正式启幕。本届书博会，深圳海天出版社展销图书达 200 余种，类别涵盖国家出版基金项目、主题出版、青春少儿、人文社科、法语译丛、经济管理等。2021 年是中国共产党成立 100 周年，围绕书博会"致敬建党百年 阅享盛世书香"主题，海天出版社携一批党史学习教育精品力作集中亮相。海天出版社重磅新书、2020 年法国文学最高奖——龚古尔奖获奖作品《异常》中文版在济南书博会首发。

7月15日，"读书月走进全国书博会"策划会在济南举行。会议就第二十二届深圳读书月策划思路、活动主题及活动内容向与会专家征求意见和建议。中宣部印刷发行局副局长董伊薇，中国出版协会理事长、深圳读书月组委会特别顾问邬书林，中国出版协会副理事长聂震宁等专家与 20 余家出版机构代表出席活动。

7 月 16 日，由深圳市福田区宣传文化体育事业专项资金资助，深圳出版集团资产运营分公司主办的福田区"文明·乐读一小时"系列活动在深圳书城中心城南区大台阶正式启幕。本年度活动持续以导读、领读、讲座、共读的方式，以分享快乐阅读的理念，邀请胡野秋、陈敏等文化名家，选取"用设计拯救纸质阅读""设计、IP 与价值传播"等时下热点话题为主题，在一小时里，与市民共同享受阅读乐趣。

7 月 28 日，深圳少年儿童图书馆和洪湖公园合作分馆"荷·合书院"正式开放。这是深圳第一个公园公共图书馆，以"共建共治共享"、文旅融合的运营模式，为市民打造一个高品质的阅读空间。阅览区内藏书超 2 万册次，以市民需求为导向，配有以摄影、国画、珠宝、艺术、亲子等为主题的特色馆藏。

7 月，由深圳市新闻出版局主办、深圳市阅读联合会总承办的 2021 年"阅读推广人下基层公益活动"正式启动。35 名公益阅读推广人在 7 月至 11 月深入深圳 10 个区（新区）的 35 个基层推广点开展了 200 场公益阅读推广活动，内容包括庆祝建党 100 周年、弘扬中华传统文化、经典阅读等，活动吸引 8000 余人次参与。该活动入选深圳市"我为孩子办实事"十大项目、深圳市社会组织管理局主办的"传承红色基因，展百家社会组织风采"案例集；获评第十八届深圳关爱行动"百佳市民满意项目"。

# 8月

8月4日，由深圳市委讲师团主办，深圳图书馆和《文化深圳》编辑部承办的"弘扬伟大建党精神，续写更多'春天的故事'——'文化见圳·思享会'首期活动"在深圳图书馆贵宾室举行。南方科技大学党委书记、讲席教授李凤亮，深圳市拓荒史研究会名誉会长、深圳市委宣传部原副部长段亚兵等专家学者出席。

8月11日，2021年度"与周国平共读一本书"活动正式开启。在为期5个月的时间里，周国平带领读者以"每月一本"的阅读进度，共读《幸福之路》《苏东坡传》《会饮篇》《小王子》《教育的目的》5本中外经典著作，并根据每本书的主题，对应选取其著作《人生哲思录》中最具代表性的5个篇章作为选读内容，加深对必读书目的理解。其间，读者通过参与线上共读、周国平亲自点评读书笔记等方式，深化对共读内容的理解与认识。

8月21日，由深圳书城龙华城实业有限公司与BEJOINT彼匠插画联合主办的"彼匠之星"2021插画展在深圳书城龙华城2楼展厅正式开展。展览展出了"彼匠之星""打工人生存图鉴""大街小巷""怪诞""论夏日如何降温自救"五大主题插画比赛的优秀获奖作品，以多维度的插画艺术表现形式展现日常生活中的身边事。展览持续开放2个月，累计观展人数达14万人次。

8月21日，主题为"聆听：录音的故事"大英图书馆声音展在坪山图书馆8楼音阅空间开展。该展览是大英图书馆声音展首场海外展，结合坪山图书馆8楼音阅空间的特点策划为期6个月的展出，展品为50份电子声音文件，内容涵盖音乐、人文、历史等领域，呈现了从1877年留声机发明到现在的多个经典声音，为读者带来全新体验。

8 月 27 日，由中国文物学会会长、故宫博物院原院长单霁翔主讲的"中华文脉与文化自信"专题讲座在深圳书城龙华城 5 楼鸿博厅举行。单霁翔先生结合自己数十年参与指导中国文化遗产保护工作的经历，阐释了文化遗产保护与文化传承的关系。现场读者亲身了解到文化遗产保护工作的不易，亦从中激发了真切的文化自豪感。

## 9 月

9 月 10 日，深圳市妇联推荐的陈春华家庭获评由广东省文明办、省妇联联合颁布的第十六届广东"十大优秀书香之家"。

9 月 15 日，深圳市委宣传部文化产业发展专项资金深圳市支持实体书店发展资助项目启动。据统计，共有 47 家实体书店通过 2021 年度支持实体书店发展资助评审，获得资助总金额为 2200 多万元。

9 月 16 日，由中国作家协会、深圳市委宣传部、龙岗区委区政府主办，龙岗区委宣传部承办的"2020 年度中国网络文学影响力榜发布仪式"在深圳龙岗文化中心大剧院举行。其间，深圳书城龙岗城实业有限公司开展配套主题活动"阅见未来"中国网络文学主题书展、"阅爱网文"系列活动。活动邀请到柳下挥、意千重和蒋胜男三位网络文学作家在深圳书城龙岗城 4 楼大台阶活动区与广大书迷面对面分享网文创作的奥秘。

9 月 17 日，大鹏自然童书馆正式开馆。这是大鹏新区在大鹏所城怡文楼打造的全国首个以自然童书为主题的少年儿童自然阅读和生态教育空间。

9 月 17 日，深圳创新打造的"全国新书首发中心"亮相第二十八届北京国际图书博览会，完成战略合作签约，并重磅首发生活·读书·新知三联书店的《汉兴：从吕后到汉文帝》与英国独立出版社 Head of Zeus 的刘慈欣系列英文科幻漫画作品，迈出了新书首发国际化合作的先行一步。作为"全国新书首发中心"的运营承办单位，深圳出版集团及旗下深圳书城新华书业连锁总部有限公司与中国图书进出口（集团）有限公司签订战略合作协议，将在未来联手推进国版书输出的海外首发与外版书引进的全国首发，以国际化视野促进文化交流、讲好中国故事，助力提升中国文化软实力与文化影响力，为中外文明交流互鉴搭建更为广阔的平台。

9月19日，由深圳图书情报学会、深圳图书馆和深圳广播电影电视集团主办，南山区图书馆、罗湖区图书馆、光明区公共文化艺术和体育中心协办的第二届深圳"图书馆之城"少儿科普月活动启动。活动围绕年度主题"我的动物朋友"，共举办3场线上科普公开课、1场科普小探秘活动、1次科普大挑战、1场科普补给站活动，吸引近5000名少儿读者参与。

9月23日，深圳市互联网行业书香支部共建活动走进中泓在线股份有限公司，举办了首场"书香互联——好书共读营"活动，邀请到第一届亚洲图书奖得主张笑宇领读新书《技术与文明：我们的时代和未来》。截止到12月，该活动陆续走进腾讯、迅雷、珍爱网、深信服、中泓在线、中手游、美团、货拉拉、市电子信息产业联合会、市计算机行业协会等10家互联网企业和网络社会组织。

9月23日，第十七届中国（深圳）国际文化产业博览交易会在深圳国际会展中心（宝安新馆）开幕。深圳出版集团承办的14号媒体融合馆汇聚了来自全国文化产业领域的数字出版、数字阅读、文化创意、动漫动画、音乐、数创等基地及公司，形成了"数字出版展""深圳媒体融合成果展"两大展区。2021年的会展格局是"1+5+2"：一个媒体融合馆，深圳书城南山城、中心城、宝安城、龙岗城、龙华城共五个分会场，国家级"2021数字出版高端论坛"和"第六届大书城精英荟"两项大型论坛，努力实现"新时代、新文博、新会展、新内容、新成效"的办展目标，展现媒体融合发展新篇章。

9月24日，以"100年里的中国"为主题的深圳市第十七届来深青工文体节知识竞赛决赛在深圳图书馆5楼报告厅举行。来自深圳各区图书馆及深圳图书馆创维分馆、新百丽分馆组成的10支队伍进行了激烈角逐。邀请深圳市人大常委会办公厅副主任、博士杨建，深圳报业集团读特客户端首席战略内容官、编辑部主任陈建中等领导作为评委嘉宾。最终创维代表队突出重围，夺得冠军，宝安区代表队、光明区代表队获得亚军，福田区代表队、南山区代表队及新百丽代表队获得季军，罗湖区代表队、盐田区代表队、坪山区代表队、龙岗区代表队获得优秀奖。

9月24日，根据广东省社会科学界联合会印发的《关于认定广东省人文社会科学普及基地的通知》，深圳坪山区图书馆、深圳少年儿童图书馆、深圳市福田区图书馆、深圳市盐田区图书馆、深圳市宝安区文化馆、深圳市光明区图书馆、1510matrix别样阅读基地、深圳书城南山城、深圳书城宝安城、深圳书城中心城、深圳书城罗湖城、深圳书城龙岗城被认定为"标准基地"；深圳书城龙华城被认定为"提升型基地"；罗湖区图书馆被认定为"孵化型基地"。

9月25日，由国家图书馆《中华传统文化百部经典》编纂工作办公室主办，深圳图书馆和国家图书馆出版社联合承办的"《中华传统文化百部经典》编纂出版成果展暨学术讲座"在深圳图书馆南书房举行。《中华传统文化百部经典》编纂工作办公室主任张洁、国家图书馆出版社社长魏崇等领导嘉宾出席。国学大师黄朴民教授作"《孙子兵法》与领导力"主题讲座。

9月27日，由国家图书馆（国家古籍保护中心）举办的"珠还合浦历劫重光——《永乐大典》的回归和再造"展览开始在深圳图书馆进行巡展。《永乐大典》是一部中国著名的古代典籍，也是迄今为止世界最大的百科全书。展览遴选国家图书馆近百册（件）馆藏精品，包括善本、舆图、手稿、档案等，通过"大典犹看永乐传""合古今而集大成""久阅沧桑惜弗全""遂使已湮得再显""珠还影归惠学林"五个单元，呈现《永乐大典》之全貌。

9月29日，第二十二届深圳读书月组委会举行全体委员会议，审议通过本届深圳读书月总体方案。深圳市委常委、宣传部部长王强强调，本届读书月要紧扣"中心点"，将庆祝中国共产党成立100周年这一主线贯穿始终；找准"发力点"，将本届读书月打造为全国乃至全球阅读文化界活动标杆；聚焦"关注点"，让深圳读书月拥有更强烈的使命感、更广泛的关注度和更强大的吸引力；严控"风险点"，始终绷紧文化安全这根弦，通过精心统筹安排，将本届读书月举办成一届充满活力、氛围浓厚、成果丰硕的文化盛事。深圳市副市长张华表示，本届读书月应紧扣时代主题，挖掘城市基因与建党百年的密切关系，讲好深圳故事、中国故事；要突出引领作用，引导市民通过阅读"打开一个新视界"；各项工作要落实到位，保障各项活动精彩开展。本届读书月将大力加强市区联动，首次启用分会场模式，各区将以分会场形式参与读书月活动。

9月至11月，为进一步开拓大鹏新区全民阅读新形式，同时将其打造成为基层百姓学习教育、科普分享、文化交流的大课堂，大鹏新区启动"1+3+25+N"的全域新时代文明实践体系建设工作，从1000多家民宿中选出100家书香民宿，打造10家民宿书香空间，建立1支大鹏阅读推广人队伍，打造内容更丰富、形式更创新、更加接地气的全新"民宿里的书香"2.0，用阅读为新时代文明实践赋能。

9月至12月，由深圳市教育科学研究院主办、宝安区教育科学研究院承办的"中华诗教深圳示范区"建设暨第二十二届深圳读书月"经典诗词进校园"比赛宝安区选拔活动正式开启。全区各学校师生通过经典诗词诵读、经典诗词讲解（视频）、诗教课堂教学（视频）、诗教论文评选等项目进行选拔。组织2场视频选拔赛，参与人数达2000多人次，共选拔500多个视频节目和近200篇论文参评，宝安区教科院评选出36个视频和15篇优秀论文参加市级评选，荣获市赛6个一等奖，15个二等奖，26个三等奖。

## 10 月

10月20日，深圳市妇联推出新版"阅芽包"，将儿童早期阅读的6个年龄段升级为7个年龄段，并首次加入阅读测量尺、阅芽贴纸和亲子阅读存折等家庭阅读工具，截至12月底，"阅芽包"累计发放超18万个。

10月24日，由深圳市福田区委宣传部、福田区公共文化体育发展中心共同主办，深圳市爱诗家文化传播有限公司承办的"第三届少年诗词达人大赛"颁奖典礼暨少年诗词朗诵会在深圳书城中心城举行。国务院参事、深圳读书月组委会总顾问王京生作为特邀嘉宾莅临现场。该活动通过在全市范围内广泛招募诗词少年爱好者，以比赛的形式，鼓励参赛者在比赛中互相切磋交流，激发少年学习古诗词的热情，引领少年从诗词古韵中感受古人的智慧与情怀，体味中华传统文化的魅力。

10月28日，第二十二届深圳读书月新闻发布会正式召开。深圳市委宣传部副部长、深圳市新闻出版局局长吴筠，深圳读书月组委会办公室主任，深圳出版集团党委书记、董事长唐汉隆等领导出席发布会。本届读书月以"打开一个新视界"为年度主题，提炼"文化的闹钟""城市的雅集""阅读的节日"三大功能定位，推出"献礼建党百年"年度特别策划，共举办 260 余项、1400 多场阅读文化活动。此外，本届读书月还首次设立分会场，突出"全域、全景、全民、全媒"特色，构建覆盖各区、深入基层的活动矩阵。第三届深圳书展也在读书月期间同步举行。

10 月 28 日，由深圳市文联主办、深圳市作协承办的第八届深圳文学季在深圳书城中心城正式启动。《深圳报告④——中国共产党成立 100 周年前沿记录》图书推介会也同时举行。《深圳报告》以报告文学的形式，深度挖掘深圳党史党建方面的先进组织、先进事迹和先进个人，讲好深圳"红色故事"。当天，第十一届深圳青年文学奖颁奖典礼、第八批深圳重点文学作品扶持签约仪式和第三届大湾区杯（深圳）网络文学大赛颁奖典礼 3 个文学活动在深圳书城中心城举办。《一会儿排成人字，一会儿排成一字》《流光之翼》等 10 部作品荣获第十一届深圳青年文学奖；《家访记——二本及职业院校学生的出路考察》《深圳诗歌地图》等 8 部作品获得扶持并现场签约；第三届大湾区杯（深圳）网络文学大赛经过严格评选，最终选出金奖 1 名、银奖 3 名、铜奖 4 名。

10 月 30 日，深圳女作家滕延霞散文集《披着霞光去流浪》新书发布会在深圳书城罗湖城 3 楼活动区举行。江西教育出版社副社长文恒益、深圳市作协秘书长赵婧、文化学者胡野秋、福田区作协主席秦锦屏、文艺评论家周思明分别作了分享。

10 月，深圳市妇女儿童工作委员会授牌深圳少年儿童图书馆为"儿童友好基地"。

## 11月

11 月 1 日，第二十二届深圳读书月推荐书目正式发布。"深圳读书月推荐书目"经过征集、专家评选、专家审读以及组委会审定历时 3 个月。经深圳读书月指导委员会专家评定，共选"藏书与阅读"30 本，"优秀中学生"10 本，"优秀小学生"10 本。读书月期间，推荐书目在深圳六大书城展出，邀请尹昌龙、王绍培、马庆、严凌君、袁晓峰 5 位专家学者以短视频形式向读者讲解推荐和发布。

11 月 2 日，由深圳市委宣传部主办、深圳出版集团承办的第二十二届深圳读书月启动仪式在深圳书城中心城北区大台阶举行。深圳市委副书记、深圳市市长覃伟中，国务院参事、深圳读书月组委会总顾问王京生，深圳市委常委、宣传部部长张玲等共同为第二十二届深圳读书月启幕。深圳读书月组委会总顾问厉有为、李小甘，深圳市副市长张华，深圳市政府秘书长高圣元等参加活动。启动仪式上，深圳市出版和全民阅读专业委员会专家代表获颁聘书，深圳市互联网行业首批书香支部示范点获授牌。第一届亚洲图书奖得主张笑宇作了"让阅读的灵魂打开科技新视界"主旨演讲。启动仪式现场营造出的浓厚书香氛围，更加凸显深圳读书月的文化品牌。

11 月 2 日，第二十二届深圳读书月启动仪式配套展——回声·历届读书月名家展在深圳书城中心城正式开展。此次展览展出了 16 位曾做客深圳读书月并留下对深圳寄语的文化大家，9 位对深圳读书月作出巨大贡献的已故名家。展览吸引上万人次参观、留言、拍照打卡，让深圳市民对深圳读书月有了更深刻的了解。

11 月 5 日，由深圳市龙岗区委宣传部主办的第二十二届深圳读书月龙岗区分会场启动仪式暨"阅满鹤湖"诗词创作大赛展演活动在深圳书城龙岗城举行。活动邀请文化名家丁学良、韩湛宁、杨争光开启一场智慧激荡的文化论坛。启动仪式、"阅满鹤湖"名家论坛、诗词创作大赛展演等活动吸引读者近 2000 人次，媒体视频、图文报道 60 余篇。

11 月 5 日，深圳市大鹏新区举办第二十二届深圳读书月大鹏新区分会场启动仪式暨第三届全国"大鹏生态文学奖"颁奖仪式。本届文学奖评选出小说、散文、诗歌一等奖各 1 篇、二等奖各 2 篇、三等奖各 3 篇、优秀奖各 10 篇，共 48 篇作品。活动旨在激发本土作家创作升级，进一步提高生态文学创作水平，充分调动全社会各界力量，丰富生态文学作品，传播生态文明理念。本届"大鹏生态文学奖"荣获"深圳市全民阅读示范项目"。

11 月 5 日，深圳市委宣传部、南京市委宣传部、深圳读书月组委会办公室、深圳市阅读联合会、深圳市文化创意与设计联合会、南京市全民阅读促进会和南京文学之都促进中心联合主办的"城市阅读新视界"——深圳·南京全民阅读交流会在深圳书城中心城南区多功能厅举行。深圳市委宣传部副部长、市新闻出版局局长吴筠，南京市新闻出版局（南京市版权局）专职副局长郑玲玲等领导和嘉宾出席了交流会，分享交流深圳、南京的全民阅读经验。此外，活动邀请了毕飞宇、韩东、汪政、黄蓓佳 4 位南京文学名家与韩家英、刘晓都、张宇星、高少康 4 位深圳设计名家就两个城市的文化与艺术元素开展了 4 场主题对谈，围绕艺术性、人文性、商业性和未来性等主题进行深度交流。并在深圳书城中心城南区艺术设计馆同步开展了"《7X5 35》——'设计之都'遇见'文学之都'设计交流展"和"2021 美哉书籍：深圳南京书籍设计邀请展"，以极具创新与艺术感的形式，吸引了众多市民读者前往打卡。

11 月 6 日，由深圳市阅读联合会主办、深圳市彩虹花公益小书房承办的 2021 年"走读深圳——感受城市之美"活动正式启动。通过走读清平古墟、大沙河生态长廊、莲花山、淘金山绿道、大潮起珠江展览馆、南头古城、塘朗山等 7 条具有人文、历史、自然等特色的路线，以边走边读的形式，带领深圳亲子家庭认识深圳、了解深圳的本土文化。

11 月 6 日，由深圳市龙岗区文化广电旅游体育局和龙岗区文学艺术界联合会联合主办的龙岗区第二届全民朗读大赛决赛在龙岗红立方青少年宫风华厅举行。活动吸引 2000 多人报名参赛，最终经过激烈比拼，5 个年龄组共计 11 人获得一等奖、22 人获得二等奖、32 人获得三等奖。

11 月 7 日，第二十二届深圳读书月重点活动"走读新视界——深读·书空间发现之旅"在坪山图书馆举办开线仪式，坪山图书馆馆长周国平出席仪式并现场寄语。开线仪式后，作家、书评人绿茶带领市民读者从坪山图书馆出发，开启走读路线"坪水相逢"线的一日走读之旅。活动分别在"深圳发布"微信公众号、深圳广电集团都市频道《第一现场》、"晶报"微信公众号等平台上全程直播。活动通过专家推荐、市民投票的方式评选出"深读书空间"设计阅读地图，为"阅读 + 旅行"提供工具。

11 月 7 日，由深圳书城南山城实业有限公司承办的首届南山读书月启动仪式在人才公园求贤阁举行。现场揭牌"科幻文学创作基地"，为"永远跟党走"征文比赛获奖者颁奖暨"学习强国"学习标兵颁奖，并举办雨果奖得主郝景芳科幻新作《宇宙跃迁者》的首发仪式。

11 月 7 日，第二十二届深圳读书月龙华区分会场启动仪式暨龙华区第三届诗词大会总决赛在龙华文化艺术中心影剧院成功举办。深圳市龙华区委常委黄立敏、深圳市龙华区副区长张智出席活动，此外还特别邀请深圳大学人文学院执行院长、古代文学教授沈金浩作为大赛的点评嘉宾。决赛线上视频累计点击量达 21.7 万人次，观众浏览量累计 26 万人次。在读书月期间，龙华区陆续开展 8 项重点活动和 136 项子活动。

11 月 7 日，第一届"福田演说家"总决赛在深圳书城中心城北区大台阶完美收官。深圳市福田区委常委、宣传部部长章海蓉，国辩全程最佳、《奇葩说》辩手、《奇葩说（第五季）》"BB King"陈铭出席决赛。本届"福田演说家"创建微博话题，以全市全媒的角度进行宣传，线上辐射人数超 50 万人次。

11 月 9 日，首届"书香福田读书月"启动仪式在深圳书城中心城举行。该分会场将联合书城书店、图书馆和各街道社区，展示区域文化中心风貌。开展的各类活动既突出建党百年主旋律，又组合名家经典、艺术科技、校园教育、职工专场等多种类别，增加脱口秀等形式，通过"温馨阅读不眠夜"形成活动高潮。同时，"福田实体书店牵手行""福田午间讲影会"等系列活动的举办，推动文化行业的碰撞交流，"深港澳共读嘉年华"活动促进了大湾区阅读文化联动。

11 月 9 日，由深圳市盐田区委宣传部主办、深圳书城罗湖城实业有限公司承办的第二十二届深圳读书月盐田区"诗书礼乐·文明盐田"分会场启动仪式在壹海城紫禁书院举行。现场展演"少儿国学文化诵读"节目，推出以盐田特色代表人物阅读情景为原型的读书月宣传片——《书的答案》，发布《盐田寄给世界的书香名片》视频，并为来自不同行业的 6 位读者代表赠送了这批书香名片。深圳市盐田区委副书记、区长邓飞波为读者代表赠送了《习近平扶贫故事》和《火种：寻找中国的复兴之路》。

11 月 9 日，第二十二届深圳读书月坪山区分会场启动仪式在坪山图书馆正式启动。坪山区以"阅见未来"为主题，在启动仪式上为首批建设的 5 个"坪山图书馆·数读时空"集中授牌，启动 2021 第二届"坪山自然博物图书奖"，再度举办"书话坪山"主题沙龙。

11 月 10 日，以"开卷有益，诗意生活"为主题的首届宝安读书月暨"宝安诗词文化"系列活动启动仪式在宝安区海韵学校举行。深圳市宝安区委常委、宣传部部长周学良，深圳读书月组委会办公室副主任、深圳出版集团党委副书记、总编辑聂雄前，深圳市宝安区人大常委会副主任、区教育局局长范燕塔等领导嘉宾出席启动仪式。宝安区教育系统近 30 万名师生和北京师范大学文学院师生代表通过线上直播共同参与。

11 月 11 日，第二十二届深圳读书月罗湖区分会场启动仪式在深圳书城罗湖城北广场举行。活动现场重磅首发罗湖区分会场的主题宣传片《罗湖阅读地图》，展示了罗湖区阅读事业发展情况，预告了本届读书月罗湖区分会场的系列阅读活动，并特别举行了共读共建单位授牌仪式。

11 月 12 日，第二十二届深圳读书月光明区分会场启动仪式在光明区文化艺术中心广场拉开帷幕。以"阅见光明・智创未来"为主题，策划了书香光明系列评选活动、光明区图书馆"光明之夜"阅读活动、第二十二届深圳读书月推荐图书展览、"寻找光明记忆——工厂故事"系列展览、"星阅光明"全民阅读推广系列活动、"书香光明"少儿阅读推广系列活动、第五届"阅在深秋"公共读书活动等一系列阅读活动，为读者打造一场阅读的"饕餮"盛宴。

11 月 12 日，第二十二届深圳读书月"年度十大好书"揭晓礼在南山区文化馆举行。揭晓礼现场，众评委在入围图书作者 60 秒陈述后实时投票。最终《钱锺书的学术人生》《隳三都：蒙古灭金围城史》《清初之遗民与贰臣》《晚清官场镜像》《野地灵光：我住精神病院的日子》《技术与文明：我们的时代和未来》《下沉年代》《中世纪之美》《流俗地》《从马尔克斯到略萨：回溯"文学爆炸"》突围当选本届深圳读书月"年度十大好书"。现场结合评委投票与读者助力，《晚清官场镜像》荣获"读者推荐大奖"。同时，现场还揭晓了年度致敬单元，其中译林出版社当选"年度致敬出版机构"，中华书局执行董事、党委书记徐俊当选"年度致敬出版人"，《发现与推理：考古纪事本末》作者许宏当选"年度致敬作者"，德语文学翻译家叶廷芳当选"年度致敬译者"。

11 月 12 日，海天出版社长篇报告文学《春天的前海》入选 2021 年度广东省作家协会重点作品创作扶持入围作品。

11 月 13 日，深圳市书刊发行业协会举办"阅读经典好书，争当时代工匠"首场系列讲座。该活动邀请了第一届亚洲图书奖得主张笑宇、团中央青年讲师团成员张紫都、中国作家协会全国委员会委员陈启文和中国人民大学韩望喜博士等大咖，在平湖、横岗、龙城等三个街道开展"技术与文明""中国'芯'强国梦""为什么是深圳""发现中华传统文化的根基"等主题讲座和文化沙龙。

11 月 13 日，第八届"年度十大童书"颁奖典礼在深圳书城中心城举办。深圳市委宣传部副部长、市新闻出版局局长吴筠，深圳市总工会党组成员、副主席冯艳玲，共青团深圳市委员会副书记袁志雄等领导嘉宾，以及全国 20 余家出版社代表、评委代表、"阅读小天使"等 600 余人出席活动。最终《一个迷路时才遇见的国家和一群清醒时做梦的梦想家》《大大的城市，小小的你》《深海浅说》等 10 本图书获得 2021 深圳读书月"年度十大童书"殊荣。本届颁奖典礼在"深圳读书月"微信小程序、"深圳发布"微信公众号、网易深圳、"壹深圳"客户端等平台直播，融入第二十二届深圳读书月的"全域、全景、全民、全媒"特色，打造阅读盛会。

11 月 13 日，联合出版（集团）有限公司主办的"读书志：香港内地《读书杂志》主编对话"在福田区联合书店·本来艺文馆举行。本次活动主题为"深港澳共读·书店沙龙——读书志：香港内地《读书杂志》主编高端对话"，活动特别邀请了香港《读书杂志》主编和内地《读书杂志》主编，通过三地连线的形式共同探讨"互联网环境下的杂志出版与阅读"。

11 月 14 日，第二十二届深圳读书月深圳读书论坛首场论坛在深圳书城中心城举办。首场论坛以"科技""元宇宙"为切入点，以"科技刻画人类，知识打开未来"为主题，联手爱道思人文学社，邀请到刘擎、施展、李筠、翟志勇、张笑宇 5 位教授导师到场分享。之后，携手科学与幻想成长基金，邀请到知名科幻作家王晋康、深圳本土青年作家王诺诺到场分享。压轴场"在历史的天空下"邀请到国务院参事、深圳读书月组委会总顾问王京生、坪山图书馆馆长周国平、复旦大学资深教授葛剑雄围绕"阅读与城市创新"主题展开探讨。本届深圳读书论坛通过全新主题，开启新篇章。

11 月 14 日，由深圳读书月组委会办公室主办，深圳市三叶草阅读文化发展中心承办，儿童绘本原创基地、深圳报业教育传媒集团共同协办的第五届华语原创绘本论坛在深圳南方科技大学教育集团第二实验学校举行，线上同步直播。论坛主题为"大国腾飞录——中国原创科普童书探索之路"，邀请了创作者、故事家族、编辑、作家、阅读推广人等嘉宾相聚云端，共同探讨中国原创科普童书的未来，探索在当今时代背景下科普童书的发展和创新，为科普童书献计献策。

11 月 14 日，由深圳市慢性病防治中心主办，深圳市三叶草阅读文化发展中心、罗湖区疾病预防控制中心、翠北实验小学、罗湖区金翠园幼儿园协办的 2021 年联合国糖尿病日宣传活动——健康主题绘本剧大赛在深圳书城中心城南区大台阶举办，活动同步在深圳广播电影电视集团的直播平台进行播放，观众观看量达 26 万人次。

11 月 15 日，第二十二届深圳读书月深汕特别合作区分会场启动仪式暨"飞阅深汕：朗诵之星，闪亮未来"——百名师生诵读经典·庆祝建党百年开幕式在深汕特别合作区管委会政和楼 2 栋多功能会议厅举行。深圳市深汕特别合作区党工委委员、纪工委书记兼监察办主任张志斌等相关领导出席启动仪式。活动现场举行赠书仪式、读书月相关主题表演。本次朗诵大赛决赛中深汕特别合作区全区 4 镇 25 所学校 31 支参赛队伍的 160 余名中小学师生，以别开生面的诵读形式为百年党史画像，为伟大时代立传，绘就时代的英雄史诗。

11 月 15 日，深圳市阅读联合会"2021 年全民阅读推广活动优秀组织奖及优秀项目奖"评选活动正式启动。各会员单位积极响应，25 家会员单位申报了优秀组织奖，30 家会员单位推荐了 34 项阅读活动申报优秀项目奖。经过梁二平、张岩等深圳市阅读联合会阅读指导专家评选，最终评选出深圳书城中心城实业有限公司、深圳市宝安日报社等优秀组织 10 家，"100 年里的中国"——深圳图书馆庆祝建党 100 周年系列活动、坪山自然博物系列讲座等优秀项目 10 个。

11 月 16 日，由共青团深圳市委、深圳读书月组委会办公室、中国联通深圳分公司和腾讯青年发展委员会联合主办的"青年好读书"阅读演说会暨"阅读马拉松"颁奖仪式在中国联通深圳分公司礼堂举行。活动邀请深圳市朗诵艺术家协会艺术家以及新华通讯社深圳特区支社副社长周科等 6 位来自各行业的优秀青年，结合自身工作经历和生活感悟，与大家共品书香之美，共享阅读之乐。此外，现场发布了"青年好读书"最受欢迎书单，并为"阅读马拉松"获奖团队颁发优胜团队、优秀组织团队等奖项。活动在"青春深圳"官方视频号和快手号进行全程直播，引起深圳青年群体的热烈反响。

11 月 17 日，由深圳市文化广电旅游体育局和澳门特别行政区文化局联合主办，深圳图书馆和澳门中央图书馆承办的"匠心——深澳传统手工艺展（澳门展）"开幕仪式在澳门石排湾图书馆举行。中央人民政府驻澳门特别行政区联络办公室宣传文化部部长万速成、澳门特别行政区文化局代局长梁惠敏、澳门特别行政区公共图书馆管理厅厅长吕志鹏、多所澳门高校图书馆负责人等嘉宾出席。

11月17日，由福田区前瞻社会科学研究院主办，福田区图书馆、深圳市见山见水文化创意发展有限公司共同承办，深圳市福田区宣传文化体育事业发展专项资金资助的公益性讲座"莲花山论坛·深圳福田"在福田区图书馆举行，活动邀请了深圳报业集团社委会委员、编辑委员会副总编辑兼《晶报》总编辑胡洪侠，文化名家丁学良、杨争光，人类学家马立安，第一届亚洲图书奖得主张笑宇等文化人士为读者们分享他们眼中文化与阅读的世界。

11月20日，2021南国书香节暨第三届深圳书展启动仪式在深圳书城中心城北区大台阶举行。中国出版协会理事长、深圳读书月组委会特别顾问邬书林，深圳市委宣传部副部长、市新闻出版局局长吴筠等出席活动。启动仪式上发布了"2021年度全国新书市场报告"和"2021年度十大新书影响力作家榜"等重要榜单。本届书展的主会场位于深圳书城中心城的西广场，另设深圳书城罗湖城、中心城、南山城、宝安城、龙岗城、龙华城和光明大仟里购物中心外广场为分会场。本届书展设立318个出版社展位，邀请102家出版社，其中特别邀请了紫荆文化集团旗下联合出版（集团）有限公司，企鹅兰登出版公司、学乐出版公司、哈歇特出版公司等境外出版机构展示高质量的外版图书资源，让深圳书展更具"国际范"。本届书展设摊展销精品图书种类22.3万种、数量120万册。此外，策划开展文化活动50余场，邀请王京生、周国平、葛剑雄、杨争光、东西、李兰妮、张嘉佳、辛夷坞、张皓宸、苑子文、张自豪等 20 余位文化名家和青春作家助阵，累计接待读者超 155 万人次，全网总报道量 4500 篇次，销售图书 2752 万元码洋，再度刷新全国时间最长、销量最高的城市书展纪录，为市民读者打造了一场"最有幸福感、最有获得感、最有满足感"的城市阅读狂欢。

11 月 20 日，由坪山图书馆馆长周国平主编的《书话坪山》新书全国首发活动在深圳书城中心城举行。现场，周国平与复旦大学资深教授葛剑雄两位名家作为"书话坪山"主题沙龙往期嘉宾，以书之名共话坪山，与广大读者共同感受"书话坪山"的思想厚度，见证《书话坪山》全国首发。

11 月 21 日，第二十二届深圳读书月重点主推活动——科幻文学周，在深圳书城中心城北区大台阶启动，南方科技大学人文科学中心教授吴岩以《怎样铺就科幻小说的"中国轨道"？》为题，为读者带来一场科幻盛宴，现场小读者的近 20 个即兴提问和嘉宾的精妙答问将活动推向高潮。该科幻文学周采用 4+2 模式，即一周内，邀请全国儿童文学奖获得者马传思、青年科幻小说作家刘洋、青年科幻学者张峰、知名阅读写作推广人谢晨等在深圳书城中心城、深圳图书馆及 4 所中小学开展科幻文学主题活动，助力深圳科创教育与文学教育，体现本届深圳读书月"打开一个新视界"的理念与气度。

11 月 24 日，第二十二届深圳读书月重点活动"从文献看澳门——澳门的铅活字印刷展暨深圳图书馆馆藏澳门文献展"开幕仪式在深圳图书馆 2 楼银树大厅举行。活动由"澳门的铅活字印刷展""从议事亭藏书楼馆藏看澳门铅活字印刷"主题讲座、"深圳图书馆馆藏澳门文献展"三项内容组成，旨在透过澳门公共图书馆与深圳图书馆的相关古籍报刊等文献，展现澳门在西方印刷术东传和中西文明交汇过程中扮演的角色，多维度呈现澳门历史人文风貌。

11 月 24 日，由深圳出版集团主办、深圳市新华书店有限公司承办，南山实验教育（集团）鼎太小学协办的"百年路——少年说，少年阅知行 献礼建党百年"朗诵大赛决赛在南山实验教育集团鼎太小学圆满举行。此次活动覆盖南山实验教育集团鼎太小学 33 个班级，学生踊跃报名，共有 1500 多名学生参与。学生们用经典诗词赞颂百年党史，弘扬中华优秀传统语言文化，展现了新一代学生的良好风貌。

11 月 26 日，"把一切献给党·劳动创造幸福"2021 年全国职工主题阅读活动深圳市总工会专场暨第十五届"深圳十大书香企业""深圳十大读书成才职工"颁奖典礼举行。深圳市总工会党组成员、副主席冯艳玲等领导出席活动。现场活动包括职工朋友现场配音、相南翔教授作"劳动创造幸福"演讲、为获奖书香企业和成才职工颁奖。现场配有图片直播和视频直播，线上观看人数超 30 万人次。颁奖仪式上，市总工会发布了第十五届"深圳十大书香企业"和"深圳十大读书成才职工"评选结果，为深圳广药联康医药有限公司、深圳市华一世纪企业管理顾问有限公司等第十五届"深圳十大书香企业"代表授"深圳十大书香企业"牌，向谢佳裕、李晓红、陈捷等人颁发"深圳十大读书成才职工"荣誉证书。

11 月 27 日，第二十二届深圳读书月总结分享会暨"温馨阅读不眠夜2021"启动仪式在深圳书城中心城举行。"温馨阅读不眠夜"以"书影鹏城十二时辰"为主题，以 24 小时"阅不停"为特色，在各区设立分会场，共精心策划 17 场文化活动。"深圳发布"微信公众号、深圳卫视《第一现场》、"壹深圳"客户端、"深圳读书月"微信小程序等平台 24 小时直播，全方位展现专属于深圳人的读书嘉年华。本届深圳读书月自 11 月 2

日正式启动，共开展 260 余项 1400 多场阅读文化活动，邀请王京生、周国平、葛剑雄、刘擎、施展、金一南、郑永年等名家大咖开坛设讲，精彩纷呈的阅读活动吸引超千万人次参与。11 月 27 日、28 日两晚，深圳京基100、地王大厦、汉国中心、深圳湾一号、华润春笋大厦等地标建筑也为深圳读书月亮灯，字幕呈现"深圳读书月温馨阅读不眠夜读到月落日出，读到天涯海角"，让书本里的光映照整座城市。

11 月 27 日，第二十二届深圳读书月"发展大局观"名家领读活动在深圳书城中心城南区大台阶举办。国防大学教授金一南从自身的角度出发，以"心胜：来自内心的光明、信念与力量"为主题进行了分享，回顾历史，着眼未来，谈谈他眼中的"新视界"。

11 月 27 日，由深圳市委宣传部指导、深圳市文化广电旅游体育局主办的第五届"阅在深秋"公共读书活动在深圳图书馆水幕广场举行。深圳市文化广电旅游体育局党组成员、二级巡视员张杰，深圳市人大常委会选联任工委办公室副主任黄洁等领导嘉宾出席仪式。全市 13 家图书馆围绕"打开新视界：面向未来的图书馆"主题，从"智慧空间""智慧服务"等角度，以文献展示、资源推介、沉浸式体验、阅读交流、科技呈现等方式，展现图书馆智慧服务新生态。本次活动共吸引读者逾 74 万人次，图片直播观看人次近 16 万，深圳图书馆微信、微博平台相关话题阅读量达55 万人次。

11 月 27 日，深圳市益文图书进出口有限公司在深圳书城中心城益文书局成功举办"2021 深港澳中小学生读书随笔征文活动"线上颁奖礼。征文以"经典阅读 + 未来畅想"为主题，与读书月年度主题"打开一个新视界"相呼应，得到了深港澳三地教育界和广大师生积极参与，共收到来自三地作品万余篇，最终评选出优秀指导老师奖、优秀组织学校奖、作品优秀奖和作品一、二、三等奖。该活动获得了"第六批深圳市全民阅读示范项目"。

11月27日，由深圳市大鹏新区综合办公室主办的2021第四届"大鹏自然童书奖"颁奖典礼暨深圳读书月"温馨阅读不眠夜"分会场启动活动在大鹏新区大鹏所城怡文楼顺利举行。活动现场揭晓了"十大自然童书"，分别是《一颗莲子的生命旅程》《世界国家公园：自然的秘密我知道》《勇敢地长大：工地旁的小鸟一家》《怎样给鳄鱼身上粘追踪器：让人捧腹的野外科考糗事集》《10件我能为世界做的事》《奇妙的演化：探索生命如何演变》《大象的旅程》《海底的秘密》《PNSO海洋博物馆系列》《地球史诗：46亿年有多远》。与此同时，2021第四届"大鹏自然童书奖"优秀自然童书展、"我爱读大鹏自然童书"打卡分享活动与获奖作者分享讲座同期开展。

11月27日，由深圳读书月组委会、深圳市新闻出版局联合主办，深圳读书月组委会办公室和深圳市阅读联合会联合承办的第六批深圳市全民阅读示范单位、示范项目、优秀推广人评选颁奖礼在深圳书城中心城北区大台阶举行。本次评选工作于8月28日正式启动，经过自愿申报、单位（专家）推荐、集中评议和媒体公示等程序，最终评选出示范单位、示范项目、优秀推广人各10个。

11月28日，深圳福田青少年作家陈列专柜启动仪式暨《遇见新时代，真好！》《鲜红与淡绿》新书发布会在福田区图书馆举行。深圳市福田区人民政府副区长马艳，深圳市福田区委宣传部副部长张珏，深圳市福田区文化广电旅游体育局副局长陈葵，知识出版社总编辑李默耘，深圳市作家协会副秘书长林坤城，深圳大学教授郁龙余、吴俊忠，还有邱楚原、孔子易、李楚贤等领导、嘉宾、青少年作家代表和福田区各中小学生代表出席活动，并为深圳福田青少年作家陈列专柜揭幕，共同见证和分享青少年校园写作的成果经验，彰显福田区依托读书月平台，打造儿童友好型城区、青春文化和青春文学品牌的决心和力度。

11月30日，由深圳图书馆与深圳市社科院联合举办的"深圳社会科学学术文献成果发布"项目启动仪式暨研讨会在深圳图书馆举行。深圳市文化广电旅游体育局党组成员、二级巡视员张杰，深圳市社科院（社科联）党组成员、副院长杨建等领导出席。启动仪式后，在深圳图书馆2楼贵宾室举行深圳社会科学成果宣传推广研讨会。

11月，第二十二届深圳读书月主宾社——商务印书馆带来图书主题分享、专题书展以及《新华字典》版本展。专题书展主要围绕"打开一个新视界"主题，举行"以自然博物发现新视界，以阅读之眼开启新未来"主题书展，在各书城重点陈列展出。同时举办了《邓小平与中国共产党百年历程》新书分享会，开展了《逛动物园是件正经事》读者见面会等系列活动，让深圳市民聆听自然的声音，感受逛动物园的乐趣。

11月，由深圳读书月组委会办公室、深圳市阅读联合会主办，中华商务贸易公司、联合书店·本来艺文馆承办的"深港澳共读嘉年华"系列活动共开展线下活动5场，其中3场同时开启了线上直播通道，线上线下参加人数总计超10000人。该系列活动以深圳为据点，辐射香港、澳门的阅读群体，通过三地书店、图书馆组织三地读者，整合大湾区文化资源陆续开展讲座、连线、沙龙、图书市集等大型活动，并在港澳两地多家重点书店展出"深圳读书月十大好书"，为不同区域的文化交流提供平台，助力国家大湾区战略建设，受到了众多读者的认可和青睐。

11月，由深圳读书月组委会办公室主办，龙岗区新华书店和各区教育局、各学校具体承办的全民阅读进校园系列活动在龙岗区、坪山区和大鹏新区各中小学校开展，活动类型涉及阅读演讲比赛、诗词朗诵比赛、读后感作文大赛等。自 2015 年开展以来累计在 50 多所学校举办了近 60 场活动，惠及 10 余万名师生，已经成为深圳东部校园内响亮的全民阅读推广名片。2021 年该活动荣获深圳市阅读联合会"2021 年全民阅读推广活动优秀项目奖"，并纳入第十九届深圳关爱行动总体方案。

11 月，深圳少年儿童图书馆与洪湖公园合作项目"荷·合书院"被中国图书馆学会评为 2021 年特色阅读空间风采展示活动之"文旅融合空间"。

11 月，深圳市妇联积极发动各级妇联组织参与读书月活动，开展 2021 年读书月主题活动 81 场次，覆盖全市各区（新区），服务社区居民 53880 人次。

## 12 月

12 月初，中国版协城市出版社工作委员会评选出 2020 年度全国城市出版社优秀图书，海天出版社《为什么是深圳》《创新市场论》《向深圳学习》《张梁 我在地球边缘》《少年大侦探·福尔摩斯探案笔记》斩获大奖。

12 月 3 日至 4 日，由深圳读书月组委会办公室和深圳广播电影电视集团音乐频率主办的"崭新的境界——第二十二届经典诗文朗诵会"在深圳广播电影电视集团 1800 平方米演播大厅成功举行。国内朗诵名家祝希娟、姚锡娟、童自荣、徐俐、康庄和本地朗诵艺术家吴庆捷、红石、项飞、杨文等到场表演。本届经典诗文朗诵会以建党百年为主题，分为风格鲜明的《国》《家》《人民》《宣言》四篇章。本届经典诗文朗诵会不仅在深圳广播电影电视集团音乐频率广播端进行现场直播，还通过 5G 视频在央广云听、壹深圳、深爱听等新媒体客户端，深圳发布、深圳新闻网、飞扬 971 等微信视频号和"深圳读书月"微信小程序等多平台首次进行 4K 视频同步直播，并在学习强国、懒人听书、壹深圳、深爱听等平台开设经典诗文朗诵会专区，让全国的朗诵爱好者第一时间共同参与这一年度的阅读盛事。

12 月 4 日，由深圳市宝安区委宣传部、深圳市文学艺术界联合会、深圳出版集团、深圳市阅读联合会主办，深圳书城宝安城实业有限公司承办，深圳市宝安区宣传文化体育发展专项资金资助的公益性文化活动——2021 深圳读书月"十大劳动者文学好书榜·散文榜"颁奖典礼在深圳书城宝安城华夏星光影院隆重举行。中国作家协会诗歌委员会主任叶延滨等组成的 14 人评委团和深圳市文联党组书记、主席梁宇，深圳市宝安区委常委、宣传部部长周学良等人出席颁奖仪式。本届活动以"湾区星光·文化典范"为年度主题，历时一个多月，最终由专家评选和大众投票产生了"十大劳动者文学好书榜·散文榜"之"年度十大劳动者文学好书"以及"最受大众喜爱图书"两大名单，以荣耀加冕发掘劳动者文学优秀作品，提升劳动者文学影响力，助推劳动者文学蓬勃发展。

12 月 5 日，第七届"思维之星"深圳大学生思辨大赛半决赛、总决赛在深圳图书馆 5 楼报告厅举行。总决赛邀请深圳市文化广电旅游体育局党组成员、二级巡视员张杰，深圳报业集团总编辑、深圳特区报社总编辑、高级记者丁时照，深圳市教育局党组成员、副局长王水发，深圳市社科院党组成员、副院长杨建，中国科学院材料化学博士、香港科技大学博士后、资深能源专家梁奇，深圳图书馆馆长张岩担任评委。经过角逐，北京大学深圳研究生院代表队摘得桂冠，深圳职业技术学院代表队、深圳大学代表队分别获得亚军和季军。本届大赛历时 3 个月，参与人次再创新高，线上总观看人次就达 135.54 万，平均每场赛事线上观看近 17 万人次，其中总决赛单场观看人次达 30 万。

12 月 10 日，深圳市阅读联合会以通讯会议的形式召开第一届十次会长办公会。会议审议并通过了同意尹昌龙同志因工作调动辞去深圳市阅读联合会第一届理事会会长职务的申请，相关手续待阅读联合会换届选举一并办理。

12 月 10 日，由深圳市龙岗区委宣传部、龙岗区文化广电旅游体育局联合主办的 2021 年龙岗区"十大书香门第"颁奖典礼在深圳书城龙岗城 4 楼大台阶活动区举行。深圳市龙岗区委常委、宣传部部长易玉琨，深圳出版集团党委副书记、总编辑聂雄前，深圳市龙岗区文联主席林楠，深圳市龙岗区文化广电旅游体育局副局长郭奇瑶，深圳市龙岗区公共文化服务和产业促进中心副主任肖新霞等领导嘉宾出席了本次活动。经实地考察、专家评审，最终赵蓉等 10 户藏书丰富、阅读氛围浓郁、学习成果显著、书香家风影响力突出、示范带动作用明显的家庭荣获龙岗区"十大书香门第"。

12 月 11 日，2021 第七届"晨星杯"中国原创科幻文学大赛颁奖典礼在深圳蛇口元宇宙创新实验室举行。深圳市科协党组成员孙楠，深圳读书月组委会办公室专职副主任、深圳出版集团党委委员、副总经理丘干，中国科幻泰斗王晋康等近 200 位业界代表、媒体代表以及科幻迷出席了颁奖仪式。此次征稿历时半年，多部风格迥异的优秀科幻原创作品斩获大奖。

12 月 14 日，由深圳市教育局、深圳市文学艺术界联合会、深圳特区报社、深圳读书月组委会办公室、深圳市阅读联合会主办，深圳青少年报社、特区教育杂志社、南方教育时报社承办的第十二届"深圳校园十佳文学少年"颁奖典礼在深圳图书馆举行。该活动从 5 月份开始征集，最终评选出 10 名"十佳文学少年"、10 名"十佳文学少年"提名、80 名"优秀文学少年"、91 名"优秀辅导老师奖",及 29 所学校获"优秀组织奖"。本届"十佳"评选的复赛主题围绕"赓续红色血脉"展开,让同学们抒写他们对百年历史的深刻感悟。百强作品在"深学"App 上进行了展示,接受大众评选,吸引了近 44 万人阅读,总投票数近 70 万次。

12 月 17 日,由深圳市坪山区委宣传部、深圳市坪山区文化广电旅游体育局联合主办的第二届"坪山自然博物图书奖"颁奖典礼在坪山图书馆举办。年度思想大奖、年度华文大奖、青年原创大奖、读者推荐大奖、禾雀花自然博物好书共读奖等五项大奖结果揭晓。

12 月 24 日,深圳市书刊发行业协会会员大会一届二次会议、理事会一届三次扩大会议和监事会一届三次会议在深圳书城中心城顺利召开。会议审议了协会 2021 年度工作报告、2022 年度工作计划和协会财务工作报告。共吸纳会员单位 25 家,增选理事单位 12 家,增选副会长单位 4 家。

12 月 24 日,由深圳市教育局、深圳读书月组委会办公室、深圳少年儿童图书馆、深圳市阅读联合会主办,深圳市弘文传媒有限公司、深圳晚报社承办的以"阅读点亮未来"为主题的"2021 最美校园图书馆"评选活动颁奖礼在南山区育才二小学术报告厅举行。"2021 最美校园图书馆"评选活动自 10 月上旬启动,涵盖初评、网络投票、实地走访、专家终评及颁奖典礼等相关环节,评选出"年度最美校园图书馆""年度校园阅读点灯人""年度校园阅读之星"三大奖项。活动共吸引全市各区近百所学校参与,网络投票访问量逾 30 万。

12 月 26 日,由日本知名纪录片导演竹内亮及其团队拍摄的深圳阅读文化纪录片《我是书城》,在 Youtube、Facebook、Twitter、Instagram、腾讯视频、新浪微博、优酷、哔哩哔哩(B 站)等海内外媒体平台全面发布,上线已突破 95 万播放量,赢得海内外观众广泛好评。

12 月 28 日，第八届"深圳十大佳著"（非虚构类）颁奖盛典在深圳书城中心城北区台阶举行。深圳市政协文化文史委主任、市决策咨询委员会专家委员尹昌龙，深圳市福田区人大常委会原常务副主任刘建，深圳市福田区委宣传部原常务副部长李雷鸣，深圳市福田区文化广电旅游体育局副局长陈葵出席颁奖典礼。丁时照的《字里人间》、王樽的《光影之城：电影中的深圳》、张茂的《南方：诗文志》、杨点墨的《漂洋过海来深圳》、时潇含的《无尽的远方》、赵川的《茅洲河》、聂雄前的《潇湘多夜雨 岭南有春风》、秦锦屏的《万木生芽》、黄灯的《我的二本学生》和曾楚桥的《人间大爱》10 部非虚构文学类作品获奖。

12 月 30 日，国家新闻出版署发布《出版业"十四五"时期发展规划》，海天出版社《写给孩子的中华名山传说》和深圳市华文国际传媒有限公司《中华民间艺术非遗大赏》两个项目入选重点项目。

1 月至 12 月，由深圳市委宣传部指导，深圳出版集团主办，深圳书城中心城实业有限公司具体承办的"深圳晚八点"项目全年共计举办约350 场文化活动，线下活动参与人次超 10 万。该活动邀请当代著名作家、教授、全国政协委员、第十届茅盾文学奖得主梁晓声，当代著名作家韩少功，南方科技大学人文科学中心教授吴岩，畅销作家张嘉佳等名家大咖前来做客，活动现场人气爆棚。

2021 年，经中央精神文明建设指导委员会复查审核，深圳书城中心城实业有限公司继续保留"全国文明单位"荣誉称号。

2021 年，深圳市妇联持续打造读书月重点主题活动"阳光童年——知识关爱留守流动儿童"项目，共计开展活动 10 场，服务 1000 人次。自项目启动以来，开展各类服务活动 98 场次，捐赠儿童日用品 10 批、文具600 件，募集爱心图书 3000 册，建立 2 间爱心阅读室，并通过推送宣传和信息咨询，实际服务 9600 多人次。

2021 年，深圳图书馆先后与深圳科学高中、深圳第二外国语学校、深圳市福田区天健小学、深圳先进技术研究院实验学校、华强职业技术学校、大鹏中心小学等 6 家学校共建"青少年阅读基地"。深圳图书馆"青少年阅读基地"项目于 2018 年启动，基于公共图书馆与学校教育的长效合作机制，聚焦青少年阅读培育与文化素质提升，搭建优质平台，通过输送文献、指导基地建设"经典阅读空间"，为基地师生办理"图书馆之城"读者证，开展阅读推广活动进校园服务等方式，促进资源共享，深入推进全民阅读。

# 后 记

　　《深圳全民阅读发展报告》于 2016 年首次出版面世，是国内首个城市阅读年度报告。该项目是由深圳市委市政府指导，深圳市全民阅读研究与推广中心牵头编写出版，并由深圳市宣传文化事业发展专项基金资助，着力凝聚我市各区各系统、有关研究机构及社会组织力量，精心打造出的全民阅读研究领域的新阵地。

　　《深圳全民阅读发展报告 2022》以"城市文明典范建设"为年度主题，紧扣 2021 年深圳全民阅读领域的最新成果和发展趋势，在往年特稿、总报告、"深圳读书月"研究、"图书馆之城"研究、数字阅读研究、阅读文化研究、阅读空间研究等板块的基础上，新创立了"城市阅读典范"专题板块。

　　近年来，国内各大城市纷纷扛起全民阅读的旗帜，各地倡导全民阅读成果日益凸显，尤其是成都、青岛、南京等城市在全民阅读推广方面不断探索并且展现出卓越成绩，感谢它们当中的亲历者不吝宝贵经验，为本书热心供稿。同时，本书还得到了国参室、中共深圳市委宣传部、深圳市社科院、深圳大学、深圳图书馆、香港出版学会等单位以及社会各界专家学者一如既往的支持，我们备受鼓舞，不胜感激！

　　紧扣典范，阅读先行。在 2022 年国务院政府工作报告中，"全民阅读"已经是第九次被写入，而且首次使用"深入推进"的提法，说明"全民阅读"已经进入新的发展阶段。2019 年，国务院发布的《中共中央 国务院关于支持深圳建设中国特色社会主义先行示范区的意见》中，将"城市文明典范"列为深圳五个战略定位之一。近年来，深圳以"城市文明典范"为战略目标，持续发挥着全民阅读的典范效应与驱动作用。

开风气之先，创至善之业。深圳是全国全民阅读活动开展最早的城市，书香建设一直走在全国前列，从设立读书月、为阅读立法、举办深圳书展，到建设洪湖公园"荷·美空间"、"粤书吧"香蜜分馆、"美学书城"、盐田灯塔图书馆、悦海图书馆等一大批新型阅读文化空间，这些落到实处的举措，几十年来一直滋养着生活在深圳这片土地上的人民，由深圳人创造出来的深圳精神和深圳奇迹也为这座城市的底蕴增添厚度和色彩。文化在滋养着城市，城市也在哺育出生机勃勃的文化。

在此，由衷地希望本书的出版，能为全民阅读的研究和推广提供参考，贡献经验，助推全民阅读取得更大的进展和成就。

深圳市全民阅读研究与推广中心

2022 年 4 月